松山大学研究叢書第 93 巻

イギリスの都市再生とサイエンスパーク

鈴木 茂

日本経済評論社

はしがき

　2016年6月23日，国民投票によるイギリスのEU離脱決定はグローバル化の流れに逆行するものであるが，同時に，グローバル化の矛盾が民族的対立や格差，さらにテロ等の社会的不安を高め，国民の間にグローバル化の流れに対して否定的な意見が拡大していることを示唆している．イギリスは1970年代の深刻な不況の中から，一方では国営企業の民営化，他方ではグローバル化に対応した規制緩和やEC加盟（1973年）による世界市場への参加を通じて経済的再生を図り，一定の成果を獲得してきた．しかし，グローバル化は，シティの国際金融センターとしての地位の強化や外資導入による経済的活性化をもたらしたが，移民の増大が社会福祉費の増大，低賃金労働者の増大や格差拡大，テロ等の社会的不安を拡大し，国民投票においてEU離脱派が勝利することになったと考えられる．とりわけ，移民が市人口の約50％を占め，民族的多様性をもったバーミンガム（Birmingham）を中心とするウェストミッドランズ地域においてEU離脱派が多数を占めたことは，グローバル化の矛盾の深刻さとグローバル時代における都市再生の困難を示唆している．

　本書は，70年代のオイルショックを契機に顕在化した産業国際競争力の減退と都市の衰退に直面したイギリスにおいて，どのような都市再生政策とサイエンスパーク（Science Park）を通じた知識経済への転換が行われようとしているのか，その実態を明らかにしようとするものである．

　サイエンスパークを拠点としたハイテクベンチャー企業の創業支援・育成政策については，スタンフォード大学のリサーチパーク（Research Park）をはじめアメリカの事例については多く紹介されているが，イギリスのサイエンスパークについてはあまり紹介されていない．イギリスのサイエンスパ

ークについては，清成忠男『ベンチャー・中小企業優位の時代』（東洋経済，1996年）において若干触れられている程度である．しかし，イギリスはケンブリッジ大学やオックスフォード大学を中心に，歴史的にも知的ストックのレベルが高く，ワールドクラスの大学が少なくない．世界の科学的発見や発明において多くの先駆的業績を有し，その成果が広く実用化され，人類社会の発展に貢献してきた．大学の学術研究の成果を活用し，科学に基礎をおいた産業育成は，イギリスにおいては1970年代からサイエンスパークを拠点にした大学・研究機関，地方政府，ベンチャーキャピタル等による知的クラスターの建設によって取り組まれてきた．

他方，イギリスの地方工業都市は，戦後の植民地解放による排他的市場圏の喪失，国有化と民営化にゆれる産業政策，企業合理化とそれに対抗する労働組合の長期ストライキ，さらに，70年代のオイルショックに直面して国際競争力が低下し，深刻な不況と都市の衰退を招いた．地域の基幹産業である製造業の国際競争力の低下は，地方工業都市において大量の失業者と犯罪を多発させ，インナーシティ問題等を顕在化させた．基幹産業である製造業の衰退に起因する都市衰退を典型的に示したのがウェストミッドランズ地域の広域中枢都市であるバーミンガムである．また，バーミンガムは移民が市人口の約50％（センサス2011）を占め，人口構成の多様性という意味で「世界都市」を定義するならば，バーミンガムは典型的な「世界都市」であるといえる．さらに，イギリス政府の高速鉄道計画II（The High Speed Two, HS2）は，完成すれば，ロンドンとバーミンガムを49分で結ぶことになる．バーミンガムはロンドン及びユーロスターを通じた大陸の主要諸都市と直結し，「世界都市」の仲間入りが期待されている．しかし，今回のEU離脱決定は，グローバル時代の都市再生政策，世界都市化の道が容易ではないことを示唆している．

バーミンガムは，製造業からサービス産業への産業構造の転換，サイエンスパークの整備による知識経済への転換を図り，都市再生に成功した都市として高い評価を得ている．イギリスの都市再生の方向は，ゾーニングによる

機能分担とモータリゼーションによる都市交通の確保を特徴とする20世紀型都市政策の転換を図るものであり，アーバン・ルネッサンス（Urban Renaissance）とよばれている．アーバン・ルネッサンスは，70年代の構造不況による都市衰退に対応した各地域の都市再生政策を総括しつつ，定式化されたものであり，都心の多機能性（diversity）を回復するとともにコミュニティの再生を図ろうとするものである．バーミンガムの都市再生事業は国内で最も規模が大きく，成功事例として高く評価されている．都市再生の方向としてサステイナブルシティ，コンパクトシティ，創造都市論等が提起されているが，アーバン・ルネッサンスはそれらと対立する概念ではなく，イギリスの都市政策としてそれらを統合したものである．

序章は，70年代不況に対応したイギリスの産業政策と都市政策の転換について概観する．戦後の植民地独立運動により排他的市場圏を喪失したイギリス経済は，70年代の2度にわたるオイルショックに直面して国際競争力を喪失し，地方工業都市の衰退を招くことになる．EC加盟等の新たなグローバル経済への対応と民営化・規制緩和による外資導入，産業構造のサービス化・知識経済化と都市政策の転換による産業競争力再建と都市再生について概観する．

第1章では，「世界の工場」ウェストミッドランズ地域の広域中枢拠点都市バーミンガムの都市再生政策の転換とその成果を総括するとともに，高速鉄道計画IIに対応した新しい都市計画（Big City Plan）の課題について述べる．シティセンターとそれを取り巻く旧来型製造業やスラム街等の衰退地域を含む都心地域は，芸術文化機能，情報化に対応した業務機能，都心型ショッピングモール，教育研究機能，アミューズメント機能，都心型住宅の整備，キャナルとその周辺地域の再開発，都心型交通の整備によって，市民の都心回帰がみられ，観光スポットとして再生に成功した．しかしながら，バーミンガムは，一方では第2次大戦後，旧植民地諸国からの移民を受け入れ，市人口における移民の割合が約半分を占めるようになるが，他方では産業構造のサービス化の転換による雇用吸収力が不足し，イギリス国内では相対的に

高い失業率が継続している．イギリス政府の高速鉄道構想に対応した Big City Plan を推進するためにインフラ投資を優先するか，市人口の多民族化に対応した教育・福祉予算の拡充を図るか問われている．

　第2章では，産業政策の混迷（国有化と民営化の交錯）とグローバル化のインパクトを受けて倒産したイギリス最後の量産型自動車メーカーである MG ローバーの工場跡地再開発事業について取り上げる．既に，工場跡地にはリサーチパーク，大規模ショッピングモール，レンタルオフィス，ホテル，専門学校等が建設されている．開発面積が広大（468エーカー）であり，シティセンターへの集中投資による都市再生政策と矛盾する．また，MG ローバーを買収した中国の自動車メーカー上海汽車有限公司は工場跡地にデザイン開発センターを開設しているが，ヨーロッパ地域の製造拠点として再生されるかどうか不確実である．

　第3章では，イギリス産業再生政策の中核をなす知識経済化，その地域拠点であるサイエンスパークの建設とその特徴について述べる．イギリスにおけるサイエンスパークは，ケンブリッジ大学のトリニティ・カレッジ（Trinity College）が建設したケンブリッジ・サイエンスパーク（Cambridge Science Park, CSP）に端を発し，全国で170カ所を超えるサイエンスパークが建設されている．世界トップクラスの大学の知的財産を活用したサイエンスパークは，大学・研究機関，ベンチャーキャピタル，産業支援機関等の知的ネットワークが整備され，内発性・多様性と持続性を認めることができる．日本のテクノポリス開発政策がシリコンバレーをモデルに，集権的に推進され，画一的で，ハイテク企業の分工場誘致政策であったのと対照的である．イギリスのサイエンスパークにおいては手厚いハイテクベンチャー企業の創業支援体制が構築され，イギリス産業の国際競争力再生の中核的拠点としての地位を築きつつある．

　第4章では，イギリスにおけるハイテク産業の集積拠点であるケンブリッジとその周辺地域を中心とするケンブリッジ・テクノポール（Cambridge Technopole）におけるハイテク産業の創業支援・育成と大学・研究機関，ベ

ンチャーキャピタル，ハイテク中小企業の知的ネットワークについて述べる．

　第5章では，イギリスで最も古く，最大のサイエンスパークであるケンブリッジ・サイエンスパークの建設に至るケンブリッジ大学の対応と開発過程，さらにはその成果について述べる．

　第6章では，地方工業都市の知識経済化を担う代表的な成功モデルであるアストン・サイエンスパーク（Aston Science Park, ASP）の建設とそれを中核とするバーミンガム市のハイテク産業政策を紹介する．バーミンガムを中心とするウェストミッドランズ地域では，地域開発公社アドバンテイジ・ウェストミッドランズ（Advantage West Midlands, AWM）が中心となって，個々のサイエンスパークを連結させ，広域連携によるハイテク・コリドール構想が策定された．しかし，労働党から保守党への政権交代による広域地方制度の転換，すなわち，広域地方開発公社の閉鎖に直面して，ハイテク・コリドール構想は計画の途中で頓挫することになった．

　第7章では，イギリスの代表的な地方工業都市であるマンチェスターにおけるマンチェスター大学とマンチェスター市が連携して整備しているマンチェスター・サイエンスパーク（Manchester Science Park, MSP）を紹介する．当該地域ではマンチェスター大学とマンチェスター市を中心とするパートナーシップによりサイエンスパークが整備されてきたが，病院，バイオ・メディカル関係民間企業，さらに民間不動産会社が参加した広域のパートナーシップが形成され，サイエンスパークの建設を通じてバイオ産業クラスターが形成されつつある．

　第8章では，日本のハイテク産業政策を念頭におきつつ，イギリスのハイテク産業政策の特徴を明らかにするとともに，グローバル時代の都市と産業の再生政策の課題を考察する．日本のハイテク産業政策は，集権的に推進されていることに加えて，大学の知的財産の蓄積や産学連携の歴史的経験がイギリスのそれに比べて弱く，大学独自の資金や土地保有が少なく，運営の自律性を欠き，文科省の運営交付金への依存性が高い．他方，イギリスの大学は豊かな知的財産を蓄積し，大学独自の資金・土地を保有し，民間ベンチャ

ーキャピタルと連携した内発的な知的クラスターを形成しており，全国各地に多様なサイエンスパークを建設してハイテクベンチャー企業の手厚い創業支援体制を構築している．

　補論では，第8章における日英ハイテク産業政策を比較する上で必要となる日本におけるハイテク型開発政策の概要を述べる．主として90年代以降の日本のハイテク型開発政策について，産業クラスター計画，知的クラスター創生事業，都市エリア産学官連携事業，大学発ベンチャー企業，それに民営型リサーチパークの成功事例とされる京都リサーチパークについて概観する．テクノポリス開発政策については，拙著『ハイテク型開発政策の研究』（ミネルヴァ書房，2001年）や伊東維年『テクノポリス政策の研究』（日本評論社，1998年），田中利彦『テクノポリスと地域経済』（晃洋書房，1996年）を参照されたい．

　本書の各章の多くは，既に発表したものを加筆訂正したものである．初出誌を挙げると下記の通りである．

序章　70年代不況と工業都市の衰退
　「イギリスにおける地方工業都市の再生」山﨑怜・多田健一郎編『新しい公共性と地域の再生』昭和堂，2006年

第1章　バーミンガムの都市再生
　「バーミンガムの都市再生」『松山大学論集』第27巻第5号，2015年12月

第2章　ロングブリッジの再開発
　「ロングブリッジ再開発計画」『松山大学論集』第26巻第3号，2014年8月

第3章　イギリスのサイエンスパーク
　「イギリスのサイエンスパーク」『松山大学論集』第16巻第1号，2003年10月

第4章　ケンブリッジ・テクノポール
　「ケンブリッジ・テクノポール」『松山大学論集』第28巻第4号，

2016 年 10 月

第 5 章　ケンブリッジ・サイエンスパーク

　　書き下ろし

第 6 章　アストン・サイエンスパーク

　　「アストン・サイエンスパーク(1)」『松山大学論集』第 19 巻第 2 号，2007 年 6 月／「アストン・サイエンスパーク(2)」『松山大学論集』第 19 巻第 3 号，2007 年 8 月

第 7 章　マンチェスター・サイエンスパーク

　　「マンチェスター・サイエンスパーク」『松山大学論集』第 18 巻第 5 号，2006 年 12 月

第 8 章　イギリスの都市再生とサイエンスパークの特徴

　　「イギリスのサイエンスパーク―日英比較研究―」財政学研究会『財政と公共政策』第 28 巻第 1 号，2006 年 5 月

補論　日本のハイテク型開発政策の展開

　　「日本のハイテク型開発政策」鈴木茂・張陸洋・童適平・馬紅梅『中国におけるハイテク型開発政策の研究―日中比較研究―』松山大学総合研究所，2012 年．

　なお，筆者がイギリスにおける都市再生とサイエンスパークについて研究をする契機となったのは，2002 年 9 月〜2003 年 8 月の 1 年間，イギリス・バーミンガム大学都市地域研究センター（Centre for Urban and Regional Studies）に留学する機会を得たことである．日本経済のグローバル化は 1970 年代後半頃から進行していたが，85 年のプラザ合意による急激な円高ドル安への転換は，戦後日本の加工貿易型産業構造の限界を顕在化し，日本企業は大企業だけでなく中小企業も一斉に海外展開を開始した．他方，1978 年から開始された中国の改革開放政策は，中国の広大な労働力市場を外資に開放するものであり，円高ドル安の進行と相まって，日本企業の中国投資を加速することになった．その結果，日本においていわゆる産業空洞化が懸念

され，地方工業都市の産業振興と在来型製造業に代わる新しい産業の振興が課題とされていた．筆者が在住する愛媛県においても同様であり，住友グループ企業の城下町である新居浜市やタオルと造船のまち今治市の衰退が懸念されていた．産業革命を担い，「世界の工場」といわれたウェストミッドランズ地域の広域中枢都市であるバーミンガムが 70 年代の不況をどのようにして克服しようとしているのか，とりわけ，工業都市の再生と在来型製造業に代わる知識集約型産業の育成をどのようにして推進しようとしているのか，大きな関心をもったからである．

また，日本においてはモータリゼーションと郊外型ニュータウンの建設が，一方では郊外型ショッピングセンターの建設を拡大し，他方ではその結果中心商店街を衰退させ，中心市街地の活性化が重要な課題になっていた．1998 年にいわゆるまちづくり三法（改正都市計画法，大規模小売店舗立地法，中心市街地の活性化に関する基本法）を制定して都市再生に取り組んでいるが，20 年近くを経過するも，中心市街地活性化の成果が明らかではない．他方，イギリスにおいては，ロンドンのドックランズだけでなく，バーミンガム，マンチェスター，リバプール，グラスゴー，シェフィールド，ブリストル，コヴェントリー等の多くの都市で都市再生事業に取り組まれている．なかでも，バーミンガムの都市再生事業は最大規模であり，再生事業の成果が顕在化しているという意味で都市再生事業の成功事例である．日英の都市再生政策における成否の違いがどのような政治的経済的要因によって発生しているのか，さらに掘り下げて研究する必要があるが，筆者は，①両国の民主主義の熟度の違い（都市再生事業に関する全ての利害関係者による合意形成），②合意形成を支える行政職員の専門性（幅広い市民参加による議論の基礎となる制度的仕組み，先進地の取り組み，新しい都市再生を推進する基礎概念の検証等），③民間企業の旺盛な企業家精神，④グリーンベルト法等の開発規制・許可制度の存在，⑤土地所有制度の相違（日本の小土地分散的土地所有制を基礎とする土地の投機資産化に対して，イギリスの大土地所有制による土地投機資産化の回避と計画的開発），⑥民間デベロッパーの公共施設整

備・運営への参加とそのための開発理念や計画立案等の存在が考えられる．日本では，一方では中心市街地活性化基本法と同法に基づく活性化計画が多くの都市で策定されているが，他方では大店舗立地法の基本は商業活動の「健全な発達」を図るとして，大型店の立地が自由化されており，オーバーストア状態といわれながら，郊外型ショッピングセンターの開設が継続している．

　本書に収録した論文は留学中及び帰国後の現地視察を踏まえてまとめたものである．10年以上を経過しているものもあるが，執筆時点での実態調査をもとにまとめたものであり，可能な範囲で資料を取り寄せ，その後の状況変化等加筆訂正したが，基本的には当初執筆した内容と大きな変更を加えていない．

　本書をまとめるに際して，山﨑怜，西山一郎先生をはじめ四国財政学会会員，加藤光一（松山大学経済学部教授），伊東維年，田中利彦（以上熊本学園大学経済学部教授），Christopher Watson, Austin Barber, 小山善彦（以上 University of Birmingham), Stehen Hall (University of the West of England), David Bailey (Aston Business School) の諸氏から貴重な助言を頂戴した．また，出版業界を取り巻く環境が厳しい中，本書の出版を快諾され，筆の遅い筆者を叱咤激励して原稿完成を応援して頂いた日本経済評論社編集部清達二氏には大変お世話になった．さらに，本書は松山大学研究叢書出版助成制度の助成を受けて刊行されたものである．記して感謝の意を表したい．

2016年11月　紅葉をはじめた御幸山を望む松山大学研究室にて

鈴木　茂

目次

はしがき

序　章　70年代不況と工業都市の衰退 …… 1

第1節　70年代不況とイギリス経済　1
第2節　地方工業都市の衰退とインナーシティ問題　2
第3節　都市再生とアーバン・ルネッサンス　5
第4節　国際競争力の再生とハイテク産業クラスター　9
第5節　ハイテク産業クラスターとサイエンスパーク　12

第1章　バーミンガムの都市再生 …… 23

第1節　広域中枢都市バーミンガム　23
　1.1　広域中枢都市　23
　1.2　70年代不況と「希望のないまち」　26
　1.3　バーミンガムの都市再生政策の展開　27
第2節　アーバン・ルネッサンスと都市再生　33
　2.1　シティセンター再生計画　33
　2.2　シティセンターの商業機能の再生　33
　2.3　工場跡地の再開発と多機能化　36
　2.4　教育研究機能の集積　37
　2.5　アストン・トライアングルと知識経済化　38
　2.6　スラムクリアランス地域の再開発　39
　2.7　キャナルの再生　40
第3節　都市再生の成果　41

3.1　グローバル化と広域中枢都市　41

　　　3.2　都市政策の転換とアーバン・ルネッサンス　43

　　　3.3　都市型産業政策と産業構造の転換　45

　　　3.4　民族的多様性と世界都市　49

　　　3.5　高速鉄道計画 II と Big City Plan　51

　第 4 節　HS2 と Big City Plan の課題　52

第 2 章　ロングブリッジの再開発 …………………………………… 59

　第 1 節　MG ローバーの経営破綻とロングブリッジ再開発　59

　　　1.1　MG ローバーの経営破綻　59

　　　1.2　MG ローバー略史　60

　　　1.3　MG ローバーの倒産と地域経済へのインパクト　65

　第 2 節　ロングブリッジ再開発計画　66

　　　2.1　ロングブリッジの位置　66

　　　2.2　セントモードウェン　66

　　　2.3　ロングブリッジ再開発計画　67

　第 3 節　ロングブリッジ再開発計画の進捗状況　69

　　　3.1　ロングブリッジ・テクノロジーパーク　69

　　　3.2　ロングブリッジの多機能化　73

　第 4 節　再開発事業の不確実性　75

第 3 章　イギリスのサイエンスパーク …………………………… 79

　第 1 節　イギリスの産業再生戦略と知識経済　79

　　　1.1　モット委員会報告とトリニティ・カレッジ　79

　　　1.2　サイエンスパークと大学・研究機関のネットワーク　81

　　　1.3　イギリスサイエンスパーク協会　82

　第 2 節　イギリスにおけるサイエンスパークの展開　84

　　　2.1　1970 年代　84

2.2　1980年代　85
    2.3　1990年代以降　87
  第3節　サイエンスパークの開発効果　88
    3.1　持続的に発展するサイエンスパーク　88
    3.2　ハイテク企業の集積と雇用の増加　93
    3.3　ハイテクベンチャー企業の立地　95
  第4節　イギリスにおけるサイエンスパークの特徴　99
    4.1　内発性と多様性　99
    4.2　ワールドクラスの大学・研究機関を中核としたサイエンスパーク
         101
    4.3　イギリスのサイエンスパークの地域的配置の特徴　102
  第5節　イギリスのサイエンスパークの可能性　103

第4章　ケンブリッジ・テクノポール ……………………………… 109

  第1節　ケンブリッジ・テクノポール　109
    1.1　ケンブリッジ現象とケンブリッジ・テクノポール　109
    1.2　1970年代：ケンブリッジ・テクノポールの形成　111
    1.3　1980年代：ケンブリッジ・テクノポールの発展　112
    1.4　1990年代：知的ネットワークの構築　118
  第2節　ケンブリッジ・テクノポールとネットワーク　120
    2.1　サイエンスパークの集積　120
    2.2　大学とのネットワーク　122
    2.3　サイエンスパークとインキュベーター　124
    2.4　専門的ビジネスサービスの提供　126
  第3節　ケンブリッジ・テクノポールと知的クラスター　126
    3.1　ケンブリッジ・テクノポールとサイエンスパーク　126
    3.2　セントジョンズ・イノベーションセンター　127
    3.3　グランタパーク　129

目次　　xv

　第4節　ケンブリッジ・テクノポールの特徴：制度的厚みと革新性
　　　　　　131

第5章　ケンブリッジ・サイエンスパーク ……………………………… 137

　第1節　ケンブリッジ・サイエンスパークの建設　137
　　　1.1　イギリス最初のサイエンスパーク　137
　　　1.2　トリニティ・カレッジ　139
　　　1.3　立地企業の貸与条件　140
　第2節　ケンブリッジ・サイエンスパークの展開　142
　　　2.1　1970年代　142
　　　2.2　1980年代　143
　　　2.3　1990年代　144
　　　2.4　2000年代　144
　第3節　ケンブリッジ・サイエンスパークとハイテク産業クラスター
　　　　　の形成　146
　　　3.1　ハイテク企業の集積　146
　　　3.2　ベンチャーキャピタルの立地　150
　第4節　ケンブリッジ・サイエンスパークの特徴　151

第6章　アストン・サイエンスパーク ……………………………… 155

　第1節　バーミンガムの産業再生とサイエンスパーク　155
　　　1.1　国際競争力の喪失と製造業の衰退　155
　　　1.2　工場地帯の衰退　156
　　　1.3　大学改革とサイエンスパーク　157
　第2節　アストン・サイエンスパーク　157
　　　2.1　アストン・サイエンスパークの概要　157
　　　2.2　アストン・サイエンスパークの管理運営　162
　　　2.3　アストン・サイエンスパークの経済効果　164

　　　　2.4　バーミンガム・サイエンスパーク・アストンへの改組　166
　　　　2.5　バーミンガム・サイエンスパーク・アストンの特徴　167
　第3節　サイエンスパークの広域連携とハイテク・コリドール構想
　　　　　　169
　　　　3.1　ウェストミッドランズのサイエンスパーク　169
　　　　3.2　ハイテク・コリドール構想　173
　　　　3.3　セントラル・テクノベルト構想　176
　第4節　地方工業都市の再生とサイエンスパーク　179

第7章　マンチェスター・サイエンスパーク　183

　第1節　マンチェスターの都市再生政策　183
　　　　1.1　コットン・シティの衰退　183
　　　　1.2　シティセンターの再生　186
　第2節　マンチェスター・サイエンスパーク　190
　　　　2.1　マンチェスター・サイエンスパークの概要　190
　　　　2.2　マンチェスター・サイエンスパークの特徴　192
　　　　2.3　マンチェスター・サイエンスパークの開発効果　193
　第3節　マンチェスター・サイエンスパークの新たな展開　198
　　　　3.1　マンチェスター・サイエンス・パートナーシップ　198
　　　　3.2　セントラル・キャンパス　200
　　　　3.3　シティラブズ1.0　200
　　　　3.4　アルダリーパーク　201
　第4節　地域経済の知識経済への転換　202

第8章　イギリスの都市再生とサイエンスパークの特徴
　　　　　―日英比較―　205

　第1節　アーバン・ルネッサンスと都市再生　205
　第2節　サイエンス・パークとイギリスの国際競争力の再構築　212

第 3 節　大学の知的財産の蓄積と自律性　215
第 4 節　開発主体の多様性　217
第 5 節　イギリスサイエンスパーク協会の自律性　220

補論　日本のハイテク型開発政策の展開　225

第 1 節　日本のハイテク型開発政策　225
1.1　1980 年代：地域産業のハイテク化とテクノポリス開発政策　225
1.2　1990 年代：バブル経済崩壊・グローバル化とベンチャー・創業支援　227
1.3　2000 年代：産学官連携によるクラスター形成　227

第 2 節　産業クラスター計画　229
2.1　産業クラスター計画　229
2.2　第Ｉ期産業クラスター計画　230
2.3　第Ⅱ期産業クラスター計画　234

第 3 節　知的クラスター創成事業　240
3.1　地域科学技術振興政策としての知的クラスター創成事業　240
3.2　第Ｉ期知的クラスター創成事業　244
3.3　第Ⅱ期知的クラスター創成事業　245

第 4 節　都市エリア産学官連携事業　254
4.1　都市エリア産学官連携促進事業　254
4.2　都市エリア産学官連携事業の実施　254
4.3　都市エリア産学官連携事業の成果　256
4.4　地域イノベーションシステム　257

第 5 節　大学発ベンチャー企業　258
5.1　大学発ベンチャー企業 1,000 社構想　258
5.2　大学発ベンチャー企業の特徴　259
5.3　大学発ベンチャー企業の経済効果　262
5.4　大学発ベンチャー企業の限界と課題　268

第6節　京都リサーチパーク　270

　　6.1　成功事例としての京都リサーチパーク　270
　　6.2　京都リサーチパーク株式会社　271
　　6.3　京都リサーチパークと公的産業支援機関　272
　　6.4　京都リサーチパークの特徴　273

参考文献　283
索引　289

序章
70年代不況と工業都市の衰退

第1節　70年代不況とイギリス経済

　18世紀半ばから世界に先駆けて産業革命を達成し，世界各地に植民地をもつイギリス帝国主義は，20世紀初頭に至るまで覇権国家であり，世界の経済大国であった．しかし，フランス・ドイツやアメリカの追い上げによって世界経済におけるイギリスの地位は次第に低下していった．とりわけ，第2次世界大戦後，植民地の独立による排他的市場圏の喪失，基幹産業の国有化と民営化にゆれる産業政策，合理化に対抗する強い労働組合と長期の労働争議，後発工業国である日本・韓国などの追い上げによって，イギリス産業の国際競争力が低下した．

　民族自決運動は第1次大戦前後から高まり始めるが，第2次世界大戦後の植民地諸国の独立は，植民地帝国イギリスの国際貿易上の特別の地位を崩壊させた．1947年にインド・パキスタンが独立したのを皮切りに，セイロン，ビルマ（1948年），マレーシア（1957年），ナイジェリア（1960年），南アフリカ（1961年），ウガンダ（1962年），ケニア（1963年），マラウイ，ザンビア（1964年），ローデシア（1966年），バーレーン，カタール，アラブ首長国（1971年）が相次いで独立し，そして1997年には香港が中国に返還され，イギリスは全ての植民地を失った．植民地はイギリス企業にとって排他的市場圏を提供し，他の資本主義諸国の企業よりも有利な条件で経済活動を行うことを可能にした．その結果，一方では先進諸国の多国籍企業との厳

しい競争を回避することを可能にしたが，他方で競争回避による合理化圧力が低下し，生産性向上に対するインセンティブを低下させることになった．加えて，戦後の労働党政権による産業国有化・保護政策は，イギリス産業の国際競争力を低下させ，貿易収支も悪化した．また，ポンドの対ドルレートは戦後の1945年には4ドルを記録していたが，1967年にはポンド切り下げを余儀なくされ，70年には2.1ドルまで低下した．このため，保守党のハロルド・マクミラン政権（1957-63年）は，初めて欧州経済共同体（EC）への加盟を希望したが，仏ドゴール政権の反対により，EC加盟が実現されなかった．イギリスのEC（現EU）加盟が実現するのは1973年になってからである．

イギリス産業の国際競争力の低下は，地方工業都市の衰退をもたらし，製造業に代わる新しい産業の育成が都市産業政策の課題として提起されることになった．ポスト工業化時代の産業として都市型サービス産業への転換とハイテク産業の育成が都市産業政策の課題となった．

第2節　地方工業都市の衰退とインナーシティ問題

イギリス産業の国際競争力の喪失と70年代危機は地方工業都市の衰退をもたらした．失業者がシティセンターに集まり，犯罪を多発させ，いわゆる「インナーシティ問題」が深刻化した．

インナーシティ問題をひき起こした最も大きな要因は70年代不況であり，失業問題である．ロンドン，エディンバラ，カーディフ，バース，ヨーク等の歴史的に形成されてきた都市を除いて，イギリスの多くの地方都市は産業革命期の工業集積が契機となって形成された都市である．商業・業務機能に特化したシティセンターを取り囲むように工場が集積し，工場の周囲にスラムが形成された．ホワイトカラーや中産階級は，自然環境に優れ，治安の安定した郊外のニュータウンに住宅を建設した．第2次大戦後のスラムクリアランス事業によってスラムの劣悪な労働者住宅は高層のソーシャルハウスに

改築され，緑地が整備されたが，低所得者が集住する構造は変わらなかった．基幹産業である製造業が国際競争力を喪失して衰退すると，大量の失業者がシティセンターにあふれ，犯罪が多発し，インナーシティ問題に悩まされることになった．失業問題を放置して都市再生を図ることは不可能であることは言うまでもない．このため，衰退産業となった製造業から都市型サービス産業への転換が，都市産業政策の重要な政策課題に位置づけられた．都市は都市型サービス産業集積の社会的インフラを構成するものであり，シティセンターの再生によって商業機能，金融・保険・コンサルタント等の業務機能，ホテル・レストラン・バー・パブなどのエンターテインメント機能等を集積させ，雇用の拡大を図った．しかし，金融・保険・コンサルタント業などを除いて，多くのサービス産業は女子雇用型産業であり，パートなどの不安定就労の占める比率が高く，必ずしも安定した雇用をもたらしていない[1]．

　深刻な経済危機と都市の衰退に直面したイギリスの諸都市は，80年代になると都市再生事業に着手しはじめる．イギリスの多くの都市において都市再生事業が本格化するのは90年代になってからであるが，その中で最も規模の大きいのがウェストミッドランズ地域の広域中枢都市であるバーミンガムである．1980-90年代に行われたロンドンのドックランズ（London Docklands）再開発事業，グラスゴー中心部のジョージ・スクエア（George Square）からブキャナン・ストリート（Buchanan St.）やクライド川（River Clyde）沿岸の再開発，マンチェスター中心部のピカデリー・ガーデンズ（Piccadilly Gardens）からマーケット・ストリート（Market Street），リバプールのマージー川沿いのかつての造船所と倉庫群が集積したアルバートドック（Albert Dock）の再開発，毛織物業から織機・自転車そして自動車産業が発展し，イギリスを代表する高級車ジャガー発祥の地コヴェントリー（Coventry）のキャナル周辺の整備（Canal Basin），奴隷貿易を中心とする三角貿易で栄えたサウスイースト（South East）の中心都市ブリストル（Bristol）では，シティセンターに残されていたブリティッシュガス工場跡地の再開発等が行われた．しかし，これらの多くの都市の再開発事業は，規模に

ついてはともかくとして，市内の特定の地域を対象とした再開発事業にとどまっていた．それに対して，ウェストミッドランズ地域の広域中枢都市バーミンガムでは，シティセンター全体の大規模な再開発事業が行われた．バーミンガムの再開発事業は規模の面でも範囲の面でも最大規模の再開発事業であり，シティセンターの全面的な構造改造が行われている．

　バーミンガムはイングランドの中心部に位置し，1156年に領地の統治権を付与されていたバーミンガム家が国王ヘンリー2世（Henry II）からマーケット開設の許可を得たことが契機となって都市として発展を開始した．市場の発展は，農畜産物をもって近在の農民が集まり，農具や家族への土産物に対する市場が形成され，小規模な金属加工職人が集まりはじめた．都市として大きく発展したのは産業革命による工業集積がその要因であるが，18世紀半ばにキャナルが建設され，鉄鉱石や石炭等の原材料の搬入や製品の搬出が容易になったからである[2]．内陸部に位置することから，鉄鋼・造船業のような重化学工業ではなく，付加価値の高い多種多様な金属加工業が集積した．シティセンターを取り囲むように工場地帯が形成され，さらにその外側に住宅地が形成された．70年代の不況期にはシティセンターを取り囲む工場地帯と労働者階級が集住するスラムクリアランス地域が衰退地域となった．このため，バーミンガムにおいては，旧来のシティセンター，すなわち，シティセンター・コア（City Centre Core）だけでなく，それを取り囲む工場地帯の再開発と製造業に代わる雇用吸収力のある新しい産業の振興が課題となった．製造業に代わる産業として期待された産業の1つがサービス産業であり，もう1つは知識産業である．サービス産業は都市型産業であり，都市自体がサービス産業集積の社会的基盤となる．バーミンガムにおいてシティセンターとそれを取り巻く工場地帯の大規模な再開発事業が実施されているのであり，イギリスにおける都市再開発事業の事例としてバーミンガムを取り上げる理由である．

第3節　都市再生とアーバン・ルネッサンス

　イギリスは，70年代の経済危機に直面して基幹産業である製造業の国際競争力を喪失し，多くの都市が深刻なインナーシティ問題に直面することになった．1979年にサッチャー政権が誕生し，新自由主義を政策基調とする国公営企業の民営化，公営住宅の売却，規制緩和，外資導入等の政策によって社会的に安定し，各都市において都市再生事業が開始された．各都市における都市再生の試行錯誤を踏まえ，イギリスの都市再生のコンセプトとして提示されたのがアーバン・ルネッサンスである．

　すなわち，ブレア労働党政権の下で1998年に設置されたL. ロジャーズ（Lord Rogers）を座長とする特別委員会（The Urban Task Force）は，翌1999年に報告書（"Towards an Urban Renaissance"）を発表した．報告書は300ページを超える大作であるが，都市政策の在り方について，主要な5点にしぼって提案した．その第1に挙げているのが，サステイナブルシティの建設であり，優れた都市デザイン，歩行者，サイクリスト，公共交通の利用者のニーズを優先し，統合された都市交通システムに基礎をおいたコンパクトな都市を創造して高品質の都市を創ることである．第2は，経済的社会的に衰退したエリアの再生に資源を集中し，スキルとイノベーション能力に投資して都市環境を改善することである．第3は，ブラウンフィールドやリサイクルする既存の建物の開発は，グリーンフィールドに新たに何かを建設するよりも魅力的でなければならない．そのためには，ローカルの人々とのパートナーシップによってアーバン・ルネッサンスの目的が戦略的柔軟に機能するよう計画システムを構築することを優先すべきであること．第4は，より多くの民間投資が都市再生プロジェクトに投資されるよう十分な公共投資と金融的手段が活用されなければならないこと．第5は，アーバン・ルネッサンスの目標が25年以上にわたって国の計画の中で優先的に実施されることを確実にするための新しい機構が必要であること，である[3]．

21世紀の都市像としてサステイナブルシティ（Sustainable City[4]），コンパクトシティ（Compact City[5]），創造都市（Creative City[6]）が提示されているが，イギリスではアーバン・ルネッサンスが都市再生政策の基本コンセプトとして提示されている．アーバン・ルネッサンスはサステイナブルシティやコンパクトシティと対立する概念ではなく，それらを包含した概念であり，アーバン・ルネッサンスの第1の課題として，サステイナブルシティやコンパクトシティを掲げている．アーバン・ルネッサンスは直訳すれば「都市復興」であり，衰退した都市を新しい概念で再生しようとするものであり，サステイナブルシティやコンパクトシティと対立する概念ではない．しかし，都市の基幹産業が衰退し，大量の失業者が発生して深刻なインナーシティ問題に直面している状況下で，単に持続可能性を主張するだけでは直面している問題の解決にならない．環境の視点から環境負荷の小さい軌道系公共交通を拡大し，歩行者の便宜を優先した都市に転換するには，一定の公共投資と時間を必要とする．都市再生事業を推進するに際して，持続可能性やコンパクトな都市にすることを重視しつつも，まずは都市が直面している都市問題の実態を踏まえて都市再生計画を立案し，実施しなければならない．地域産業が国際競争力を喪失し，高い失業率が都市の衰退とインナーシティ問題を深刻化させている現実を直視し，雇用を創出するための産業構造の転換を図り，サービス産業やハイテク産業・クリエイティブ産業が集積するインフラストラクチャーとして都市の改造が不可避の課題であった．アーバン・ルネッサンスは，将来の都市像を示したものではなく，直面している深刻なインナーシティ問題に取り組み，シティセンターの再生を図るという都市再生政策の目標を提示したものと理解できる．

このように，イギリスでは都市再生政策のコンセプトとしてアーバン・ルネッサンスが提起されている．80年代から90年代に各都市で取り組まれた都市再生事業を総括しつつ，都市再生の方向性を打ち出したのがアーバン・ルネッサンスである．70年代の深刻な不況と都市の衰退に直面して，イギリスにおいては20世紀型都市政策を見直し，アーバン・ルネサンスを掲げ

て都市政策の再構築に取り組んでいる．20世紀型都市政策の特徴は，産業革命による工業化段階に対応した都市化と都市問題への対応を基本的課題とし，都心の環境汚染や過密問題を機能分担によって解決しようとするものであった．つまり，都心は商業・業務機能に特化し，住機能は郊外の環境に恵まれた地域に分散された．郊外にニュータウンが建設され，イングリッシュガーデンを持つ低層の住宅が建設された．中産階級の多くは環境と治安のよい郊外のニュータウンに移住し，都心と住宅地域とは道路（自動車）で結ばれることになった．

こうした20世紀型都市政策は，一方ではシティセンターを商業機能や業務機能に特化させ，他方では郊外に住機能や教育・医療・福祉機能を拡散させることになった．このため，郊外に低密度の住宅地域が形成され，公共交通をはじめ社会資本の効率性を低下させることになった．

さらに，郊外への住機能の移動は，1970年代になると郊外型ショッピングセンターやショッピングモールの展開を促進し，シティセンターの商業機能を空洞化させることになった[7]．とりわけ，20世紀型都市政策の欠点が顕在化するのは70年代の不況であり，失業率の上昇とシティセンターにおける犯罪の多発は，シティセンターからますます市民を引き離し，いわゆるインナーシティ問題をひき起こすことになった．

こうした都市問題を克服するには，20世紀型都市政策の転換と都市型サービス産業やハイテク産業の育成が不可避の課題となった．

すなわち，都市政策の転換の第1は，政策の焦点がシティセンターの再生に置かれたことであり，多機能化（diversity）を追求している．商業・業務機能に特化したシティセンターを再開発して，商業・業務機能だけでなく，文化機能，教育研究機能，レクリエーション機能，さらに住機能を再生し，シティセンターのコミュニティ（community）の再生を究極の政策課題にしている．

第2は，失業対策であり，新たな都市産業政策の展開である．都市の治安を安定させるには失業問題の解決が不可避であり，就業機会を創出する都市

産業政策の再構築が不可避の課題である．国際競争力を喪失した従来の製造業に代わる都市型サービス産業や知識産業を振興して産業構造を多様化し，雇用機会を創出することが都市産業政策の重要な課題になった．イギリスは世界に先駆けて産業革命を達成し，「世界の工場」としての地位を確立したが，70年代になると既存の製造業の国際競争力が低下し，失業率が上昇した．従来型の製造業に代わって，ポスト工業化時代を担う新しい都市型サービス産業とハイテク産業を育成し，市民の雇用と所得を確保する必要に迫られたのである．

第3は，シティセンターの再生にとって重要な地位を占めるのが商業機能の再生であり，都市の活力を構成するシティセンターの商業機能の再生を優先的課題として取り組んでいる．シティセンターにある商業地域を再開発し，消費者のシティセンターへの回帰を図っている．住宅地域の郊外への展開に対応した郊外型ショッピングセンターの建設が，シティセンターの商業機能を衰退させたからである[8]．

第4は，衰退した工場跡地の再開発である．イギリスの多くの地方都市は産業革命期の工業集積を契機として形成されたものであり，工業集積が都市の拡大をもたらした．その結果，シティセンターの隣接地域に工場地帯が形成された．製造業の衰退はシティセンターを取り巻く工場地帯を衰退地域にし，都心の空洞化を加速することになった．シティセンターの再生を図るには，衰退した工場跡地の再開発が重要な政策課題になった．

第5は，シティセンターにおけるコミュニティの再生であり，都心型住宅を建設して市民の都心回帰を図っている．シティセンターの再生の究極の課題は，コミュニティの再生に置かれており，モダンなデザインの都心型住宅が相次いで建設されている．

第6は，キャナル（canal）の再生である．イギリスにおいては産業革命期の輸送手段としてキャナルが建設された．キャナルの建設は1700年代に始まり，鉄道の建設が始まる1800年代初期にはイングランドの多くの地域が全国キャナルネットワーク（National Canal Network）によって結ばれた．

シティセンターまでキャナルが建設され，キャナルの周りに工場・倉庫が立地した．製造業の衰退はキャナル周辺地域が衰退地域となり，危険地帯となった．キャナルの修復や周辺環境改善は，シティセンターの価値を高め，キャナルサイドに都心型住宅の建設が相次いでいる．キャナルサイドは都市再生を牽引するエリアとして注目を集めている．

第7は，多様な民族間の文化的融合である．イギリスは産業革命期以来，労働力不足を植民地からの移民によってカバーしてきた．第2次大戦後の経済復興期には旧植民地からの大規模な移民を受け入れ，1973年のヨーロッパ共同体加盟後は，東欧諸国からの移民を受け入れてきた．他方，白人の出生率が低下し，人口全体に占める移民の割合が高くなっている．イギリスは多民族国家であり，異文化の交流と融和が社会の安定にとって欠くことができない社会的課題であるとともに，文化的多様性が創造性を高めるものとして期待されている．とりわけ，バーミンガムはイギリスの中でも移民の多い都市であり，非白人人口はセンサス2001では29.6％，センサス2011では46.9％も占めた．バーミンガムはグローバル時代の典型的な多民族都市である．民族的多様性を都市の文化的多様性と活力に転換できるかどうか問われている[9]．

第8は，ハイテク産業の育成であり，サイエンスパークの整備である．「世界の工場」を担った在来型製造業が国際競争力を失い，それに代わる新たな産業の育成が重要な政策課題になっている．産業振興政策は既存産業の持続的発展を図る地域産業振興政策から，大学・研究機関などの最先端の研究成果を活用したハイテク産業の育成に及んでいる．ハイテク産業の育成の拠点になっているのがサイエンスパークである．

第4節　国際競争力の再生とハイテク産業クラスター

イギリスの産業再生政策の理論的基礎を形成しているのがM. ポーター（Michael E. Porter）のクラスター（cluster）論[10]である．M. ポーターのク

ラスター論は，A. マーシャル（Alfred Marshall, 1842-1924）が指摘した地域産業集積がもたらす「外部経済」を，「クラスター」概念によって説明したものであり，特定地域への産業集積が「集積利益」をもたらし，競争優位性を付与することを主張したものである．M. ポーターがクラスター論[11]を主張した 1980 年代当時，経済構造のグローバル化によって先進工業諸国の産業空洞化が進行し，地域産業の再生が重要な政策課題になっていたから，クラスター論に対する各国の政策当局者の注目を高めることになった．日本においても経済産業省は，M. ポーターのクラスター論に依拠した地域産業政策を策定し，大学・研究所と連携した「産業クラスター計画」を 2001 年から推進し，文部科学省も「知的クラスター」の形成を 2002 年から，「都市エリア産学官連携事業」を 2003 年から地域科学技術政策として推進した．

日本と同様に，M. ポーターのクラスター論に依拠して産業再生戦略の構築を図るイギリス貿易産業省（Department of Trade and Industry, DTI）は，イギリス製造業の国際競争力を分析し，イギリス産業の労働生産性はヨーロッパの工業先進国のそれと比べて平均して 25％ 低く，アメリカより 55％，フランスより 32％，ドイツより 29％ 低いことを認めた（図 I-1 参照）．しかし，製造業はイギリスの雇用と輸出の多くを占める重要な産業であること，EU 市場統合によって巨大な市場が形成されていることを根拠に，労働生産性を向上させれば国際競争力を回復させることが可能であると指摘している[12]．

イギリス産業の競争力再生の可能性を探るために行われたのが，地域における産業集積（クラスター）の実態分析である．イギリス環境交通地域省（Department of the Environment, Transport and the Regions, DETR）は，ソフトウェア，エレクトロニクス＆通信，モータースポーツ，ビジネスサービス，食品製造及び関連産業，海洋エンジニアリングについてケーススタディを行い，次のような政策提言を行った．すなわち，①地域計画はクラスターにベースをおいた開発政策を強く支持すべきであること，②DERT はクラスター計画のために実践的ガイダンスを開発すること，③政策的アドバイスはク

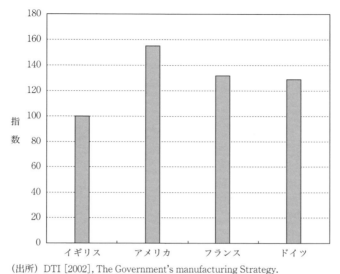

(出所) DTI [2002], The Government's manufacturing Strategy.

図 I-1 イギリスの労働生産性（指数：イギリス＝100）

ラスターの特定化とそれぞれのニーズに対応した形で提案されるべきである，とした[13]．

しかしながら，M.ポーターのクラスター論は，産業集積の量的側面を重視し，集積の契機が誘致外来型開発であるか内発型発展であるかの視点を欠くため，「外部経済」あるいは「集積利益」をもたらした集積の実態そのものがどのようにして形成されたのか，また，クラスター形成にどのような制度的厚みや政策的促進要因があったのか必ずしも明らかにしていない．DETR はクラスターの分析から地域産業政策の課題を演繹的に導きだすことができず，集積の個別的諸要因を指摘するにとどまっている．

日本においても，70年代の2度にわたるオイルショックを契機とする構造不況は，高度経済成長を牽引した資源・エネルギーを大量に消費する基礎素材型重化学工業に依存した経済成長の限界を認識させ，知識産業への転換の必要性が指摘された[14]．そして80年代以降の産業政策を打ち出した産業

構造審議会答申「80年代の通商産業政策ビジョン」(1980年3月)は，知識産業への転換とその地域振興政策ビジョンとして「テクノポリス(高度技術集積都市)」構想を打ち出した．通産省(当時)が産業構造の高度化と定住圏整備の切り札としてテクノポリス構想を打ち出したことから，全国的なテクノ・フィーバーをひき起こし，最終的には全国で26地域がテクノポリス地域として指定を受けた．

日本型サイエンスパークであるテクノポリス開発計画の推進は，当然のことながら海外のサイエンスパークに対する関心を高めることになった．とりわけ，スタンフォード・リサーチパーク(Stanford Research Park, 1951年建設開始)，リサーチ・トライアングルパーク(Research Triangle Park, 同1959年)，カミングス・リサーチパーク(Cummings Research Park, 同1961年)やルート128などのアメリカのサイエンスパークの紹介が行われた[15]．しかしながら，ヨーロッパのサイエンスパークについては系統的な紹介が行われておらず，実態が必ずしも明らかになっていない．清成忠男は，86年3月現在，「ヨーロッパ諸国におけるサイエンスパークは141が確認され，そのほとんどが80年代になって形成されたものであるが，研究型大学が存在しているところにヨーロッパの強味がある」と指摘した[16]．また，清成はケンブリッジ市を中心とする「ケンブリッジ現象("Cambridge Phenomenon")」について指摘し，ケンブリッジ市を中心にハイテクベンチャー企業が集積しつつあることを，シーガルクインス・パートナーズ(Segal Quince & Partners, SQP)のレポートをもとに指摘している[17]．しかしながら，清成が指摘しているのは1980年代半ば頃のイギリスのサイエンスパークについて，セントジョーンズ・イノベーションパーク等の一部について触れているのみで，イギリスのサイエンスパークの全体像についてはほとんど紹介されていない．

第5節　ハイテク産業クラスターとサイエンスパーク

　産業革命以来，イギリス経済は「世界の工場」として，製造業の競争力によって国民経済を維持してきたが，70年代のオイルショックを契機として，国際競争力を大きく低下させた．イギリス経済の再建の方向は，シティの国際金融センターとしての地位強化を別として，一方では地方都市の経済的基礎を製造業からサービス産業に転換するとともに，他方では知識産業の育成によって国際競争力を回復する戦略をとっている．サービス産業は競争力を衰退させている製造業に対して，新たな就業機会を提供するものとして期待された．第1章で述べるように，バーミンガムでは国家プロジェクトである国立展示場（National Exhibition Centre, NEC）の開設がビジネス・ツーリズムの可能性を示唆し，サービス産業がバーミンガムの都市産業政策の中核的地位を獲得した．しかし，サービス産業は，金融・保険業のような高所得を提供する業種から小売・飲食・宿泊・清掃等の低賃金労働に依存した業種まで多様であり，パート等の不安定就労が多い産業である．製造業の衰退による安定した就業機会の減少をサービス産業のみで補完することは困難であり，ハイテク産業やクリエイティブ産業の集積を図らなければならない．経済構造のグローバル化，とりわけ，多国籍企業による低賃金地域への自由な資本移動とそれに起因する産業空洞化の進行は，先進資本主義諸国における経済構造の転換を迫り，知識経済（knowledge-based economy あるいは knowledge driven economy）への転換が経済政策の重要な課題になっている．

　イギリスの産業政策の大きな転換をもたらしたのは，1997年に政権を奪還したトニー・ブレアをリーダーとするニュー・レイバーの登場である．ブレア政権は，イギリス経済を知識経済に転換することを戦略的課題とし，サイエンスパークを核とする知的クラスター（cluster）と産学連携を2本柱にしながらイギリス産業の国際競争力の回復を図ろうとした[18]．ニュー・レイバーは保守党が推進した民営化・規制緩和と外資導入による競争力再生に対

して，知識経済への転換を明確に打ち出し，そのために研究開発機能の強化と労働者の技能高度化を図る高等教育政策の強化を重視した．

ブレア政権誕生後に刊行された最初の『競争力白書』(1998年版) は，イギリスの国際競争力を再構築するために知識経済への転換をはっきりと謳っている．イギリスの労働生産性は先進諸国のそれと比べて 20〜40% 低く，とくにフランス・ドイツとのギャップは縮小していないとして，このギャップを縮小してイギリスの国際競争力を高める戦略として知識経済への転換を打ち出した[19]．とりわけ，ヨーロッパの単一市場化，市場開放に伴う競争激化，資本移動の自由，低コスト諸国の中により高い教育を受け技能をもった労働者を養成して高度な製品やサービスを提供できる国々が増えていること，ICTs 技術の発展によるプロダクトサイクルの短命化，バイオ産業に典型的にみられる新しい産業の誕生，環境や自然資源の制約がビジネス・チャンスを拡大していることなど，ビジネス環境が急速に変化している．イギリス産業はこうした急速に変化している環境下で国際競争力を高めていかなければならず，それは原材料・土地や安価な労働力へのアクセスではなく，高い生産性をもったビジネスプロセスを創造し，高付加価値の財やサービスを創造することを可能にする知識・技能及び創造性である，とした[20]．国際競争力を高めるために知識がとくに重要になっているのは，ICTs 技術の急速な発達，科学的技術発達のスピードアップ，グローバルな競争の激化，消費者の所得上昇と嗜好の変化による消費者ニーズが変化しているからである．イギリス国民により高い生活水準を提供するには，イノベーション，科学的発見，知識管理及び人的資本を重視する必要があるとして，知識経済への転換を明確に打ち出した[21]．

イギリスの産業政策の焦点は地域の産業集積を知的クラスターに転換してハイテク分野における国際競争力を構築することにあり，大学・高等教育政策を転換して産学連携と高等教育を受けた知的労働者を養成するとともに，サイエンスパークを整備して知的クラスターの形成を図っている．

イギリスの大学は歴史的に一部のエリート養成機関であり，大学進学率は

1980年代まで10％前後と低かった．管理者と一般労働者との格差構造が労働者の勤労意欲や勤労モラルを低下させ，知的労働者と一般労働者との間の技能水準の格差がイギリス産業にとって不可欠の良質の労働力の裾野を失い，製造業の国際競争力を低下させ，ハイテク時代に必要とされる高度な技能とモラルをもった労働者の確保を困難にしていると認識された[22]．高等教育制度を改革し，一部のエリート養成機関から社会的ニーズに対応できるように高等教育の近代化を図り，労働者の技能レベルを高めて労働生産性を高めるとともに，大学の研究成果を活用してハイテク産業を育成し，イギリス産業の国際競争力を高めることが重要な政策課題になった．このため，1992年の高等教育法によって技術専門学校（Polytechnic）を大学に昇格させ，大学進学率を飛躍的に高めた（30％に上昇）．しかし，この高等教育の近代化は教育への公費投入の抑制，教育予算の削減をともないながら大学・学生数を大幅に増大させるものであり，従来無料であった授業料の有料化や教授等への負担を増加させるものであった[23]．このため各大学はビジネススクールの開設，相対的に高い授業料を徴収できる留学生の受け入れ，サイエンスパークの開設や産学連携による外部資金の導入に取り組むことになった．

知識経済への転換を図るために，産学連携と知的クラスターの形成が戦略的課題として明確に位置づけられる契機となったのが，1999年にまとめられたバイオ・クラスターに関する報告書[24]である．

また，大学・高等教育政策を担当する教育技術省（Department for Education and Skills, DfES）は，高等教育を強化してハイテク産業が必要とする人材を養成するとともに，産学連携を強めてハイテク型中小企業のスタートアップの支援や大学の研究成果を産業界に移転し，イギリス産業の国際競争力を強化するために，DTIと連携する方針を打ち出している[25]．

都市産業政策において，都市型サービス産業の育成と並んで重視されているのが知識産業であり，ハイテク産業の育成・振興である．ハイテク産業の育成・振興には，大学・研究機関との連携が不可欠であり，サイエンスパークを整備し，ベンチャー企業の起業支援や創業間もないベンチャー企業の支

援機能を強化している．イギリスにおけるサイエンスパークの整備は1970年代初期から，ケンブリッジ・サイエンスパーク（CSP）とヘリオット-ワット大学リサーチパーク（Heriot-Watt University Research Park, HWURP）に始まるが，70年代はサイエンスパークの意義についてまだ広く認識されていなかった．地域経済の再生政策としてサイエンスパークが注目されることになるのは80年代になってからである．70年代不況と国際競争力の喪失による地域経済の衰退に直面して，80年代になると既存の製造業に代わる新たな産業の創出が地域産業政策の課題として提起され，知識産業に対する関心が高まってきたからである．さらに，サイエンスパークに対する関心をとくに高める契機になったのは，民間コンサルタント会社であるSQPの調査レポートであった[26]．同レポートはケンブリッジシャー地域にはケンブリッジ・サイエンスパークを中心にサイエンスパークが建設され，ハイテク産業が集積していることを明らかにした．このSQPのレポートを契機に地域経済の再生と新たな国際競争力をもった産業振興を課題としてサイエンスパークの建設が増大しはじめる．

　多国籍企業の国際的投資活動の活発化と後発資本主義諸国の経済発展，旧社会主義経済体制下にあった東欧やアジア諸国における市場経済システムの導入と市場開放は，経済構造のグローバル化を促進し，世界市場における競争がますます激化している．先進資本主義諸国の在来型製造業は後発資本主義諸国との競争に直面して衰退し，新たな展開を求められている．また，在来型製造業が集積して発展した地方工業都市は衰退し，都市再生政策の構築を迫られている．

　知識産業の創出と集積拠点として期待されているのがサイエンスパークである．イギリスサイエンスパーク協会（United Kingdom Science Park Association, UKSPA）によれば，サイエンスパークは，①ビジネス支援や技術移転を先導する拠点であり，イノベーションをリードし，ハイテク企業のスタートアップを支援する拠点であり，大学・高等教育機関及び研究機関等の知識創造センターと公的で機能的な連携を保有しているところに特徴がある．

サイエンスパークは，レンタルルームを整備し，テナント料が主要な事業収入となっていることから，不動産事業であるという批判もある．しかし，不動産事業としてのサイエンスパークの整備と本来のサイエンスパークとの大きな相違は，大学・研究機関とのネットワークを構築しているかどうか，インキュベーション機能を備え，イノベーションを促進できるかどうかである．民間デベロッパーが建設・運営しているサイエンスパークは，テナント料収入の獲得が主要な目的であり，入居企業が大企業で，テナント料収入が安定的に獲得できるかどうかが重要な関心事である．民間デベロッパーが開発主体となっているサイエンスパークがこれに該当する．民営型サイエンスパークは，入居を想定している産業が求める施設の諸要件，セキュリティ，パークの環境や景観を整えている．また，施設入居企業は当該産業分野で安定した経営基盤を確立し，多国籍企業として企業活動を展開している場合が少なくない．大学・研究機関や既存民間企業からのスピンアウトやスタートアップを支援することよりも，優良企業を誘致し，安定したテナント料収入を獲得することを目的にしたサイエンスパークである[27]．

イギリスサイエンスパーク協会によれば，2016年現在，イギリスのサイエンスパークは，170（賛助会員を含む）を超えている．しかも，これらはイギリスサイエンスパーク協会加盟のサイエンスパークの数であり，協会に加入していないサイエンスパークも存在する[28]．

イギリスのサイエンスパークは，ワールドクラスの研究型大学・研究所が推進主体となって開発したサイエンスパーク，大学・地方政府・民間企業等のパートナーシップで開発したもの，民間デベロッパーが開発したもの等，多様なサイエンスパークが存在する．地域的にはロンドンやケンブリッジ，オックスフォード等の大都市や大学都市に建設されたサイエンスパーク，産業革命期以来の地方工業都市に建設されたサイエンスパーク，農村地域に建設されたサイエンスパーク等，多様なサイエンスパークが存在する．また，既にハイテク企業が集積してサイエンスパークとして成熟しているもの，世界的な知的所有権を武器にハイテク産業の集積拠点の形成の取り組みを最近

になって開始したもの等，発展段階についても多様である．

日本型サイエンスパークであるテクノポリスは，集権型行財政構造の下で立案・推進された結果，画一的で多様性に欠けること，大学の基礎研究の蓄積が弱いこと，国立大学教官の兼業規制が強いために産学連携が円滑に行われなかったこと，テクノポリス圏域にはハイテク企業の部品量産機能が集積したが研究開発機能が集積しなかったこと，進出企業と地域企業の技術格差が大きく技術移転がほとんどみられなかったことなど，サイエンスパークとしての実態を欠くものであった．イギリスのサイエンスパークは，ワールドクラスの研究型大学・研究機関が中核的推進主体となっていること，大学・研究機関が蓄積した研究成果を核にして個性的なサイエンスパークを建設していること，地方政府は大学・研究機関や民間企業とのパートナーシップをベースにサイエンスパークの整備を支援していること，ロンドンのような大都市やケンブリッジ・オックスフォードのような大学都市だけでなく，スコットランドやヨーク・バーミンガム・マンチェスター等の衰退した地方工業都市，さらには農村地域においても多様なサイエンスパークが建設されていること等，サイエンスパークの整備やハイテク産業の集積を図る日本の地域産業政策を検証する上で，貴重な分析視点を提供している．

注

1) 鈴木 [2006]，「イギリスにおける地方工業都市の再生」山崎怜・多田憲一郎編著『新しい公共性と地域の再生』昭和堂．
2) Charles Hadfield [1968], The Canal Age, Birmingham City Council のホームページ（https://www.birmingham.gov.uk/info/20007/things_to_do/179/canals_of_birmingham）．
3) The Urban Task Force [1999], Towards an Urban Renaissance, pp. 11-19.
4) 岡部明子は，サステイナビリティ（sustainability）という概念は曖昧な概念であり，「世界中の都市は（サステイナビリティの概念を使って—引用者）それぞれ異なった再生シナリオを描きながらも，みなそれなりにサステイナブルな発展の方向を目指している」と評しつつ，「サステイナブルシティの本質とは，都市に人が住み続け，人の生活が維持可能な都市」のことであろうと指摘している（岡部明子 [2003]，『サステイナブルシティ—EUの地域・環境戦略—』学芸出版社，8

序章　70年代不況と工業都市の衰退　　19

-9ページ).
5) 海道清信は，コンパクトシティ論は1990年代に提起された都市の将来像に関する概念であり，「自動車利用を前提としたスプロール的な都市拡大は，20世紀の都市の大きな特徴となっている．そこから生じたさまざまな課題に対応するために，EUの環境政策，都市政策の空間形態として提起」されたものであると指摘している（海道清信［2001］，『コンパクトシティ―持続可能な社会の都市像を求めて―』学芸出版社，3ページ）．
6) 創造都市論を提起している佐々木雅幸は，「アートの力による若者とクリエイティブ産業を梃とした都市再生」を目指すものであると主張している（佐々木雅幸［1997］，『創造都市の経済学』勁草書房，佐々木［2001］，『創造都市への挑戦：産業と文化の息づく街へ』岩波書店）．
7) Peter J. Larkham and Tim Westlake [1998], *Retail change and retail planning in the West Midlandsm*, edited by A.J. Gerrard and T.R. Slater, Managing A Conurbation, pp. 203-204.
8) 鈴木［2006］．
9) バーミンガムの移民の実態調査については工藤正子［2011］，「移民女性の働き方にみるジェンダーとエスニシティ」竹沢尚一郎編著『移民のヨーロッパ』明石書店．
10) Michael E. Porter [1979], On Competition, Harvard Business School Press.
11) Michael E. Porterが最初に競争戦略論を提示した"On Competition"を発表したのは1979年である．
12) イギリスの製造業は，2000年段階でイギリス経済の5分の1を構成し，400万人の人々を雇用（それは労働力の7分の1）しているが，間接的にはさらに多くの人々を雇用している．イギリスの衰退地域の多くでよい待遇のよい仕事を提供し，製造業は輸出の60%を占め，イギリスの経常収支のバランスに貢献し，幅広いサービス産業を支えている（DTI [2000], The Government's Manufacturing Strategy, p. 2）．
13) DTI [1999], Biotechnology Clusters-Report of a team led by Lord Sainsbury, Minister for Science, DETR [2000], Planning for Clusters-A research report.
14) 例えば，日本において早くから知識産業に注目したものとして正村公宏［1971］，『知識産業論』中央経済社がある．
15) 日本長期信用銀行［1988］，「アメリカのリサーチ・パーク（研究開発団地）―研究経営に活用するアメリカの大学―」『調査月報』No. 246.
16) 清成忠男［1986］，『地域産業政策』東京大学出版会，154-155ページ．
17) 清成忠男［1996］，『ベンチャー・中小企業優位の時代』東洋経済新報社，119-130ページ．
18) 舟場正富［1998］，『ブレアのイギリス』PHP新書．
19) 舟場正富は，ニュー・レイバーの産業政策を「新産業主義」として把握し，次

のように指摘している．すなわち，ニュー・レイバーが国民の支持を獲得し，イギリス経済が好調なのは「ブレア率いる新しい政権が打ち出した21世紀へのビジョンが国民の支持を得て，軌道に乗り始めたところが大きい．…これまでの特権階級を固定したエリート育成の社会システムから，国民全体の底上げを目指して社会の改造を図り，もの作りとその管理を進めていくといういわば21世紀に向けての新産業主義の基盤作りへ方向転換した」ことである，と指摘している．そして，「レイバー・マニフェスト'97」の産業政策は「イギリス産業の国際競争力を高めるために，健全な利潤をもたらすダイナミックな市場経済を，高品質の製造品と技術革新に取り組む経営者並びに熟練した労働者の力を結集して実現する」とし，①我が国の学校とカレッジにおけるより高い技能訓練と教育水準をプラスすること，②経済の安定を確保するための政策をプラスすること，③インフラ整備，科学研究，中小企業の支援に対する投資への民間とのパートナーシップをプラスすること，④我が国にとって最大のマーケットであるEUから漂流または離反していく政策がとられている現状を打破すべく，EUのこれからの改革に対するイギリスからのリーダーシップをプラスすること，⑤イギリスが，EU単一市場のメンバーであることを保障し，EUの内でも外でもより広いマーケットに開かれており，民間が事業を行う上で魅力があることをプラスすること，⑥仕事へのフェアな取扱いに関する最低水準のあり方を，最低賃金制を含めてプラスすること，⑦長期の失業者に仕事をする能力と機会を与え，社会福祉経費の削減をする創造的な構想をもつ「ウェルフェア・ツー・ワーク」プログラムをプラスすることをあげた（舟場正富［1998］，67-68ページ）．そして，科学技術政策では，「従来イギリスは世界における知識の開拓に貢献してきたのであり，大学や研究所は強力な科学研究の基盤を依然持っているとマニフェストは述べている．レイバーは，イギリス人が発明した成果をイギリスの産業の発達に活用できるようにする．そのために新しい技術や設計技術の利用を広げるため，研究者と産業界との共同作業を支援する」と（同，68-69ページ）．

20) ここにいう知識は新しい創造的な産業やハイテク企業だけに関わるものではなく，伝統的な製造業やサービス産業にも関わるものを含む広義の知識である．全てのタイプのビジネスは彼らの知識・技能及び創造性が先導して彼らの製品やサービスを改善し，生産性を高めなければならない，とDTIは指摘した（DTI [1998], The 1998 Competitiveness White Paper-Our Conpetitiveness Future, Building the knowledge driven economy）．

21) 知識経済は知識の生成と開発とが富の生産に極めて重要な役割を占める経済である．それは単に最先端の知識の振興だけではなく，全てのタイプの知識を経済活動の全ての方法において効果的に使用し，開発することを意味している（DTI [1998]）．

22) 舟場［1998］，92ページ．

23) 舟場［1998］，75ページ．

24) DTI [1999], Biotechnology Clusters-Report of a Team Led by Lord Sainsbury, Minister for Science.
25) DfES [2003], The Future of Higher Education.
26) Segal Quince & Partners [1985], The Cambridge Phenomenon, 鈴木 [2004], 「イギリスのサイエンスパーク」『松山大学論集』第 16 巻第 1 号.
27) イギリスにおいては，ハイテク企業をターゲットに，ハイテク産業が求めるインターネットやセキュリティ等の業務環境を整えた「サイエンスパーク」を民間デベロッパーが建設するケースが少なくない．しかし，これらはサイエンスパークの中核的機能であるインキュベーション機能や大学・研究機関などとの連携を保有していないという意味で厳密にはサイエンスパークといえない．
28) イギリスサイエンスパーク協会のホームページ (http://www.ukspa.org.uk/).

第1章
バーミンガムの都市再生

第1節 広域中枢都市バーミンガム

1.1 広域中枢都市

　イギリス第2の都市，バーミンガムは，都市再生に成功した都市として注目されている．バーミンガムの人口は，2011年現在，107万3,045人（センサス2011）を数える．市人口は2001年の98万4,600人を底に増加に転じ，10年間で8.8万人も増加した．イギリス全体でも人口が増加しており，人口減少が社会問題になっている日本と対照的である（図1-1参照）．

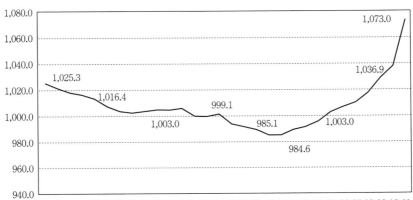

（出所）Birmingham City Councilの資料及びセンサス2011より作成．

図1-1　バーミンガム市の人口推移

バーミンガムはロンドンから列車で約1時間30分，イングランドの中心部にあり，製造業が集積したウェストミッドランズ（West Midlands，人口約560万人）の広域中枢都市である．エネルギー効率の悪い蒸気機関を改良して産業革命に貢献したことで知られるJ. ワット（James Watt, 1736-1819），バーミンガムの実業家でワットの共同事業者となったM. ボールトン（Matthew Boulton, 1728-1809）等が活躍したまちである．

　バーミンガムは「世界の工場」の拠点都市として発展した．バーミンガムは内陸部に位置するため，物流コストが小さく，付加価値の大きい多種多様な金属加工業が集積した．貴金属加工業の集積がその典型である．シティセンターの北西部に貴金属加工業が集積したジュエリー地区（Jewellery Quarter）は，18世紀半ば頃から貴金属加工業が集積して形成された典型的な産業クラスターである．貴金属加工業及び関連産業の雇用者数はピークの1911年には3万2,000人を数えた[1]．

　また，多種多様な金属加工業の頂点に自動車産業が集積した．イギリスを代表する量産車メーカーであるMGローバーの本社工場が立地するなど，バーミンガムの基幹産業は製造業であった．製造業は地域経済を担う基幹産業として豊かな雇用と所得をもたらした．しかし，70年代の不況は基幹産業である製造業の国際競争力を著しく低下させ，リストラと大量の失業者を生んだ．その結果，1970年代の失業率は20％を超え，バーミンガムは「希望のないまち（hopeless city）」と呼ばれた．バーミンガムにはシティセンターを取り囲むように工場が集積していたが，工場が閉鎖され，大勢の失業者が投げ出された．1970年代のイギリス全体の失業率は10％台であったが，バーミンガムは20％台を記録し，移民の多い地域では50％にも達したといわれた．このため，シティセンター（city centre）を取り囲む工場地帯は衰退地域となり，失業者がシティセンターにあふれた．

　さらに，バーミンガムの西部には「世界の工場」の代表的な製造拠点であったブラックカントリー（Black Country）と呼ばれる地域がある．ブラックカントリーは，サンドウェル（Sandwell，人口30万人），ウォルサル

第 1 章　バーミンガムの都市再生

D	ダッドリー	1	マンチェスター
S	サンドウェル	2	バーミンガム
W	ウォルサル	3	ロンドン
WO	ウォルヴァーハンプトン		

図 1-2　ブラックカントリー

(Walsall, 26万人), ウォルヴァーハンプトン (Wolverhampton, 24万人), ダッドリー (Dudley, 19万人) の4市からなる．産業革命期のエネルギー源は石炭であり，石炭の燃焼による黒煙が地域全体を覆い，昼間も煤煙で暗かったことからブラックカントリーと呼ばれた．その意味で不名誉な名称であるが，歴史的な名称であることから現在でもこの地域をブラックカントリーと呼んでいる（図

表 1-1　ウェストミッドランズの主要都市
(単位：1,000 人)

都市名	人口
バーミンガム	1,073,045
コヴェントリー	316,960
サンドウェル	309,000
ウォルサル	269,323
ウォルヴァーハンプトン	249,900
ストーク・オン・トレント	249,008
ソリフル	200,480
ダッドリー	194,919
テルフォード	(注) 166,600
ニューカッスル・アンダー・ライム	123,900

(注) テルフォード市は，センサス 2011 の数値（16万6,600人）は実際より少なく推計されているとして17万300人にのぼると推計している．
(出所) センサス 2011 より作成．

1-2 参照).バーミンガム東部には毛織物産業・織機から自転車・バイク,さらに自動車産業が集積し,イギリスを代表する高級乗用車・スポーツカーであるジャガー (Jaguar)[2] 発祥の地であるコヴェントリー (31 万人),北部にはウェッジウッド (Wedgwood) に代表される陶磁器産業が集積したストーク・オン・トレント (Stoke-on-Trent, 人口 24 万人) 等の工業都市・地域が存在する (表 1-1 参照).

1.2 70 年代不況と「希望のないまち」

在来型産業が集積した先進工業諸国の工業都市の多くは,自国資本の多国籍企業化と後発工業諸国の追い上げによる産業空洞化に直面して衰退している.世界で最初に産業革命を達成し,「世界の工場」としての地位を確立したイギリスがその典型である.主要な工業都市は 70 年代の 2 度にわたるオイルショックを契機に国際競争力を喪失し,失業率が 10% を超える深刻な不況に見舞われた.製造業を基幹産業とするバーミンガムも例外ではない.むしろ,バーミンガムは典型的な工業都市であったから,70 年代不況の影響がより深刻であり,失業率は 20% に達した.

バーミンガムでは,1971 年から 1987 年の間に 19 万 1 千人,市全体の約 29% もの雇用が失われた.特に,製造業では 14 万 9 千人,製造業全体の 46% を占める雇用が失われた.この間,サービス産業の雇用が増加したが,雇用の増加は 9,000 人にとどまり,製造業の衰退をカバーできなかった[3].金属加工業から自動車産業まで多様な製造業が集積して発展したバーミンガムは,70 年代の不況とインナーシティ問題に直面し,「希望のないまち」とまでいわれた.

バーミンガムの都市政策を転換し,地域の基幹産業を製造業からサービス産業に転換する契機となったのは,国立展示場 (NEC) がバーミンガム空港の隣接地に建設されたことである.NEC の建設は市の関係者にビジネス・ツーリズムの可能性に着目させることになった.すなわち,バーミンガムの都市産業政策の基調は,衰退著しい製造業からサービス産業に転換されると

ともに，都市はサービス産業集積のインフラを構成するものとして，シティセンターの大規模な改造に取り組まれることになった．バーミンガムにおいては，自動車交通に対応した交通体系が形成され，シティセンターを取り囲む高架の都市環状道路であるブルリング（Bull Ring），その外側に高規格道路ミドルリング（Middle Ring）が建設され，さらにシティセンターから放射状に郊外へ向かう幹線道路が建設された．イギリスは鉄道発祥の国ではあるが，バーミンガムに3つのターミナル駅と郊外のウォルヴァーハンプトンとを結ぶメトロがあるのみで，都市交通の基本は路線バスとマイカーに担われている．このため，都市政策の基調を歩行者優先に転換するとともに，シティセンター・コアとその周辺部とを隔離しているとしてブルリングは解体された．さらにシティセンター・コアを取り囲むように工場地帯が形成されたが，製造業の国際競争力の喪失が工場地帯を衰退地域に転落させた．シティセンター・コアには失業者があふれ，それを囲む工場地帯は衰退地域になったのである．バーミンガムの都市政策の課題は，シティセンター・コアとそれを取り囲む工場地帯を再生し，新たな基幹産業としてのサービス産業の集積を図ることであった．

1.3　バーミンガムの都市再生政策の展開

イギリス産業の国際競争力の喪失と都市の衰退は，都市政策の転換を迫ることになった．産業革命期以来推進されてきた20世紀型都市政策は，都心と郊外との機能分担を基調とするものであるが，新しい都市政策は多様性（diversity）を基本コンセプトにしたアーバン・ルネッサンスが新しい都市政策として提起されている．産業革命期以来の都市政策の基本は都心と郊外の機能分担であり，都心に商業・業務機能を集積させ，環境のよい郊外に住宅地を建設した．住宅地域からシティセンターへの通勤はマイカーを中心とするものであり，自動車交通にとって利便性の高い都市が形成された．こうした20世紀型の都市政策を転換し，アーバン・ルネッサンスを合言葉に都市再生が推進されている．アーバン・ルネッサンスはシティセンターの再生

に注力し，シティセンターの多機能化を図り，最終的にコミュニティの再生を課題にしている．

①1970年代

70年代不況に直面して20%を超える失業率に直面したバーミンガムが，都市の基幹産業である製造業からサービス産業への転換を基軸として都市再生政策に取り組む契機となったのは，既に述べたように，1975年にNECがバーミンガム空港の隣接地に開設されたことである．NECは国際展示場であり，国際空港・鉄道・高速道路でのアクセスに優れ，国際展示会の開催中は大勢のビジネスマンが訪れ，ビジネス・ツーリズムの可能性を提示することになった．1975年にセブンホールが竣工し，翌1976年，エリザベス女王を招いて最初の国際スプリングフェアが開催された．地域の基幹産業である製造業が衰退産業のイメージを強める中で，大勢のビジネスマンの来訪は，将来の都市型産業としてサービス産業に対する期待を高めることになった[4]．開設以来約40年を経過するが，今日でもNECは年間利用者が200万人を超え，地域のサービス産業に貢献している[5]．

②1980年代

バーミンガムの都市再生政策の展開に大きなインパクトを与えたもう1つは，キャナルの再生事業である．キャナルは産業革命期の物流を担うものとしてイングランド全域に整備され，バーミンガム市内でも174マイルにのぼるキャナル網が整備されていた[6]．キャナル沿いには多くの工場や倉庫が建設された．しかし，19世紀になると蒸気機関を活用した鉄道の建設，20世紀になると自動車の普及によって物流手段としてのキャナルの役割が低下し，放置された．加えて，イギリス製造業の国際競争力が衰退して工場や倉庫が閉鎖されると，キャナル周辺エリアが衰退地域となった．

バーミンガムにおいてキャナルの価値が見直される契機となったのは，1982年から開始された運河改善計画である[7]．この事業はキャナル周辺の環

境整備を目的とするものであるが，キャナルの価値が再評価される契機となった．また，1982年には，アストン大学（Aston University）に隣接する工場地帯にアストン・サイエンスパーク[8]（ASP）の建設が開始された．ASPはアストン大学に隣接する工場跡地20エーカー（約8ha）に建設されたが，かつての物流手段であったキャナルもASPの重要な景観を形成するものとして同時に整備された．

　さらに，バーミンガムの都市再生政策を大きく前進させることになったのが1987年の「シティセンター戦略」に関わるシンポジウムの開催である．このシンポジウムを通して，都市再生の基本的コンセプトが市民・市議会議員・行政職員・企業経営者等のステークホルダー（利害関係者）の間で共有された．すなわち，都市再生の基本コンセプトとして，①「コンクリートの首輪」と呼ばれた内側の環状幹線道路を取り壊し，周辺ストリートから中心部のショッピングセンターを結ぶ東西の歩道を整備すること，②バーミンガムの都市デザインの質を向上させること，③効果的なシティセンターマネジメントを行うこと，④住宅供給を増やすこと，⑤シティセンターを再生し，発展させるために多くの人々との緊密な意見交換を行うこと，が確認された[9]．

　シンポジウムで提起された都市再生政策の基本コンセプトは，シティセンターの再開発計画を策定する過程でも議論が積み重ねられ，2つの大きな政策目標が設定された．すなわち，1つは伝統的なシティセンターの拡大であり，これをシティセンター・コア（city centre core）という．もう1つは，シティ・リビング（city living），すなわち，都心居住を促進することである．この基本的枠組みを前提に，都市再生政策として次のような7つの方針が具体化される．すなわち，①シティセンターを拡大し，ミドルリング内のすべてのエリアで活発な活動がみなぎるようにすること，②建物の中でも外でも，すべてのエリアで利用の多様化（ミックス・ユース）を実現すること，③道路や地下道等のいわゆる「コンクリートの首輪」を解体し，魅力的な通りや広場に置き換えること，④シティセンターの商業的役割を支え，都心居住の

傾向を強める文化やレジャー活動が 24 時間行われる都市に転換すること，⑤都心居住を促進するために，シティセンターに新しい住宅を供給すること，⑥キャナルネットワークの重要性を確認すること，⑦マイカーへの依存を抑制し，高品質の環境を創造すること，である[10]．バーミンガムが直面したインナーシティ問題とその解決策は，サステイナブルシティ論やコンパクトシティ論が提起する都市再生政策の課題を超えており，それ故にアーバン・ルネッサンスを主張したと理解することができる．

このようにバーミンガムにおいては，1980 年代になると，都市再生事業の端緒が切り開かれ，都心を還流しているキャナルの再生事業に着手されたが，本格的な都市再生事業の開始は 90 年代になってからである．

③1990 年代

90 年代は，バーミンガムのシティセンターの本格的な再生事業が開始される時期である．バーミンガムの中心商店街であるニューストリート（New Street）の歩行者優先道路化（1990 年），工場跡地の再開発による中央公園の整備と国際コンベンションセンター（The International Convention Centre, ICC）及びシンフォニーホールの建設，さらには，国立屋内体育館（National Indoor Arena, NIA）の建設（1991 年），工場跡地を再開発して業務機能を中心とするブリンドリープレイス（Brindley Place）の建設（1993 年），ジュエリー地区の保存が開始された．

④2000 年代

2000 年代になると，大規模な再開発事業が民間セクターによって推進されるようになる．ブルリング商業地区の再開発の開始（2000-03 年，投資額 5 千万ポンド），スラムクリアランス地区アットウッド・グリーン（Attwood Green）の再開発（2001-14 年），メイルボックス及び中央アリーナ（Mailbox～Arena Central），ミレニアムポイント（Millennium Point）の建設（2002 年），ブルリング屋内市場（Bullring Indoor Market, 2004 年），ニューストリ

ート駅（New Street Station）の再開発[11]（2009-15年9月），イーストサイド市民公園（2011年），ヨーロッパ最大規模を誇る中央図書館（2013年9月）が完成した．2015年9月にはニューストリート駅の再開発事業が完成し，シティセンターにある3駅がメトロで結合され，鉄道とメトロの公共交通の整備によって移動性とアクセスが飛躍的に改善された．

⑤2010年代

　バーミンガムの都市再生政策は新たな段階に移行しつつある．1990年代から本格化したシティセンター再生事業の大半が完了し，新たな段階を迎えている．イギリス政府の高速鉄道計画II（The High Speed Two, HS2）に対応したバーミンガムの新たな都市計画 Big City Plan がそれである．HS2 は2026年を目標年次とするロンドン～バーミンガム間を49分で結ぶ高速鉄道建設計画である．HS2が完成すれば，ロンドン～バーミンガム間は通勤圏に入り，バーミンガムは国際金融都市として発展するシティの経済的波及効果を享受することができるだけでなく，ヒースロー空港やユーロトンネルを通じてヨーロッパをはじめ世界の主要都市と直結し，国際観光都市として発展することが期待できる．バーミンガム市はHS2に対応して，2031年を目標年次とした新しいマスタープラン Big City Plan を2010年に策定し，世界都市を目指して再開発事業を推進している．HS2のターミナルは，1838年に開通したロンドン～バーミンガム間を結ぶ最初の鉄道ロンドン・バーミンガム鉄道（London and Birmingham Railway）のバーミンガム駅（Birmingham Station，後に Birmingham Curzon Street）跡地に建設される予定である．郊外のMGローバー工場跡地であるロングブリッジ（Longbridge）の再開発事業[12]や旧図書館跡地の再開発事業（The Paradise Circus）[13]等は既に着手されている．

　2010年のBig City Planの策定は，バーミンガム市の都市政策が衰退した都市の再生政策から世界都市を目指した都市改造という新たな段階に移行していることを物語っている．バーミンガムの都市政策は，基幹産業である製造

業の衰退に起因するインナーシティ問題に対応した都市再生事業から，HS2 の建設によるバーミンガムの国土上の新たな位置に対応した世界都市の建設に転換され，都市政策は新たな段階に移行しつつあるといえる．市の人口も増加しており，移民の占める割合が 50% 近くを占めている[14]．バーミンガムは，高速交通体系の面からも，人種構成の面でも世界都市に変貌しているが，イギリス国内では相対的に失業率が高く，世界都市として持続可能な発展の道にソフトランディングできるかどうかは不確実である（表 1-2 参照）．

表 1-2　バーミンガム・シティセンター再生事業略史

年	事項
1976	国家プロジェクト National Exhibition Centre（NEC）竣工
1982	運河改善計画開始
	Aston Science Park 建設開始
1987	シティセンター戦略に関するシンポジウム
1990	ニューストリートの歩行者優先道路化
	Victoria Square の整備，Hyatt Hotel の誘致
1991	国際コンベンションセンター・シンフォニーホール竣工
	National Indoor Arena 竣工
1992	運河改善計画完了
1993	Brindley Place の再開発事業開始
	Jewellery Quarter の保存方針決定
1999	Urban Task Force "Towards an Urban Renaissance" まとめる
2000	Bullring 商業地区再生事業開始
	Eastside の再開発事業（170ha）開始
2001	Attwood Green の再開発事業開始
	Mailbox 改修完了
	Arena Central（Brindley Place～Mailbox）整備完了
2002	Millenniumu Point 竣工
2003	Bullring 商業地区再開発事業完了
2004	Birmingham Indoor Market 再開発事業完了
	Brindley Place の再開発事業完了
2009	New Street Station の再開発事業開始
2011	イーストサイド市民公園竣工
2013	中央図書館竣工
2014	Attwood Green の再開発事業完了
2015	New Street Station の再開発事業完了

（出所）Birmingham City Council の資料より作成．

第2節　アーバン・ルネッサンスと都市再生

2.1　シティセンター再生計画

　地域の基幹産業である製造業が国際競争力を喪失し，地域経済の衰退に直面したバーミンガムは，アーバン・ルネッサンスをコンセプトに掲げ，都市の顔であるシティセンターの再生に取り組んでいる．再生計画のターゲットはシティセンターに置かれ，シティセンター・コア[15]と周辺エリアを8ブロックに分けて再生事業を実施している．製造業が基幹産業であったバーミンガムにおいては，シティセンターを取り囲むように工場や倉庫群が集積したが，不況とともに衰退地域となった．都市再生計画は，シティセンターを①シティセンター・コアとそれを取り囲む，②ガンスミス地区（Gun Smith），③ジュエリー地区（Jewellery Quarter），④コンベンション地区（Convention Centre），⑤アットウッド・グリーン地区（Attwood Green），⑥ブルリング商業地区（Bullring），⑦イーストサイド（Eastside），⑧アストン・トライアングル（Aston Triangle）の8地区に分け，地区ごとに再開発・保存計画を作成している．このうち，シティセンター・コア，コンベンション地区，ブルリング商業地区，イーストサイド地区，アットウッド・グリーン地区，アストン・トライアングル地区は再生事業が集中的に行われているエリアである（図1-3参照）．

　1990年に中心商店街であるニューストリートやシティホール前のビクトリアスクエア（Victoria Square）等，シティセンターの再生事業が本格的に開始されてから25年以上が経過し，2016年現在シティセンター再生プロジェクトの大半が完了した．

2.2　シティセンターの商業機能の再生

　バーミンガムを訪れて最初に受ける印象は，シティセンターの賑わいである．シティセンター・コアにある中心商店街ニューストリートは，歩行者優

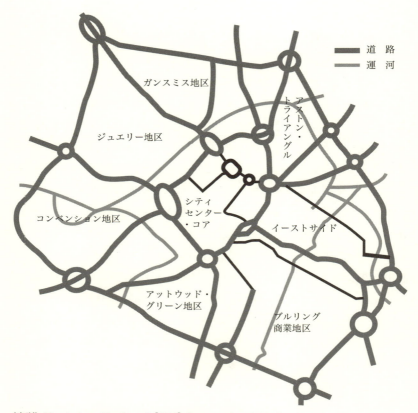

（出所）Birmingham City Council [2002], Regeneration of The City Centre
(C:¥Users¥SUZUKI2¥Documents¥Birmingham¥Regeneration Of The City Centre.htm)
より作成.

図 1-3　シティセンターの再生計画

先道路になり，シティホールのあるビクトリア広場からバーミンガムで最も古い商業地区であるブルリング商業地区まで街路樹が植栽され，その木陰を行き交う人々で賑わっている．ニューストリートは 80 年代までは車道であり，排ガスと交通渋滞に悩まされていた．さらに，不況による治安の悪化と 1970 年代から本格化する郊外型ショッピングセンターの開設によって買物客が減少した．シティセンターへの自動車の進入を抑制し，歩行者優先道路

としたことが，ショッピングセンターの魅力を高めている．

また，ニューストリートに接続するビクトリア広場において，毎月第1・第3水曜日には，農産物直売市（Fine Food Market）が開設され，近在の農家手作りのハムやチーズが販売されている[16]．

シティセンターの商業機能の再生において，ニューストリートの再開発とともに重要な役割を果たしているもう1つの再生事業が，ブルリング商業地区の再開発事業である．ブルリングは2000年から4億5千万ポンドを投資して再開発し，2003年秋に完成した．これは，ヨーロッパでも最大規模の都市再生事業であるといわれている．3つのショッピングモールから構成され，セルフリッジズ（Selfridges[17]）とデベナムズ（Debenhams[18]）の2つの大きなデパート，100を数える専門店の出店に加えて，レストラン・カフェ・レジャー施設が集積している．また，マイカーでのアクセスを考慮して，3,200台収容可能な地下駐車場をブルリングの地下に整備した．シティセンターの再生が市民の都心回帰をもたらし，市民の都心回帰が民間企業の都心への投資を誘引する好循環が形成されている[19]．日本では，中心市街地活性化法[20]を制定して都心の再生を図ろうとしているが，多くの地方都市では依然として郊外型ショッピングセンターが建設され，中心商店街では空き店舗が増え，シャッター通りになっているのと対照的である．

ブルリングからセントマーチン教会（St. Martin's Church）を左にみながら坂道を下ると，マーケットに至る．このマーケットは当地の領主であったバーミンガム家が1156年にヘンリー2世（Henry II）からマーケット開設の特権を得て開設されたものであり，バーミンガムが都市として発展する重要な契機となった．このマーケットの施設も老朽化していたが，2000年にはブルリング屋内市場とブルリング雑貨市場（Bullring Rag Market），2003年にはブルリング屋外市場（Bullring Open Market）が再開発された．屋内市場には，魚・肉・果物を販売する140店が入居している．ブルリング雑貨市場には，雑貨品を主として販売する売店350や小店舗17が入居している．屋外市場は，野菜・果物，それにチーズ・バター・ハムなどの農産物加工品

を販売する130の売店からなる．マーケットはバーミンガム市民の台所であり，店員の呼び込みの声で賑わっている[21]．

2.3 工場跡地の再開発と多機能化：コンベンション地区

　工場跡地の再生事業の中で最も規模が大きく，バーミンガムの都市再生にはずみをつけた事業が，シティセンター・コア西側のコンベンション地区の再生事業であり，中央広場（Central Square）とキャナル及びその対岸のブリンドリープレイスの再開発事業である．

　中央広場に建設された代表的な施設は1991年に完成した国際コンベンション・センター（事業費2億ポンド），バーミンガム交響楽団の活動舞台であるシンフォニー・ホール（Symphony Hall），国立屋内体育館（NIA，57百万ポンド）である．シンフォニー・ホールでは毎年約320のイベントが行われ，37万人以上が来場している．さらに，2013年9月にはヨーロッパ最大規模を誇る新図書館（1億88百万ポンド）が完成した．

　中央広場からICC，シンフォニー・ホールの正面玄関を入り，地階に降りて通り抜けると，産業革命期の物流手段であったキャナルの船着き場に到着する．イギリスのキャナルは18世紀半ばから建設が開始され，産業革命期の物流手段として重要な役割を果たした[22]．内陸部にあり，資源のないバーミンガムにとって，キャナルは石炭や鉄鉱石等の原材料や製品の輸送を容易にし，産業集積を促進することになった．しかし，19世紀後半になると鉄道が，20世紀になると自動車が普及し，交通体系が大きく転換した．そのため，物流手段としてのキャナルは放置され，閉鎖された工場とともに，キャナルとその周辺地域が荒廃した．工場跡地の再開発によって，キャナル周辺の工場・倉庫群はレストラン・カフェに改築され，国際的なホテルチェーンであるハイアットホテル（Hyatt Hotel，4つ星ホテル，319室，31百万ポンド）が誘致された．

　コンベンション地区には観光・交流レクリエーション施設だけでなく，再生されたキャナルの対岸に業務機能を集積させたブリンドリープレイスが建

設された．このエリアにはオフィスビルが建設され，金融・保険・情報関連産業が集積している．ブリンドリープレイスはバーミンガムの再開発事業の中でも最も刺激的で複合型用途に再開発された地域である．

　ブリンドリープレイスの再開発事業は1993年に着手され，2004年には再開発計画の多くが完了した（総面積17エーカー，投資総額2億5千万ポンド）．その後に完成したものも含め，オフィスビル11棟，143戸のキャナルサイドのアパート，国立水族館（The National Sea Life Centre, NSLC），劇場，ホテル，現代的なアートギャラリー，多様な店舗，レストラン・カフェが開店した．オフィスビルのテナントにはブリティッシュ・テレコム（British Telecom, BT），ロイズ銀行（Lloyds Banking Group plc），ロイヤルメール（Royal Mail），ボーダフォン（Vodafone）等の企業が入居している．A. バーバー（A. Barber）によれば，こうした都市型サービス業の集積により，大きな雇用が生み出されており，金融サービス業の約4,000人をはじめ，全体で8,000人を超える雇用が創出された[23]．ブリンドリープレイスは，多機能型再開発事業として最も成功した事業の1つであると評価されている[24]．

2.4　教育研究機能の集積：イーストサイド

　コンベンション地区と並ぶ大きな事業は，イーストサイドの再開発である．再開発されたムーア・ストリート駅（Moor Street Station）の前を東に行くと，教育・研究機能を集積させたイーストサイドの再開発地区に至る．この地域の再開発事業の第1の特徴は，イーストサイドの再開発事業の象徴的な事業であり，シティセンター・コアとその周辺地域とを分断していた高架の環状道路（Masshouse Circus）を解体したことであり，市民の移動を容易にし，シティセンターを外延的に拡大したことである．第2の特徴は，研究教育機能の集積であり，バーミンガム市大学[25]（Birmingham City University, BCU），メトロポリタン・カレッジ（Metropolitan College）のマシューボルトン・キャンパス（Matthew Boulton Campus, MBC）の建設である．イーストサイドはアストン大学やアストン・サイエンスパークのあるアストン・ト

ライアングルに隣接しており，大学・高等教育機関が集積した教育・研究ゾーン（The Learning Quarter）として整備されている．なお，アストン・サイエンスパークについては，第6章において述べる．第3は，21世紀を祝うバーミンガム地域のランドマークプロジェクトとして建設されたミレニアムポイント（12エーカー）であり，2001年に完成した．ミレニアムポイントはバーミンガムの歴史博物館としての機能[26]のほか，イノベーションセンター（The Technology Innovation Centre）としての機能を備え，大学（BCU）や専門学校（MBC）のサテライトキャンパスが設置されている．第4は，イーストサイド市民公園（Eastside City Park, 6.75エーカー, 11.75百万ポンド）の整備であり，2011年に完成した．市民公園はミレニアムポイント周辺環境整備の一環をなすものであり，バーミンガムにおける公園の整備としては130年ぶりの公園である．公園としてのデザインが魅力的であることに加えて，幼児及び児童を対象にした遊びながら科学の原理を学ぶことが出来る公園（Science garden, Kids' Park）を整備している．その効果もあり，博物館は子供連れの家族で賑わっている．

2.5 アストン・トライアングルと知識経済化

都市再生の中核をなす産業政策の大きな柱の1つは，都市型サービス産業の振興であり，もう1つは知識産業やクリエイティブ産業の振興である．既に述べたように，シティセンターの再生によって都市型サービス産業が集積し，雇用が確保され，失業率が改善された．しかし，小売業・レストラン・カフェ・ホテル等は雇用に占めるパート労働の割合が高く，低賃金であり，安定した就業機会を保障するものでは必ずしもない．安定した雇用と所得を確保するには，金融・保険・情報関連産業とともに，製造業とリンクしたハイテク産業の集積や芸術・デザイン等を活かしたクリエイティブ産業の集積が不可欠である．

ハイテク産業の育成と集積を目的とする事業として展開されているのが大学と連携したサイエンスパークの整備であり，バーミンガムにおいてはアス

トン・サイエンスパーク（ASP），バーミンガム・リサーチパーク（Birmingham Research Park, BRP），ロングブリッジ・テクノロジーパーク（Longbridge Technology Park, LTP）がある．LTPについては次章において，ASPについては第6章で述べる．

2.6 スラムクリアランス地域の再開発：アットウッド・グリーン地区

バーミンガムの都市再生は，シティセンターにおけるコミュニティの再生を目標にしており，都心型住宅の建設が行われている．都心居住を奨励し，キャナルサイドや工場跡地，さらには，スラムクリアランス地域の再開発によって都心型住宅が建設されている．堀田祐三子の調査によれば，1991年から98年までの間に428件の住宅建設事業が行われ，2000年以降もシティセンターで住宅建設が継続している[27]．

スラムクリアランス地域が再開発によって魅力的な住宅地に改造された典型的なプロジェクトは，アットウッド・グリーン地区の再開発事業である．このエリアは典型的なスラムクリアランス地域であった．産業革命期に形成されたスラムは，戦後のスラムクリアランス事業によって高層のソーシャルハウスに建て替えられ，余剰地には広い緑地が整備された．アットウッド・グリーン地区のスラムクリアランスはモデル事業といえるものであった．しかしながら，ソーシャルハウスはデザイン的に貧困であるうえ，老朽化し，低所得者や失業者が集住して犯罪が多発した．また，近くに中環状線ミドルリングが建設されたため，他の地域と物理的に分断され，居住者は孤独感を感じることになった．このため，2001年にはバーミンガム市と民間企業とのパートナーシップで再開発することを決定し，ソーシャルハウスは解体され，低層でモダンなデザインの住宅に改築されている．政府の補助金（98百万ポンド）やEUの地域構造資金の交付を受け，900戸の新しい住宅が建設された．そのうち250戸は賃貸を希望する住民向けのソーシャルハウスである．また，ベッドルームが1ないし2部屋の低所得者向けのアパートも建設されるなど，多様なタイプの住宅が建設されている．新しい住宅地パーク

セントラル（Park Central）はシティセンターに近く，お洒落な児童公園と調和し，人気の高い住宅地に生まれ変わっている[28]。

こうしたシティセンターの再生事業の結果，都心型住宅に対する需要が拡大し，シティセンターは住宅建設ブームである．キャナル周辺や工場跡地にも都心型住宅が建設されている．住宅購入の多くは投機目的で，住宅バブルであるともいわれているが，70年代の不況期に「希望のないまち」といわれ，シティセンターに失業者が集まり，犯罪が多発していた頃と比べると，明らかにシティセンターに活気が戻り，コミュニティが再生されつつある．

2.7 キャナルの再生

バーミンガムはナショナル・キャナルネットワークの心臓部に位置し，キャナルはバーミンガムの産業集積に重要な役割を果たした．バーミンガムに最初にキャナルが建設されたのは1769年であり，18世紀半ばには市内で174マイルのキャナル網が存在した．そのうち航行可能なキャナル114マイルが残されていた．産業遺産としてのキャナルの価値が再評価されるのは80年代になってからであり，1982年に開始されたキャナル改善計画（1982-92年，600万ポンド，14マイル）によって，キャナル沿いの歩道が整備された．この改善計画は余暇・レクリエーションを目的としたものであるが，人々がキャナルの魅力に注目するきっかけになった[29]。そして，1990年代になると，コンベンション地区のブリンドリープレイスの再開発計画と一体となってキャナルサイドが再開発された．キャナルサイドにはレストラン・カフェ・パブ等が整備されて観光スポットに転換され，週末には大勢の市民が食事をしたり，観光遊覧船に乗ってゆったりとした時間を過ごしている．キャナルが醸し出す水辺環境を活用した都心型マンションも建設され，若いカップルを中心に都心回帰がみられる．

キャナルサイドの再生は，バーミンガムの都市再生事業において，2つの意味において重要な意義をもった．1つは，キャナルが歴史的な産業遺産として都市再生において重要な価値を持っていることが確認されたことである．

もう1つは，キャナルの再生によってシティセンターの景観や環境が画期的に改善され，シティセンターの魅力が大きく高まったことである．また，1995年には国際水辺賞（The Prestigious Top Honour Award for Best Regenerated Waterfront in 1995）を受賞した．

第3節　都市再生の成果

3.1　グローバル化と広域中枢都市

　イギリス経済は，1992年のポンド危機以降，金融規制を緩和して世界のマネーを金融センター・シティに呼び込むことに成功し，リーマンショックに直面する2008年まで長期的な好景気を維持してきた．ブレア政権下で，1997年に実現した中央銀行であるイングランド銀行の政治からの独立性の確保と金融サービス機構（Financial Services Authority, FSA）の創設による金融政策と金融監督体制の合理化は，グローバル化に対応し，ロンドン市場に国際的な資金が流入する仕組みを構築することになった．その結果，ロンドンは国際金融センターとしての地位を強固なものにし，ロシアや中東のオイルマネーをはじめ世界中から資金が流入している．国際決済銀行（BIS）と各国中央銀行の調査によれば，2013年4月の1日当たり平均外国為替取引額は全体で5兆3450億ドルにのぼるが，イギリス（ロンドン）が2兆7,260億ドル，世界全体の50.9％も占めているのに対して，アメリカ（ニューヨーク）は1兆2,630億ドル，23.6％にとどまっている．イギリスはアメリカの2倍の取引額を記録しており，ロンドンは世界最大の金融市場の地位を確保していることがわかる[30]．国際金融センターとしてのロンドンがイギリス経済を牽引し，イギリス経済はリーマンショックに直面する2008年まで長期の好況を享受した．リーマンショックの影響を受け，イギリスも景気後退に追い込まれたが，イギリス経済はロンドン・オリンピックの効果もあって改善傾向にある[31]．

　21世紀のイギリス経済は，グローバル化，金融の国際化に対応して好景

気を享受し，ロンドンを牽引車として，全体として好景気を維持してきた．バーミンガムもイギリス経済の好調に加えて，1990年代に本格化するシティセンターの再生事業によって，地域経済の回復基調を維持してきた．しかしながら，バーミンガムでは，イギリス全体あるいはウェストミッドランズ地域と比べると，相対的に高い失業率が続いている．季節調整済みの半期ごとの失業率をみると，バーミンガムの失業率の推移はイギリス全体のそれと同じカーブを描いているものの，4～5％高い状況が続いている．バーミンガムの失業率は2000年代に入ると8％から6％台に低下しているが，ウェストミッドランズ地域では4％前後，イギリス全体では3％台に低下しているのと比べると相対的に高い．また，リーマンショックを受けて，バーミンガムの失業率は2008年以降10％台を上回っている．但し，12年になると失業率が下がりはじめ，13年には10％下回っていることに留意しておく必要がある（図1-4参照）．

　バーミンガムの失業率が相対的に高い要因の1つは，製造業に代わる雇用吸収力のある都市型サービス産業やハイテク産業が期待通りに集積していな

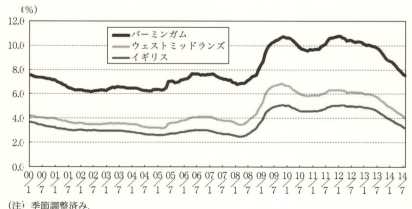

(注) 季節調整済み．
(出所) Birmingham City Council [2014], Unemployment Briefing.

図1-4　バーミンガムの失業率の推移（2000-14年）

いこと，もう1つは，バーミンガム特有の事情であり，市人口全体に占める移民の割合が多く，移民の失業率が高いことである．

3.2 都市政策の転換とアーバン・ルネッサンス

イギリスでは1990年代になると都市再生が重要な政策課題となり，アーバン・ルネッサンスをコンセプトに都市政策が大きく転換されている[32]．アーバン・ルネッサンスは，モータリゼーションとゾーニングを基調とする20世紀型都市政策を転換しようとするものであり，シティセンターの多機能化（diversity）を政策課題とするものである．21世紀の都市像としてサステイナブルシティやコンパクトシティが提唱されているが，アーバン・ルネッサンスはこれらを包含するものであり，多様性を基本コンセプトとするものである．商業機能や業務機能に特化したシティセンターに芸術文化，国際交流，レクリエーション，エンターテインメント，教育・研究，住機能などの多様な機能を集積させるとともに，観光産業を中心とする都市型サービス産業を集積させ，コミュニティの再生を図ろうとするものである[33]．歩行者優先を原則とした交通体系の再編とシティセンターの多機能化を政策課題とするものである．アーバン・ルネッサンスの特徴は，20世紀型都市政策[34]の転換であり，商業機能や業務機能に特化したシティセンターに芸術文化，国際交流，レクリエーション，エンターテインメント，教育・研究，住機能などの多様な機能を集積させて観光産業を中心とする都市型サービス産業を集積させ，コミュニティの再生を図ろうとするものである．

バーミンガムの都市再生事業において第1に取り組まれたのは，シティセンターの商業機能の再生である．シティセンターのショッピングセンターを再開発し，ブランド力のあるデパートを核として多様な店舗やレストラン・カフェを出店させるとともに，自動車の進入を抑制して歩行者優先道路としている．

第2は，工場跡地の再開発である．70年代不況に直面してイギリス製造業の国際競争力が減退し，シティセンター周辺に集積していた工場地帯が衰

退地域となった．キャナルの再生によって景観・環境を改善し，工場跡地に都心型住宅，金融・保険・情報関連産業をターゲットにしたオフィスビル，コンベンション施設，芸術文化施設，教育施設，スポーツ施設などを整備して都市型サービス産業の集積拠点として再開発している．

　第3は，交通体系の再編成である．20世紀型都市政策は自動車交通を基本とし，自動車優先の道路体系が整備された．多くの地方都市では，シティセンターを取り囲む環状線と郊外に放射状に延びる幹線道路が建設され，自動車交通の利便性を配慮した交通体系が形成された．しかし，自動車依存型の交通体系は交通渋滞や騒音・大気汚染をもたらした．新しい交通政策は，自動車への依存を引き下げるとともに，中心市街地を歩行者優先に転換し，バスやメトロなどの公共交通による移動性の改善，サイクリングロードの整備，郊外の駐車場でマイカーからバスや鉄道に乗り換えるパーク・アンド・ライド（Park & Ride）方式の採用等，従来の都市交通体系の再編成に取り組んでいる．しかし，ヨーロッパの大陸諸国と比べて，イギリスの交通体系はまだまだ自動車中心型交通体系である．

　第4は，産業遺産としてのキャナルの活用である．イギリスのキャナルシステムは産業革命期の重要な物流手段であり，キャナルサイドには多くの工場や倉庫が建設された．しかし，交通手段が鉄道，さらには，自動車に転換されると利用されないまま放置された．加えて，70年代の不況は工場地帯を衰退させ，キャナルとその周辺地域が荒廃したが，80年代になるとキャナルの意義が再確認された．そして，90年代に始まるシティセンターの再生事業の一環としてキャナルが再生され，市民の憩いの場になっている．キャナルは魅力的な水辺景観を提供し，都心型住宅の建設を刺激している．キャナルはイギリスの都市再生政策の中で重要な位置を獲得している．

　第5は，都心型住宅の整備によるシティセンターのコミュニティの再生である．20世紀型都市政策は中産階級を中心に環境の恵まれた郊外居住を促し，シティセンターは商業・業務機能に特化し，シティセンターのコミュニティが衰退した．シティセンターを取り囲むようにスラムが形成され，戦後

のスラムクリアランス事業によって高層のソーシャルハウスと広い緑地が確保された．しかし，低所得層を集住させるソーシャルハウスは，失業率や犯罪の発生率を高めた．このため，シティセンターのコミュニティの再生を目指し，スラムクリアランス地域は都心近接型住宅に改変され，居住者の多様化を図っている．キャナルサイドには都心型住宅が建設され，市民の都心回帰がはじまっている．

3.3 都市型産業政策と産業構造の転換

戦後の欧米先進工業諸国の製造業が直面した問題は，日本や韓国等の後発資本主義諸国からの追い上げである．後者は，「後発の利益」を最大限に活かして最新鋭設備を建設し，勤勉で安価な労働力で良質の工業製品を生産して先進工業諸国に集中豪雨的に輸出した．他方，先進工業諸国の製造業は，老朽化した生産設備，労働組合の高い組織率と相対的に高い賃金水準，短い労働時間などの条件の下で労働生産性を低下させ，国際競争力を喪失していった．とりわけ，イギリスは植民地帝国として排他的市場圏を保有していたから，戦後植民地諸国が独立するまで国際競争力の低下が顕在化せず，対応が遅れることになった．

イギリスの都市の多くは産業革命がもたらした産業集積によって形成された都市であり，基幹産業である製造業の衰退は，都市の衰退を顕在化させた．都市再生には既存の製造業に代わる国際競争力をもった産業の育成が不可欠である．都市型サービス産業の集積を図るとともに，ハイテク産業やクリエイティブ産業の育成，既存産業クラスターの持続的発展を追及することが都市産業政策の課題となっている．

バーミンガムにおいて都市型サービス産業に対する関心を高める契機となったのは，1976年にオープンした国立展示場（NEC）の建設である．NECは70年代の不況対策として，バーミンガムの工業製品のPRを目的として建設された国際展示場である．バーミンガム空港に隣接し，高速道路・鉄道によるアクセスの良さが好感され，展示会に多くのビジネスマンが訪れた．

コンベンション機能の整備によるビジネス・ツーリズムがホテル・レストランなどの都市型サービス産業に大きなインパクトを与えた．NEC がもたらした経済効果に注目したバーミンガム市は，シンフォニー・ホール，国際コンベンションセンター（ICC），国立屋内体育館（NIA），国立水族館（NSLC）を整備するとともに，国際的なホテルを誘致してサービス産業集積の環境を整備し，シティセンターの再生に取り組んだのである．

サービス産業集積のインフラでもある都市の再生によって，バーミンガムでは製造業に代わって都市型サービス産業が集積し，20% 台を記録した失業率が低下し，リーマンショック前には7〜8% 台に改善した．しかしながら，2005 年の MG ローバーのロングブリッジ工場の閉鎖は製造業の雇用を大きく減少させたのに対して，サービス産業の雇用はそれをカバーするほど大きくなく，全体として失業率の劇的な改善を実現していないのが実態である．1978-2008 年の 30 年間の業種別雇用者数の変化をみると，製造業が 30% 人以上減少しているのに対して，金融・ビジネスサービス・流通・飲食業で増加しているが，製造業就業者の減少を大きくカバーするほど増加していない．なお，サービス産業よりも雇用吸収力を高めているのは公共サービスである（図1-5 参照）．

しかも，2008 年のリーマンショックはバーミンガム経済に対してもダメージを与え，多くの雇用が失われた．2008 年から 2009 年にかけて金融サービス業が約 1 万 3,000 人，製造業が 8,000 人，輸送・情報通信業が約 7,800 人も減少したのをはじめ，多くの業種で雇用が減少した（図1-6 参照）．その結果，先に図1-4 に示したように，失業率は 2008 年 1 月の 7% 台から 2009 年 1 月には 10% を超えた．

この結果，国勢調査によれば，2001 年から 2011 年の 10 年間にバーミンガムの人口は 8.8 万人増加したが，雇用者数は 36 万 7,141 人から 42 万 3,691 人へ約 5 万 6,000 人の増加にとどまり，雇用者数の増加は期待されたほど大きくなく，増加した人口を吸収することができなかった．業種別にみると，製造業の就業者が 2 万 4,900 人減少したのに対して，金融サービス業（1 万

第1章　バーミンガムの都市再生　　47

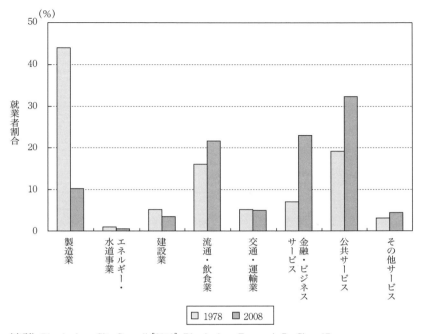

（出所）Birmingham City Council [2010], Birmingham Economic Profil, p. 17

図 1-5　バーミンガムにおける産業別雇用者数の変化（1978-08）

7,000人増），ホテル・飲食業（約7,000人増），卸小売業（約8,500人増）等，サービス業を合わせて3万2,500人の増加にとどまっている．都市型サービス業の振興によって製造業の雇用減をカバーし，増加する人口を吸収するほどの就業機会を創造するにはいたっていないことがわかる．むしろ，この間雇用を拡大したのは医療・介護部門（1万8,000人）と教育部門（1万7,000人）であり，合わせて3万5,302人を数える．クイーンエリザベス病院（Queen Elizabeth Hospital）に代表される医療機関の充実，バーミンガム大学・アストン大学・バーミンガム市大学の3つのワールドクラスの大学，さらにメトロポリタンカレッジやボーンビル・カレッジ等の専門学校の充実が教育部門における就業者を拡大していることが読み取れる（表1-3参照）．

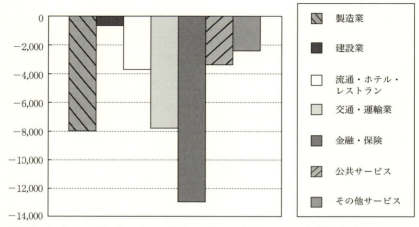

(出所) Birmingham City Council [2011], Local Economic Assessment for Birmingham, p. 21.

図 1-6 バーミンガムにおけるリーマンショックによる業種別雇用者の減少（2008-09）

表 1-3 バーミンガムにおける業種別雇用者数の増減（2001-11）

(単位：人，％)

区 分	2001		2011		増減
	雇用者数	割合	雇用者数	割合	2011-01
合　計	367,141	100.0	423,691	100.0	56,550
農業・鉱業・エネルギー・水道事業	4,770	1.3	5,171	1.2	401
製造業	63,857	17.4	39,056	9.2	△24,801
建設業	21,911	6	25,686	6.1	3,775
卸・小売業及び自動車修理業	57,958	15.8	66,500	15.7	8,542
ホテル・飲食業	19,606	5.3	26,715	6.3	7,109
輸送・倉庫・通信業	24,815	6.8	23,981	5.7	△834
金融・不動産・ビジネスサービス業	62,434	17	82,297	19.4	19,863
教育	34,064	9.3	51,328	12.1	17,264
保健・医療	44,874	12.2	62,912	14.8	18,038
公共サービス等	32,852	8.9	40,045	9.5	7,193

(出所) センサス 2001 及びセンサス 2011 より作成．

3.4 民族的多様性と世界都市

バーミンガムは移民のまちであり，民族的文化的多様性という意味において世界都市であるといえる．センサス2011によれば，バーミンガムの人口全体の中で，エスニック・グループは42.1%も占め，白人は57.9%を占めるにすぎない．バーミンガムは，イギリスにおいてはもちろん，ヨーロッパの諸都市の中でも移民の占める割合が最も高い都市の1つである．中でもパキスタンからの移民が多く，全体の13.5%も占めている．バーミンガムの人口は2001年から2011年の10年間に8.8万人，8.9%も増加しているが，移民の増加と彼らの出生率が高いことが人口増加の主要な要因である[35]（表1-4参照）．

移民は民族差別や貧困と宗教上の理由等から教育を受ける機会が少なく，就業機会に恵まれない．職を得る際に重要な資格を持たない割合を民族別にみると，白人が30.7%にとどまっているのに対して，バングラデシュ（53.4%）やパキスタン（50.0%）に見られるようにエスミック・グループの資格取得率が低い（表1-5参照）．その結果，エスニック・グループは就業機会に恵まれず，失業率が相対的に高い．2010年における失業保険受給率をみ

表 1-4　バーミンガム市の人種別人口構成

（単位：人，%）

民族	バーミンガム		イングランド
	人数	割合	割合
白人（イギリス人）	570,217	53.1	79.8
パキスタン	144,627	13.5	2.1
インド	64,621	6.0	2.6
その他白人	51,419	4.8	5.7
カリビアン	47,641	4.4	1.1
混血	47,606	4.4	2.3
バングラデシュ	32,532	3.0	0.8
アフリカン	29,991	2.8	1.8
中国	12,712	1.2	0.7
その他のエスニック	71,680	6.7	3.1
合計	1,073,046	100.0	100

（出所）センサス2011より作成．

ると,白人が6.7%にとどまっているのに対して,バングラデシュ(28.6%),移民同士の混血(Mixed Race, 24.7%),パキスタン(22.0%)が白人よりも3倍から4倍高い受給率を記録している.移民の中でもインド系移民の受給率が低いケースもあるが,総じて移民の失業率が高いことがわかる(表1-6参照).

バーミンガムの失業率がイギリス国内で相対的に高い要因の1つとして移民が多いことを看過することができない.民族的多様性に配慮した教育・文

表1-5 エスニック・グループ別無資格者の割合

(単位:人,%)

エスニックグループ	16〜64歳人口 (A)	無資格の16〜64歳人口 (B)	(B)/(A)
全市民	606173	197538	32.6
白人	431164	132545	30.7
混血	11899	3225	27.1
インド	38132	11912	31.2
パキスタン	59880	29930	50.0
バングラデシュ	11600	6195	53.4
ブラックカリビアン	31310	7864	25.1
ブラックアフリカン	4246	694	16.3
中国人他	8143	2164	26.6

(出所)センサス2011より作成.

表1-6 エスニックグループ別失業率
(2010年12月現在)

エスニック・グループ	失業保険手当請求者 (人)	割合 (%)
白人	21,050	6.7
エスニック・グループ小計	19,565	19.9
混血	1,820	24.7
インド	1,605	6.5
パキスタン	5,870	22.0
バングラデシュ	1,385	28.6
ブラックカリビアン	4,190	18.6
黒人小計	6,565	11.7

(出所)Birmingham City Council [2011], p.74.

化および福祉政策や産業政策の構築が世界都市バーミンガムの重要な課題であることがわかる．民族的多様性がバーミンガムの都市としての強みになった時，バーミンガムが真の意味で世界都市としての地位を獲得したといえよう．

3.5 高速鉄道計画 II と Big City Plan

地方都市の国内的国際的地位は中央政府の国土政策によって大きく変わることがある．イギリス政府が推進している高速鉄道計画 II（HS2）がそれである．バーミンガムは，HS2 によってウェストミッドランドの広域中枢都市からイングランドの広域中枢都市，さらには，ヨーロッパ大陸の主要都市と直結し，世界都市に転換する可能性が現実味を帯びている．

イギリス政府は，2012 年 1 月，2026 年の完成を目指してロンドンとバーミンガムを結ぶ HS2 計画を発表した．HS2 が完成すれば，ロンドン〜バーミンガム間は 49 分で結ばれる計画である．HS2 の第 2 段階では，バーミンガムを基点にマンチェスター（Manchester）に向かう北西路線とリーズ（Leeds）へ向かう北東路線とが建設される計画であり，バーミンガムはイギリスの大都市間を結ぶ高速鉄道のターミナルとしての地位を獲得することになる．

バーミンガム市は，HS2 の必要性について，人口増加と経済構造の変化によって都市間交通，とりわけバーミンガムとロンドンとの間の鉄道利用者が今後 20 年のうちに 2 倍以上になると予想されること，既存の交通システムが能力的に限界にきており，道路維持コストや環境負荷を伴う交通渋滞が鉄道網の拡張を必要としていることを挙げている．HS2 によってバーミンガムはロンドン・ヒースロー空港とも直結し，さらに英仏海峡トンネルを通じてヨーロッパ大陸とも結ばれ，バーミンガムの国内的国際的地理的位置が大きく変化することになる．バーミンガム市は，HS2 が完成すればウェストミッドランズ・メトロポリタン地域において 5 万人の新たな仕事が創出され，そのうち 2 万 6,000 人分の仕事がバーミンガムで発生し，労働者 1 人当

たりの平均粗付加価値額が 680 ポンド，年間経済的産出額が 40 億ポンド増えると見込んでいる[36]．

バーミンガム市は，HS2 に対応するために，2031 年を目標年次とするマスタープランを作成し，2011 年に発表した[37]．マスタープランのコンセプトとして Big City を掲げ，市人口は 20 年間で 10 万人も増加すると予測し，ロンドンさらにはヨーロッパ大陸の諸都市とのネットワークを有する世界都市として整備することを謳っている．世界の都市と高速交通手段で結ばれることは，世界の観光市場と直結することを意味し，ビジネスや観光目的で来訪する外国人の増加を期待することができる．従来の都市再生政策によって国内外を含めて年間 33 百万人の観光客がバーミンガムを訪れている．HS2 と連携したシティセンターの再開発が改めて重要な課題として提起されている．都市型サービス業の集積が相対的に高い失業率を改善し，多様な文化的宗教的背景をもつ移民の安定した就業機会を保障できるかどうか，世界都市としてのバーミンガムの都市政策の真価が問われているといえよう．

第 4 節　HS2 と Big City Plan の課題

バーミンガムは都市再生の成功モデルとして高く評価されている．シティセンター・コアを取り囲んでいた高架道路が解体され，衰退地域となっていた工場跡地やキャナルサイドにシンフォニー・ホール，ICC，NIA，NSLC，中央図書館，オフィスビル，ショップ，レストラン・カフェ，ギャラリー，ホテル等が建設され，魅力的な観光スポットに変貌した．市民の都心回帰がみられ，多くの観光客が訪れるようにった．「希望のないまち」といわれたバーミンガムは「希望のまち」に再生されたのである．

日本の中心市街地活性化政策と対比すると，大きな相違がみられる．第 1 は，都心への集中投資である．日本においては「中心市街地活性化法」にもとづいて地方自治体は「中心市街地活性化基本計画」を策定しているが，郊外型ショッピングセンターの開設が依然として続いている．「大規模小売店

舗立地法」が小売業の活性化を基本とし，周辺住宅地域等の生活環境に対する配慮がされている限り立地を承認する仕組みになっており，郊外型ショッピングセンターの開設を規制することができない仕組みになっている．

第2に，計画性であり，シティセンターの再生計画は，地域の特性を考慮してエリアごとに具体的な整備計画が策定され，その計画に基づいて実施されていることである．

第3は，合意形成を重視していることであり，地域住民・企業経営者・コミュニティ関係者・市議会議員等あらゆるステイクホルダー（利害関係者）が参加した公開の場で議論され，総合的な再生計画を立案し，それに基づいて実施されていることである．

第4は，都市再生のコンセプトが明確なことである．都市再生の基本コンセプトとして多機能性・歩行者優先が重視され，究極の目標としてシティセンターのコミュニティの再生が掲げられていることである．

第5は，シティセンターへの公共投資の集中による市民の都心回帰が民間資本の都心回帰を誘引し，民間企業によるシティセンターの再開発事業が活性化していることである．

もちろん，バーミンガムの都市再生事業に対していくつかの批判が出されている．第1は，シティセンター再生事業のために大規模な公共投資が集中的に投入された結果，教育・福祉・住宅事業予算が他の地方政府と比べて低水準に抑制されていると指摘されている．堀田祐三子によれば1989年から2004年までにシティセンターの再生事業に投入された公私の投資額は20億84百万ポンドを超える[38]．また，バーミンガム市によれば，シティセンターの再生事業に2010年までに投入された公共投資額は10億ポンドにのぼる[39]．さらに，バーミンガム市はイギリス政府が進めているHS2プロジェクトに対応して広域地方中枢都市からBig Cityというスローガンを掲げ，世界都市への転換を図る計画であり，そのためにさらに5億ポンドの公共投資を行う予定である．バーミンガムは多様な民族から構成され，それに対応した教育・文化及び福祉政策や産業政策の推進と世界都市へ向けた都市政策

とをどのように調和させるか問われている[40]。

　第2は，製造業に代わる産業として都市型サービス産業の集積を図っているが，金融保険・情報産業等の一部を除いて，サービス産業は不安定雇用が多く，賃金水準も製造業と比べて低いことである．また，都市型サービス産業が集積しているが，かつての製造業ほど雇用が大きくない．例えば，1971年にはバーミンガムの自動車産業の雇用者数は15万1,000人（サプライチェーンを含む）を数え，製造業全体の雇用の20%を占めていた[41]．サービス産業の集積と活性化によって失業率の改善がみられるものの，バーミンガムの失業率はイギリス全体のそれと比べて相対的にまだ高い水準にある．自動車産業の雇用を代替できる雇用吸収力のある都市型サービス産業はまだ誕生していないといえよう．

　第3は，都心型住宅によって市民の都心居住の傾向が強まっているが，インナーシティの居住者が低所得者層から中所得層へシフトしていることである．その典型はスラムクリアランス・エリアの再開発であり，高層のソーシャルハウスが解体されて低層のモダンなデザインの住宅に改築され，持ち家として販売されている．アットウッド・グリーン地区では，新しい住宅900戸のうち250戸は賃貸を希望する者を対象としたソーシャルハウスやベッドルーム1ないし2部屋の小規模なアパートも建設され，居住者の多様性を確保する配慮が行われている．しかし，再開発事業を民間企業が担当し，再開発された住宅のうち持ち家が相対的に多くなっており，高い所得階層の住民の比率が高くならざるをえない．

　第4は，政府の高速鉄道計画IIに対応したバーミンガムの今後の都市政策の行方である．世界中からビジネスマンや観光客を惹きつけ，シティセンターに都市型サービス産業がさらに集積して雇用を拡大し，白人だけでなく多様な文化的宗教的背景をもつエスニック・グループも安定した雇用を得ることができ，持続可能な都市を実現できるかどうか，バーミンガムの都市政策の真価が問われている．

注

1) Birmingham City Council [2002], Jewellery Quarter Conservation Area.
2) ジャガーは，フォードを経て現在インドのタタ自動車（Tata Motors Limited）の傘下にある．
3) P. Loftman and B. Nevin [1996], *Prestige Urban Regeneration Projects : Socio-Economic Impacts*, Edited by A.J. Gerrard and T.R. Slater, Managing a Conurbation, Birmingham and its Region, p. 187.
4) 堀田祐三子 [2009],「ビジネス・ツーリズムと都市再生―英国バーミンガム市における中心市街地空間の変容と観光開発に関する考察―」和歌山大学観光学部編『和歌山大学観光学部設置記念論集』，鈴木茂 [2006],「イギリスにおける地方工業都市の再生」山﨑怜・多田憲一郎編『新しい公共性と地域の再生』昭和堂．
5) The NEC Birmingham [2014], Our History.
6) 内陸部に位置するバーミンガムにおいて本格的な産業集積を促した大きな要因は，キャナルの建設である．1768年のBirmingham Canal Actを受けて，Birmingham～Wednesbury間において1769年にキャナルが完成した．その後BirminghamとBlack Country, Wolverhamptonとを結ぶキャナルが1772年に完成した．その結果，石炭の価格（トン当たり）は，道路で運んでいた時の13シリングから7シリング，約半分に低下した（Eric Hopkins [1989], Birmingham : The First Manufacturing Town in the World 1760-1840, p. 28）．
7) 運河改善計画に投入された資金は600万ポンドである．事業規模は決して大きな事業ではないが，衰退し，放置されていたキャナルの価値を再認識させる上で重要な意義をもつものであった．バーミンガムのキャナル再生事業は1995年のThe Top Honour Award for Best Regenerated Waterfront in 1995を受賞することになった．
8) アストン・サイエンスパークは，バーミンガム市（Birmingham City Council），バーミンガム大学，それにロイズ銀行の3者のパートナーシップによって1982年から建設が開始されたサイエンスパークである．同サイエンスパークはイギリス国内では古いサイエンスパークであり，当初バーミンガム技術株式会社（Birmingham Technology Ltd.）によって運営されていた．その後，2008年からバーミンガム市単独の所有に移管され，名称もバーミンガム・サイエンスパーク・アストンに変更された．鈴木茂 [2007a],「アストン・サイエンスパーク(1)」『松山大学論集』第19巻第2号，鈴木茂 [2007],「アストン・サイエンスパーク(2)」『松山大学論集』第19巻第3号．
9) 堀田祐三子 [2009], 267ページ．
10) Birmingham City Council [2002], City Centre Canal Corridor ; Development Framework.
11) 当初事業費は13億ポンドと見込まれたが，最終的は7億ポンドにとどまった．
12) 鈴木茂 [2014],「ロングブリッジ再開発計画」『松山大学論集』第26巻第3号．

13) パラダイスサークル (Paradise Circus) の再開発事業は, HS2 に対応した Big City Plan の中核事業として位置づけられているバーミンガム・シティセンター事業区域 (Birmingham City Centre Enterprise Zone) の1つである. 再開発予定地は旧図書館跡地を含む 17ha を対象とし, 1.8百万平方フィートのオフィス, ショップ・レジャー施設, 文化を中心とする公共施設, 新しいホテル等が建設される予定である (Birmingham City Council, *Paradise Circus* http://www.birmingham.gov.uk/cs/Satellite?c = Page&childpagename = Planning‐Management%2FPageLayout&cid = 1223434481825&pagename = BCC%2FCommon%2FWrapper%2FWrapper).
14) センサス 2011 によれば, バーミンガムにおける移民の占める割合は 46.9% を占め, センサス 2001 (34.4%) より 10 ポイント以上も増大している (http://www.birmingham.gov.uk/cs/Satellite?c = Page&childpagename = SystemAdmin%2FCFPageLayout&cid = 1223096353923&packedargs = website%3D4&pagename = BCC%2FCommon%2FWrapper%2FCFWrapper&rendermode = live).
15) バーミンガムのシティセンターは高架の環状道路 (Bull Ring) に囲まれたシティセンター・コアのエリアであったが, 再生事業によって環状道路が解体され, シティセンターが拡大した. ここでは新旧のシティセンターを区別するために旧シティセンターをシティセンター・コアと呼ぶ.
16) ファインフードマーケットデー (Fine Food Market Day) は, 1月から11月の第1・3水曜日, 12月は毎週開催されている (http://www.birmingham.gov.uk/cs/Satellite/farmers?packedargs = website%3D4&rendermode = live). Fine Food Market Day の前にはニューストリートでファーマーズマーケット (Farmers Market) が開設されていた.
17) セルフリッジズ (Selfridges) はイギリスの高級百貨店チェーンである.
18) デベナムズ (Debenhams UK) は高級ファッション, 美容, 家具, 贈答品の専門店である.
19) Birmingham City Council, Bullring (http://www.birmingham.gov.uk/cs/Satellite?c = Page&childpagename = Planning‐Management%2FPageLayout&cid = 1223092740891&pagename = BCC%2FCommon%2FWrapper%2FWrapper).
20) 中心市街地活性化法 (正式には「中心市街地の活性化に関する法律」) は 1998 年に制定され, 政府は中心市街地活性化に関する基本方針を策定し, 地方自治体はそれに基づいて「中心市街地活性化基本計画」を策定し, 国の認定を受ける. 内閣府地方創生推進室によれば, 認定された「中心市街地活性化基本計画」は 2016年6月現在 136 市 200 計画を数える (https://www.kantei.go.jp/jp/singi/tiiki/chukatu/nintei.html).
21) Bull Ring Indoor Market (http://www.bullringindoormarket.net/).

22) Charles Hadfield [1968], The Canal Age, pp. 22-31.
23) Barber, A. [2002], Brindleyplace and the Regeneration of Birmingham's Convention Quarter, p. 10.
24) Birmingham City Council [2014], The History of Brindleyplace (http://www.birmingham.gov.uk/cs/Satellite?c = Page&childpagename = Planning‐Management%2FPageLayout&cid = 1223092741043&pagename = BCC%2FCommon%2FWrapper%2FWrapper).
25) バーミンガム市大学の前身は University of Central England in Birmingham (UCEB) である．
26) ミレニアムポイントには，バーミンガムの科学技術や産業発達史に関する展示室，技術センター，シネマ等が設けられている．
27) 堀田祐三子 [2009]，274ページ．
28) Birmingham City Council, Attwood Green, Development History (http://www.birmingham.gov.uk/cs/Satellite?c = Page&childpagename = Planning‐Management%2FPageLayout&cid = 1223092741043&pagename = BCC%2FCommon%2FWrapper%2FWrapper).
29) 三富紀敬 [1997]，「バーミンガム市のウォーター・エッジ計画」『静岡大学経済研究』第2巻第2号．
30) 奥田宏司 [2014]，「2013年の世界の外国為替市場における取引（BISと各国中央銀行の調査）―ユーロと人民元に注目しながら―」『立命館国際地域研究』第39号，151ページ．
31) 2016年3月23日の国民投票による EU 離脱決定は，世界市場における同時株安，ポンドの対外価値の急落等，世界経済の動揺とイギリス経済の不安定化をもたらしている．
32) Urban Task Force, Towards an Urban Renaissance.
33) サステイナブルシティについては岡部明子 [2003]，『サステイナブルシティ―EUの地域・環境戦略―』学芸出版社，コンパクトシティについては海道清信 [2001]，『コンパクトシティ―持続可能な社会の都市像を求めて―』学芸出版社を参照されたい．
34) 岡部は1980年代から90年代における欧州都市再生は，都市の公共空間から人の姿が消え，都心の空洞化は都市の死に直結するとする危機意識に根差すものであり，都心の空洞化は20世紀型の都市政策の基調であるモータリゼーションとゾーニングに起因する，と指摘している（岡部明子 [2003]，「公共空間を人の手に取り戻す―欧州都市再生の原点―」宇沢弘文・薄井充裕・前田正尚編『都市のルネッサンスを求めて』東京大学出版会，14ページ）．
35) 工藤正子 [2011]，「移民女性の働き方にみるジェンダーとエスニシティ」竹沢尚一郎『移民のヨーロッパ』明石書店．
36) Birmingham City Council [2014], HS2 Prpposal and Benefits (http://www.

birmingham.gov.uk/cs/Satellite?c = Page&childpagename = SystemAdmin%2FCFPageLayout&cid = 1223412217672&packedargs = website%3D4&pagename = BCC%2FCommon%2FWrapper%2FCFWrapper&rendermode = live)．また，2015年のレポートでは，バーミンガム市はHS2のバーミンガムに建設される駅舎カズン駅（Curzon Station）は，1838年にロンドン～バーミンガム間を結んだ鉄道駅舎跡地を予定している．HS2に関わる開発面積は140ha，開発効果は3.6万人の雇用，60万m^2にものぼるビジネススペース，4,000戸の新規住宅，14億ポンドの経済的浮揚を期待できるとしている（http://www.birmingham.gov.uk/birminghamcurzonhs2）．

37) Birmingham City Council [2011], Big City Plan.
38) 堀田祐三子 [2009]．
39) Birmingham City Council [2011]．
40) Austin Barber and Stephen Hall [2008], *Birmingham:Whose Urban Renaissance? Regeneration as a response to economic restructuring*, policy Studies, Vol. 29, No. 3.
41) *Ibid*.

第2章
ロングブリッジの再開発

第1節　MGローバーの経営破綻とロングブリッジ再開発

1.1　MGローバーの経営破綻

　イギリス第2の都市バーミンガムは，「世界の工場」の中心地域であるウェストミッドランズ地域の広域中枢都市である．バーミンガムはアーバン・ルネッサンスを掛け声とする都市再生事業に取り組み，都市再生に成功した都市として高く評価されている．1990年代から取り組んだ都市再生事業の大半は完了し，バーミンガム中央駅であるニューストリート駅の再開発事業も2015年秋に竣工し，旧市立図書館跡地の再開発事業が終われば，シティセンターの再開発事業の大半が完了することになる．

　しかしながら，バーミンガムが新たに直面している課題は，同市最大の企業であったMGローバー（MG Rover Group Ltd.）[1]の経営破綻と同工場跡地であるロングブリッジ（Longbridge）の再開発である．ロングブリッジはイギリス資本による最後の量産車メーカーであるMGローバーの工場が立地していた地域であり，工場跡地の再開発事業が重要な都市政策の課題になっている．当該プロジェクトは再開発対象面積が468エーカー（約190ha）にものぼる大規模再開発事業である．ロングブリッジ再開発事業は，バーミンガムの都市再生政策に対して大きなインパクトを与えることは間違いない．なぜなら，これまでのバーミンガムの都市再生政策はシティセンターの再生に重点が置かれてきた．再開発事業がシティセンターとその周辺エリアに集

中[2]されていたのに対して,ロングブリッジ再開発事業は投資地域が都心から郊外に拡散することを意味する.ロングブリッジ再開発事業はバーミンガムにとって副都心[3]を建設するほどの大規模事業であることはもちろんのこと,ウェストミッドランズ地域においても最大規模の再開発事業である.その成否はバーミンガムの都市構造を大きく変えることになると考えられるからである.

1.2 MG ローバー略史

MG ローバーはイギリスを代表する自動車メーカーであった.しかし,フォードシステムに象徴されるように,大衆車の大量生産システムを構築して生産性を高めたアメリカや大陸の自動車メーカーと比べて,大量生産システムを構築するのが遅れた.労働生産性が低く,企業統合や国有化と再民営化,外資との提携等によって経営の改善を図ったが,2005年に経営破綻し,イギリス資本による自動車メーカーとしての MG ローバーや自動車のモデルとしての MG ローバーは消滅した[4].工場跡地の一部と MG ローバーのブランドは中国の自動車メーカー上海汽車有限公司が取得し,MG ローバーブランドの新型車の開発と生産・販売に乗り出しているが,まだ再建途上にある.

MG ローバーの歴史は,1904年に H. オースチン(Herbert Austin, 1866-1941)がオースチン自動車会社(Austin Motor Company)をロングブリッジに設立したことに始まる.1904年にオープンモデルのローバー8の生産を開始したことが自動車メーカーへの転換の契機となった[5].同工場は第1次世界大戦及び第2次世界大戦時には軍需工場に転換され,銃・軍用トラック・航空機や航空機エンジンを生産した.第2次世界大戦後,自動車メーカーとして中産階級を対象にした中型サルーンを生産し,イギリスを代表する自動車メーカーの1つとして発展した.しかし,大衆車市場をターゲットに大量生産体制を構築し,労働生産性の高いアメリカや大陸の自動車メーカーと比べて,イギリスの自動車メーカーは経営規模が相対的に小さく,労働生

産性が低いために次第に国際競争力を低下させていった[6]．このため，1952年にはオースチン等6社が合併してブリティッシュ・モーターカンパニー（British Motor Company, BMC），1966年にはBMCとジャガー等が合併してブリティッシュ・モーター・ホールディング（British Motor Holding, BMH），さらに1968年にはBMHとローバー及びランドローバー（Land Rover, LR）が合併してブリティッシュ・レイランド（British Leyland Motor Corporation, BLMC）1社に統合された[7]（図2-1参照）．

　しかし，BLMCはブランドの統一や生産体制の再編に失敗し，合併効果を発揮することができず，1975年には労働党政権のもとで国有化された．BLMCは1979年には日本の本田技研工業㈱と提携し，ホンダ車をベースに経営改善を図った．本田技研工業㈱との提携は一定の成果を挙げたが，1988年にはBLMCはサッチャー政権下で再び民営化され，航空機メーカーであるブリティッシュ・エアロスペース（British Aerospace, BA）に買収された．ブリティッシュ・エアロスペースに買収された後も本田技研工業㈱との提携を維持し，業績の改善傾向がみられたが，1994年にドイツの自動車メーカーBMWがBLMCを買収し，本田技研工業㈱との提携関係は解消された．BMWはMGローバーグループを分割し，2000年にローバー部門はイギリスの投資グループであるフェニックス・コンソーシアム（Phoenix Consortium）に，オフロード向け車両であるランドローバー部門はフォード・モーターに譲渡した．フェニックス・コンソーシアムはローバー部門をMGローバーグループ（MG Rover Group）と改称し，2003年にはインドのタタ・モーターズと技術・資本提携した．さらに，2005年にはMGローバーの知的財産権と資産・工場等を中国の南京汽車有限公司に，2006年にはMGローバーブランドを中国の上海汽車有限公司に売却した．この結果，MGローバーの会社本体・資産及びローバーブランドが離散し，事実上消滅した（図2-1，表2-1参照）．

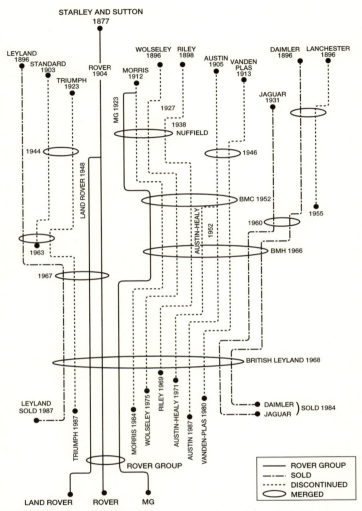

(出所) Robert N. Gwynne [1996], *From Craft to Lean : Technological change and the motor vehicle industry in the West Midlands,* J. Gerrard and T. R. Slater (ed.), *Managing A Conurbation : Birmingham and its Region,* Brewin Books, Warwickshire, p. 171.

図 2-1　MG ローバー略史

第 2 章　ロングブリッジの再開発　　　　　　　　　　　　　　　63

表 2-1　ロングブリッジ略史

年	事　項
1905	H. オースチン　オースチン自動車創業
1914	オースチン自動車軍需工場に転換
1922	オースチン・セブン発売
1939	ジョージ 5 世とエリザベス女王視察
1941	H. オースチン死去
1946	The Millionth Austin 発売
1952	モリス自動車と統合，BMC に社名変更
1959	ミニ発売
1968	British Leyland Motor Corporation（BLMC）誕生
1975	BLMC 国有化
1979	本田技研工業㈱と資本・技術提携
1980	Austin Mini Metro 発売
1988	再民営化．Rover は British Aerospace に売却される
1994	BMW が MG Rover を買収．本田技研工業㈱との提携関係解消
2000	工場は Phoenix Consortium に売却される
2003	St. Modwen 工場跡地買収（228 エーカー）
2004	St. Modwen 工場跡地等買収（183 エーカー）
2005	南京汽車有限公司 MG Rover 買収
2006	Longbridge Technology Park 工事開始
	南京汽車有限公司 105 エーカーの土地のリースに同意
2007	Innovation Centre オープン
2009	Bournville College 着工
	政府 10 億ポンドのロングブリッジ開発計画を St. Modwen と AWM に実施させることを承認
2011	Bournville College オープン
2012	Sainsbury's オープン
2015	M&S オープン

1.3　MG ローバーの倒産と地域経済へのインパクト

　ロングブリッジ工場の閉鎖は，ブロムズグローブ地区（Bromsgrove）にとって大きな打撃を与えただけではなく，バーミンガムさらにはウェストミッドランズ地域全体にとっても大きなダメージを与えるものであった．2005 年 4 月の経営破綻当時，工場の従業員数は 6,500 人，サプライチェーンを構成する部品関連企業は 500 社，それらの雇用者数は 2 万 7,000 人にのぼり，資材や部品などの年間購入額は 12 億ポンドにものぼっていた．サプライチェーンも含めると，MG ローバーの倒産によって 3 万人を超える雇用が失わ

れたことになる[8]．

　MGローバーは一貫してバーミンガムにおける最大の企業であった．同社の従業員数は，第1次大戦時には3万2,000人[9]，戦後の1960年代でも2万1,000人を数えた．2000年代初期においてもMGローバーはバーミンガムに立地する企業の中で最も大きい企業であった．2003年9月現在，バーミンガムにおけるトップ100社がリストアップされているが，MGローバーグループは最大の企業であった．MGローバーに次いで2番目に大きいのは，チョコレート・メーカーのキャドバリー（Cadbury）であるが，従業員数はMGローバーの約6割，3,807人にとどまっている（表2-2参照）．

　さらに，自動車は部品点数が多く，同社のサプライチェーンはバーミンガ

表2-2　バーミンガムの主要企業（上位20社，2003年）

会社名	業種	従業員数
MG Rover Group Ltd	Car manufacturers	6,000
Cadbury Tredor Bassett	Manufacturers of chocolate products	3,807
Newey & Eyre Ltd	Electrical wholesale distributors	2,700
HSBC	Credit & Finance Company	2,300
Forensic Sciece Services	Forensic Services and Training	2,200
Itnet Ltd	Software & hardware consultancy & cutsourcing	1,800
ISS Food Hygiene	Hygiene service provider	1,795
Alstom Transport Ltd	Assemblers of rolling stock	1,600
Birse Group Services Ltd	Construction/Civil Engineering	1,500
Birmingham Post & Mail Ltd	Newspaper printers	1,200
Lloyds TSB Group plc Central Operations	Training Provider for Lloyds	1,151
LDV Ltd	Manufactures Vans	1,092
Lloyds TSB	Banking services	1,000
NatWest Mortgage Services	Mortgage services	1,000
Cap Gemini Ernst & Young UK plc	Computer services	1,000
Millfield Partnership Ltd	Independent financial advisers	1,000
Midland Independent Newspapers	Newspapers publishers	900
HFC Bank plc	Banking services	900
Vodafone Ltd	Mobile communication	900
Glenvale Cleaning Services Ltd	Office cleaning	800

（注）従業員数は各社のバーミンガム市内事業所所属従業員数．
（出所）Birmingham City Council [2004], Economic Information.

ム市内はもちろん，ウェストミッドランズ地域，さらには海外にも広がっていた．MG ローバーの経営破綻と工場閉鎖の影響は広くバーミンガム，さらにウェストミッドランズ地域にまで及ぼしたことはいうまでもない．

　バーミンガム最大のメーカーである MG ローバーの倒産は，製造業の衰退を象徴するものであり，結果として産業構造のサービス化を一層進行させ，市政府に対して都市産業政策の確立を迫るものであった．「世界の工場」であったイギリスにおいても産業構造のサービス化が進行しており，製造業の占める地位が低下していることは否定できない．2004 年現在，バーミンガムにおける産業別就業者割合では，製造業は全体の 13％しか占めていない．

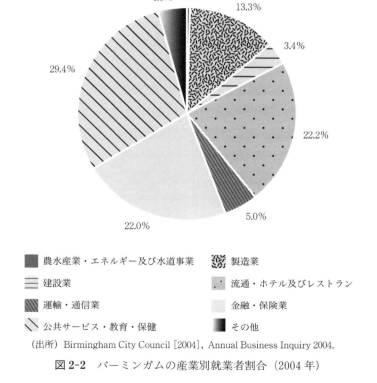

（出所）Birmingham City Council [2004], Annual Business Inquiry 2004.

図 2-2　バーミンガムの産業別就業者割合（2004 年）

業種別に最も大きいのは公務・教育・保健（30%）であり，次いで金融・保険業及び運輸・ホテル・レストラン業（いずれも22%）の比率が大きくなっている．バーミンガムにおいても脱工業化が進行しているのであり，それ故にこそ裾野の広い自動車メーカーのMGローバーのロングブリッジ工場閉鎖は，地域社会に対するインパクトが大きかったことが容易に理解できる（図2-2参照）．

第2節　ロングブリッジ再開発計画

2.1　ロングブリッジの位置

MGローバーの経営難は早くから明らかになっていたから，いずれ経営破綻し，工場閉鎖される可能性が高いと予測されていた．2005年4月に工場閉鎖されると，バーミンガム市とブロムズグローブ地区は，再開発計画の策定にとりかかった[10]．ロングブリッジ地域再開発計画（Longbridge Area Action Plan, LAAP）が中央政府の許可を得るのは2009年4月である[11]．

再開発地域であるロングブリッジは，バーミンガムの南東部，バーミンガムと南部の都市ブリストルを結ぶブリストル道路（A38号線）沿線にある．工場周辺には，イギリスの地方工業都市によく見られる低層の戸建て住宅が整然と並ぶ住宅地が広がる．車で市中心部から約20分程度，高速道路（M5，M42）のインターチェンジまで3マイル（4.8km）程である．高速道路を使えば，周辺の主要都市はもちろん，ロンドンに2〜3時間で到達することができる．また，バスは1日350便以上，近くには鉄道が走り，市中心部に鉄道でアクセス可能である．さらに，国際空港であるバーミンガム空港は，車で30分のところにあり，陸・空の交通の便に恵まれた地域である．

2.2　セントモードウェン

再開発事業はセントモードウェン（St. Modwen）とウェストミッドランズ地域開発公社（AWM）が連携して担当する予定であったが，2012年に

AWM 閉鎖後はセントモードウェンが単独で開発している[12]．セントモードウェンは再開発事業を得意とするイギリスの代表的なデベロッパーである．ロングブリッジの再開発事業の他，ニューコヴェントガーデンマーケット（New Covent Garden Market[13]），スワンシー大学キャンパス（Swansea University Campus[14]）等の開発プロジェクトを実施している．2013 年度の税引き前利益は 82 百万ポンドを計上している[15]．同社がロングブリッジ再開発事業を担当することになったのは，2001 年に MG ローバーから用地 57 エーカーの開発パートナーとして選ばれたことが大きな契機である．この土地はその後 AWM が取得した（2003 年）．そして，2003 年には，セントモードウェンは，フェニックス・コンソーシアムと BMW から工場跡地 228 エーカーを，2004 年には 127 エーカーの農地を含む 183 エーカーを取得した．この結果，セントモードウェンと AWM は再開発用地 468 エーカー（約 189ha）にも及ぶ広大な土地を取得することに成功した[16]（表 2-1 参照）．

2.3　ロングブリッジ再開発計画

2008 年 3 月，ロングブリッジ地域再開発計画（LAAP）がバーミンガム市とブロムズグローブ地区から政府に提案され，同 12 月には LAAP の公的な審査の結論が出された．そして 10 億ポンドにのぼる再生事業であるロングブリッジ地域再開発計画をセントモードウェンと AWM とが実施することを中央政府は 2009 年に承認した[17]．

LAAP によれば，再開発計画の基本コンセプトは，「地域住民がロングブリッジに住んでいることを誇りに思えるようなまちを創ること」である．LAAP がめざすものは，当該地域に新しいハイテク産業の投資を誘引することによって，短期的な経済対策をとるだけではなく，気候変動に対応したバーミンガムの取り組みを支援する，すなわち，サステイナブルで高品質の環境を整備し，良好にデザインされたオープンスペースやグリーンベルト，多様な用途に対応した空間やコミュニティの再生，低炭素で環境に優し

い地域づくりのモデルになることである．

　再開発面積は468エーカーにものぼる広大な面積である．再開発のための投資予定額は10億ポンドにのぼる大規模開発計画である．建設される予定の店舗面積は15万平方フィート，新規建設住宅2,000戸，雇用者数1万人を目標にしている．

　再開発用地は，開発目的に対応してゾーニングされている．RIS1（Regional Investment Site）は地域投資エリアであり，既にロングブリッジ・テクノロジーパークが建設され，ハイテク企業が集積しつつある．

　EZ地区（Employment Zone, EZ1～EZ3）は雇用促進地域として企業誘致や育成機能の整備が予定されている．このうちEZ2地区は南京汽車有限公司が買収したエリア（105エーカー）であり，2008年9月から南京汽車の子会社であるMGモーター（MG Motor UK Ltd）がローバー工場跡地を活用してスポーツカー・MGの生産を行っている．公園整備を予定しているOS1を除くと，EZ2地区は，最も広い面積を所有している．

　LC地区（Local Centre, LC1～LC4）は，地区のセンター機能が整備されるエリアである．LC2には学習機能（Learning Quarter）が整備される計画であり，既にボーンビル・カレッジ（Bournville College）が移転している．LC3は商業機能（Retail Quarter）の集積エリアであり，全国チェーンのスーパーマーケットであるセインズベリー（Sainsbury's）とマークス&スペンサー（Marks & Spencer, M&S）がすでに操業を開始している．さらに，LC4地区には多様な機能（Mixed Use Quarter）を集積させる計画であり，ローカルセンターとしてホテルやコミュニティセンターが建設されている．

　H地区（Housing）は住機能の整備エリアであり，H1とH2地区を合わせて2,000戸の住宅の整備を予定している．

　OS地区（Open Space）は，公園などのオープンスペースとして活用される地区であり，最も広いOS1地区は既存のコフトンパーク（Cofton Park）であり，広大なグリーンベルトである．OS2a/bは歩行者用オープンスペース，OS3～OS5はレクリエーション用オープンスペースであり，OS17はグ

リーンベルトとして保全されるエリアである．OS3 は近自然工法による公園が整備されている．

　RIS1 地区は戦略的投資地区であり，ロングブリッジ・テクノロジーパークが整備されている（図 2-3 参照）．

第 3 節　ロングブリッジ再開発計画の進捗状況

3.1　ロングブリッジ・テクノロジーパーク

　ロングブリッジの再開発計画は，その一部は着手され，いくつかのプロジェクトは既に稼働している．

　その第 1 は，ロングブリッジ・テクノロジーパーク（LTP）である．LTP の建設予定地は全体で 40 エーカー（約 16ha），投資額 1 億ポンドが予定されている．セントモードウェンは，2006 年に LTP の建設に着手し，2009 年にはイノベーションセンター（Innovation Centre）とツーデヴォンウェイ（Two Devon Way）が完成した．イノベーションセンター（床面積 1 万 8,154 平方フィート）とツーデヴォンウェイ（床面積 3 万 1,208 平方フィート）の 2 棟を合わせると，床面積 4 万 9,362 平方フィートにのぼる[18]．このための投資額は 75 百万ポンドにのぼる．イノベーションセンターのオフィスは全体で 62 部屋，2 万 8,154 平方フィート，家賃収入は月額 6 万 4,234 ポンド（全室にテナントが入居した場合），年間 77 万 808 ポンドが見込まれる（表 2-3 参照）．この他，会議室の使用料収入等が期待される．2014 年 6 月現在，イノベーションセンターの入居企業は 48 社を数え，雇用者数は約 600 人にのぼる[19]（表 2-4 参照）．イノベーションセンター及びツーデヴォンウェイに引き続いて，スリーデヴォンウェイ（Three Devon Way，2 万 740 平方フィート），さらに，フォーデヴォンウェイ（Four Devon Way，2 万 3,000 平方フィート）が建設される計画であり，スリーデヴォンウェイのために 1.55 エーカーの用地が，また，フォーデヴォンウェイの建設用地として 0.7 エーカーが留保されている．

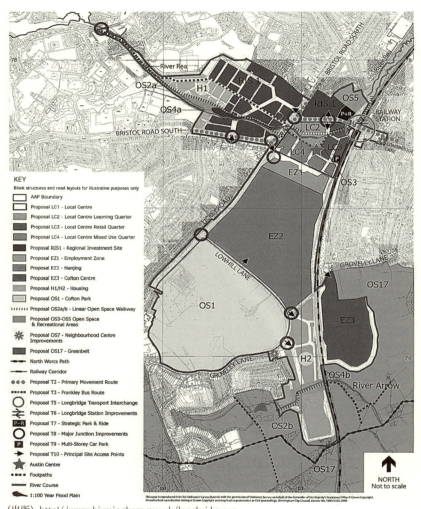

(出所) http://www.birmingham.gov.uk/longbridgeaap.

図 2-3 ロングブリッジ地域再開発計画

表 2-3 ロングブリッジ・イノベーションセンターのオフィス床面積と家賃（月額）

（単位：平方フィート，ポンド）

1 階			2 階			3 階		
部屋	面積	月額	部屋	面積	月額	部屋	面積	月額
G 2	291	649	F 1	423	980	S 1-2	734	1,638
G 3	288	618	F 2	291	699	S 3	291	725
G 4	584	1,252	F 3	291	699	S 4-7	1,479	3,299
G 5	583	1,250	F 4	291	699	S 8	218	524
G 6	210	467	F 5	291	699	S 9	218	524
G 7	224	499	F 6	286	699	S 10-11	1,105	2,465
G 8	203	452	F 7	581	1,346	S 12	439	1,017
G 9	216	481	F 8	211	507	S 13	426	1,024
G 10	215	480	F 9	216	519	S 14	214	514
G 11	215	480	F 10	656	1,519	S 17-18	650	1,506
G 12	438	978	F 11	438	1,015	S 19	438	1,015
G 13	219	488	F 12	600	1,390	S 20	214	514
G 14	211	472	F 13	274	658	S 21	437	1,012
G 15	323	750	F 14	210	505	S 22	214	514
G 16	215	480	F 15-16	1,376	3,306	S 23	437	1,012
G 18	437	977	F 17	431	998	S 24	576	1,285
G 19	215	480	F 18	212	509	S 25-26	1,616	3,605
G 20	427	917	F 19	435	1,010			
G 21	875	1,877	F 20	212	509			
G 22	600	1,288	F 21	435	1,007			
G 23	474	1,058	F 22	212	509			
			F 23	431	998			
			F 24-25	1,476	3,293			
			F 26	706	1,575			
計	7,463	16,393	計	10,985	25,648	計	9,706	22,193

（出所）Longbridge Technology Park 資料より作成．

LTP は，ウェストミッドランズ地域における技術革新やイノベーションを先導する地域として再開発しようとするものであり，ロングブリッジの再開発事業の中核事業として位置づけられている．MG ローバーの工場閉鎖は大きな雇用問題を発生させるとともに，自動車工場特有のサプライチェーンを形成する部品メーカーの経営困難をもたらした．工場閉鎖はバーミンガムだけでなく，ウェストミッドランズ地域にとって大きな雇用問題を引き起こ

表 2-4　ロングブリッジ・テクノロジーパーク入居企業一覧

Access Central	Magenta Solutions
Activia Ltd	Media Links Online
Aquarius Wealth Management	Numara Software
Arrow Services	Optima Energy Management
Bournville College	Ortho Ltd
Brady Corporation	P.D.T.
Brilliant Media Group Ltd	Petersens Properties
Business Development Midlands	Phil Jones Associates
Bytesnap Design	Professional Qualification Management
Cooperative Web Limited	SCS Group
Danjim	Scyron Limited
Devon IT	SRG
Enterprise International	Surgi-C Limited
Finnforest	Temple Security Limited
Halcrow Group Limited	The Energy Consortium
Headwise	The Wordhub Limited
HIP3	TheTeamThatCan
ICE	Trebor Developments LLP
I-Solution	TRL Limited
Inanovate	VecoPlan UK Ltd
Jackson Building Services	Wright DM Limited
Kinnarps	The Waste Resources Action Programme
Lawrence Davis Consultancy	Xprezzion
LSP Bio	Zybert Computing

(注) 2014年6月現在．
(出所) Longbridge Technology Park ホームページ
(http://www.ukspa.org.uk/science_parks/content/1216/longbridge_technology_park) より作成．

した．計画では，1万人の新規雇用を開拓する計画であるが，在来型の工場や小売業の立地によって開拓することは困難であり，多様な業種の立地が求められる．LTPは，製造業の衰退に代わる新しい雇用を吸引することが期待されているが，閉鎖前のMGローバーの雇用者数が6,500人にのぼっていたことを考慮すると，LTPの雇用者数はその10分の1にとどまっている．LTPにハイテク産業がさらに集積し，倒産したMGローバーに代わって安定した雇用を確保できるかどうか，問われている[20]．

ところで，LTPはイノベーションセンターを設けているが，大学・研究

機関等と連携したインキュベーション機能を備えていない．デベロッパーであるセントモードウェンが不動産事業として開発したテクノロジーパークであり，ビジネスとして採算を考慮した設計になっている．創業間もないベンチャー企業を育成するインキュベーション機能を備えていないのが特徴である．すなわち，LTPは本来の意味のサイエンスパークではなく，不動産事業として推進されているところに留意する必要がある．ハイテク企業向けのインテリジェントビルを建設し，テナント料を獲得することを主たる目的としていることである．

3.2 ロングブリッジの多機能化

ロングブリッジはMGローバーの本社工場であり，製造業の集積地域であった．MGローバーの破綻後，再開発計画が立案され，地域住民が誇れる地域として再開発計画が策定され，再開発事業が推進されている．再開発計画の特徴は多機能化（diversity）であり，多様な機能を集積させつつある．LTPはハイテク産業の集積を図るものであり，教育機能，若者を対象にしたインキュベーション機能，住機能，商業機能が集積しつつある．

すなわち，LTPについて建設されているのは，第1に，教育機能の集積である．学生定員1万5,000人を数えるボーンビル・カレッジがロングブリッジに移転された．同校は，ココアとチョコレート製造会社の経営者であり，博愛主義者であったG. キャドバリー[21]（George Cadbury，1839-1922年）が，1913年に開設した専門学校である．1973年にはブリストル道路A38沿線に移転した．そして，2009年，ローバー工場跡地の4.2エーカーに新キャンパスを，66百万ポンドの費用を投じて2011年に移転・オープンした．同校は学生数1万5,000人，アート・デザイン・IT・建築等を中心とする専門学校である．校舎のデザインは奇抜であり，デザイン専門学校であることを校舎がアッピールしている．ロングブリッジの再開発地域に若者が集まる専門学校の開設は，当該地域にとって活気を与えるものであり，製造業に代わる新産業が集積すれば，卒業生の雇用の場を確保できると期待されている．

第2は，インキュベーション機能であり，若者工房センター（The Factory Young People's Centre）である．これは若者（13～19歳）を対象にした教育・インキュベーション施設であり，音響機器，映像機器，アート・スポーツ及び会議施設が整備されている．建設費5百万ポンド，1万7,000平方フィートの施設であり，2012年に完成した．

　第3は，商業機能の集積であり，イギリスの代表的なスーパーマーケット・チェーンであり，全国的に店舗展開しているセインズベリーが，70百万ポンドを投じて8万5,000平方フィートもの広大なショッピングセンターを開設し，店内は既に多くの買物客で賑わっている．さらに，2013年，デベロッパーのセントモードウェンは，衣料品・靴等のプライベートブランドの大手小売業資本であるマークス＆スペンサー[22]（M&S）との間で，15万平方フィート，45年のリース契約を締結した．セインズベリーは食料品を主とするスーパーマーケットであり，これに加えてM&Sの立地はバーミンガム郊外に巨大なショッピングセンターが出現することを意味する．2015年末，M&Sはイギリス国内で最大規模の店舗をオープンした．この他，当該地域に集積しているショップやレストランは25店舗を数えている．

　第4は，サービス機能の集積であり，ホテル（75ベッド），オフィス（パークポイント，5,000平方フィート）が建設された．

　第5は，コミュニティ機能の集積である．LAAPは，地域住民が「誇れるまちづくり」を目指し，2,000人の住宅建設を計画していることは既に述べた．ロングブリッジをコミュニティの中心にする計画であり，ボーンビル地区（Bournvill District）の新しいシティセンター（16万5,000平方フィート）が建設されている．

　なお，500万平方フィートの不要になったMGローバーの工場建物等は解体されたが，その95％はリサイクルされ，廃棄物や環境への影響を最小にした[23]．

第4節　再開発事業の不確実性

　2005年に閉鎖されたMGローバーのロングブリッジ工場跡地とその周辺地域は，民間デベロッパーであるセントモードウェンによって再開発されている．既に，ロングブリッジ・テクノロジーパーク，ボーンビル・カレッジ，若者を対象にした若者工房センター，ホテル，レストラン・カフェ，2つの大規模商業施設，コミュニティセンター等が開設され，バーミンガムの副都心としての整備が進行している．

　しかしながら，開発計画の一部が着手されたにすぎず，開発計画全体をみるとき，開発用地は広大であり，開発目標を達成できるかどうかは不確実である．第1章で述べたように，バーミンガム市はシティセンターの再生事業に取り組み，成功事業として評価されている．中心市街地の再生事業は2015年秋にニューストリート駅の再開発事業が終わり，ほぼ完了した．都心の再開発によって市民の都心回帰がみられ，郊外に大規模な再開発事業を行っても，過大投資が懸念される．再開発事業が完成するまでに2020年を要する大事業である．開発主体は民間企業であり，再開発事業はロングブリッジ地域の再生だけでなく，ビジネスとしても成功させることを求められている．再開発事業は緒に就いたところであり，今後の事業の推移を見守る必要があろう．

　　注
1) イギリスの自動車メーカーは中産階級を対象とし，経営規模が小さく，自動車産業の国際競争が激化する第2次世界大戦後には買収と吸収合併・統合や国有化及び再民営化を繰り返し，社名が大きく変化した．ローバー社においても例外ではない．小論では，便宜上，フェニックス・コンソーシアムがBMWから買収したローバー部門を2000年にMGローバーグループ（MG Rover Group）と変更した名称（MGローバー）を使う．
2) 鈴木茂［2008］「ポスト工業化時代の都市再生と地域経済—イギリス・バーミンガムを事例として—」中村剛治郎編『基本ケースで学ぶ地域経済学』有斐閣．

3) バーミンガム市は今後 20 年間の都市整備のマスタープランを作成している．それは主として今後 20 年間のシティセンターのビジョンを描いたものであるが，バーミンガム全体の都市構造としてシティセンターを核としつつ，北部のシットンコールドフィールドや東部のイースタングロースエリアとともに，ロングブリッジが副都心として大都市バーミンガムの発展を支える核として期待されている（Birmingham City Council [2011], *Big City Plan, City Centre Masterplan*, p. 7）．
4) インドのタタ自動車がローバーから派生した「ランドローバー」のブランドを所有している．
5) 同社の前身は 1878 年に創業した自転車メーカーである Starley & Sutton Co. of Coventry である．
6) G. Maxcy and A. Silberston [1959], The Motor Industry, George Allen & Unwin Ltd, London, 今野源八郎・吉永芳史訳 [1965]『自動車工業論』東洋経済新報社, 221, 243 ページ．
7) Robert N. Gwynne [1996], *From Craft to Lean : Technological change and the motor vehicle industry in the West Midlands*, J. Gerrard and T.R. Slater (ed.), Managing A Conurbation : Birmingham and its Region, Brewin Books, Warwickshire, p. 171.
8) Birmingham City and Bromsgrve District Council [2008], Longbridge Area Action Plan, p. 1.
9) ロングブリッジ工場は第 1 次大戦時には軍需工場に転用され，軍需品を生産した．第 1 次大戦中に生産した兵器は，砲弾 800 万個，銃 650 丁，戦闘機 200 機，航空機エンジン 2,500 台，トラック 2,000 台にのぼった（St. Modwen [2010], Longbridge, p. 6）．
10) 計画策定資金の一部は EU 地域開発基金（European Regional Development Fund）の助成を受けた．
11) Birmingham City Council and Bromsgrove District Council [2008].
12) 2011 年の政権交代によりイギリスの広域地方制度 Region が "Localism Act 2011" により廃止されたのにともない，地域開発公社も閉鎖された．
13) ニューコヴェントガーデンマーケットはロンドンのナインエルムズ地域の再開発地域であり，50 万平方フィート（11 エーカー）の用地に住宅や店舗等の施設を整備する計画である（http://www.vsm-ncgm.co.uk/）．
14) St. Modwen は Swansea University Campus の再開発を受託している（http://www.St.Modwen.co.uk/major-projects/view/swansea-university-bay-campus）．
15) St. Modwen [2014a]（http://www.St.Modwen.co.uk/）．
16) ロングブリッジの再開発用地は全体で 468 エーカーにのぼる．さらに，セントモードウェンは 2006 年には南京汽車と 105 エーカー（図 2-3 の EZ2）について 33 年間のリース契約を結んだ．南京汽車からのリース分を加えると総面積 573 エ

ーカーもの広大な用地をセントモードウェンが再開発することになる．
17) St. Modwen [2014].
18) St. Modwen [2014b], Longbridge Technology Park.
19) *Ibid*.
20) UKSPA [2014], Longbridge Technology Park (www.ukspa.org.uk-Science Parks/Longbridge Techonology Park).
21) チョコレート工場はジョージの父親 J. キャドバリー（John Cadbury, 1801-89）が創業したものである．1861 年に兄のリチャード（Richard Cadbury, 1835-99）と父親の会社を引き継いだジョージ（George Cadbury, 1939-22）はココアとチョコレート製造業に転換し，世界有数のチョコレート製製造会社にすることに成功した．実業家であり，博愛主義者であった彼は，労働者の労働環境や生活環境の改善に尽力するとともに，ボーンビル・カレッジの前身である Bournville Day Continuation School を設立した（http://www.newworldencyclopedia.org/entry/George_Cadbury, http://www.bournville.ac.uk/）．
22) M&S は，1894 年創業のプライベートブランドの衣料品・靴・ギフト商品・家庭用雑貨・食品等を販売する小売業者．2014 年現在，イギリス国内に約 300 店，50 カ国以上にフランチャイズ店を持つ．イギリス国内の従業員数は 6 万 3,000 人，海外を合わせると 8 万 6,000 人，グループ全体の売上高は 103 億ポンド（うちイギリス国内 91 億 5,000 万ポンド）にのぼる（http://corporate.marksandspencer.com/investors/key-facts/five-year-record）．
23) St. Modwen [2014b], pp. 16-17.

第3章
イギリスのサイエンスパーク

第1節　イギリスの産業再生戦略と知識経済

1.1　モット委員会報告とトリニティ・カレッジ

　大学・研究機関の研究成果を産業部門に移転して先端技術産業の育成を図るハイテク型開発政策が開始されるのは戦後になってからであり，その典型がアメリカのスタンフォード大学のリサーチパークであることは，よく知られている．大学・研究機関との連携によってハイテク産業が集積した知的クラスターをサイエンスパークと呼んでいるが，日本のテクノポリス（Technopolis），フランスのテクノポール（Technopole），イギリスのサイエンスパーク等がその例である．しかし，シリコンバレー，ルート128，リサーチトライアングルなどのアメリカのサイエンスパークについてはよく紹介されているが，ヨーロッパのそれについてはフランスのテクノポール，イギリスのケンブリッジ・サイエンスパークやアストン・サイエンスパークなどの一部を除いてあまり知られていない[1]．

　イギリスでサイエンスパークの建設が開始されるのは1970年代になってからである．既に述べたように，植民地の独立による排他的市場圏の喪失，産業国有化と民営化にゆれる産業政策の不安定性，ドイツ・フランス及びアメリカの追い上げ，合理化に反対する労働組合の長期スト等のため，第2次大戦後のイギリス産業は国際競争力を喪失し，深刻な経済的停滞に直面した．1970年代にサイエンスパークが建設されるきっかけとなったのは，1964年

に政権を奪還した労働党政府が大学に対して産業界との密接な連携を求めたことである．それを受けて，ケンブリッジ大学はモット委員会（Mott Committee）を設置し，検討を開始した．委員長の S.N. モット（Sir Nevil Mott）は，当時キャベンディッシュ研究所長であり，1978年にノーベル物理学賞を受賞した物理学者である[2]．委員会は 1969 年に大学と産業界の関係のあり方について報告書（Mott Committee Report）をまとめ，その中で科学に基礎をおいた産業（science-based industry）の振興を図る必要があるとした．大学は科学に基礎をおいた産業をケンブリッジ地域に集積させ，科学的専門知識・研究施設や研究機関が集中しているメリットを最大限に活かし，ケンブリッジの科学コミュニティへのフィードバックを拡大するよう推奨した．モット委員会報告の意義は，大学関係者だけでなく地方政府などの大学外の人々に対してもケンブリッジの開発政策のあり方について基本的合意を形成したことである．当時，ケンブリッジはオックスフォードとともにイギリスの代表的大学町であり，都市政策の基調は，大学町としての固有の歴史的景観を保全することに置かれたていた．モット委員会報告はケンブリッジの都市政策を保存から開発に大きく転換させる契機となった[3]．

　モット委員会の報告書を受けてサイエンスパークの建設に着手したのがトリニティ・カレッジ（Trinity Colledge）である．トリニティ・カレッジは 1546 年に創設された時，国王ヘンリー8世（King Henry VIII）が寄贈した土地（61.5ha）をケンブリッジ市郊外に保有していた．この土地は第2次大戦前には農地として，第2次大戦中はアメリカ軍に徴用され，ヨーロッパへの軍用車両や戦車の搬送基地として利用されたが，戦後返還後は放置されていた[4]．トリニティ・カレッジはこの土地を活用してケンブリッジ・サイエンスパーク（Cambridge Science Park, CSP）を建設することとした．トリニティ・カレッジは 1971 年に政府から開発計画の承認を受け，サイエンスパークの建設を開始し，1973 年には早くもレーザースキャン（Laser-Scan）が立地した．しかし，70 年代の CSP へのハイテク企業の立地件数は決して多くなく，立地企業が増加しはじめるのは 80 年代以降になってからである．

1.2 サイエンスパークと大学・研究機関のネットワーク

　サイエンスパークはハイテク産業の集積拠点であり，大学・研究機関とのネットワークが基礎となって，次々とイノベーションが持続的におこるハイテクベンチャー企業のスタートアップの拠点である．大学・研究機関や地方団体が中心となったサイエンスパークは，インキュベーション機能を重視している．サイエンスパークはハイテク企業をターゲットにおいた不動産事業に過ぎないという説もある．それに該当するのは，民間デベロッパーが開発したサイエンスパークであり，ハイテク産業の集積拠点を創出することを掲げているが，究極的にはテナント料収入を得ることを主要な目的にし，大学・研究機関とのネットワークやインキュベーション機能が弱いところに特徴がある．但し，留意しなければならないことは，民間デベロッパーが開発しているサイエンスパークは，一般の不動産事業とは大きく異なる．ハイテク産業向けサイエンスパークであるから，ハイテク産業固有の研究開発環境や研究機器の整備が必要である．例えば，バイオテクノロジー特有のクリーンな環境，遺伝子やウイルス検査のための試験機器，さらには「企業秘密」を守るためのセキュリティ等，ハイテク産業が求める世界トップクラスの環境を整備する必要があり，独自のノウハウを蓄積した民間デベロッパーでなければ建設することができない．

　サイエンスパークの典型は，国際的なハイテク産業の集積拠点であるシリコンバレー（アメリカ・カリフォルニア州サンタクララ郡）である．シリコンバレーは，スタンフォード大学が学生確保難に対する対策として，ハイテク産業の集積を図るとともに，大学の研究者や学生の新規創業を支援して学生の就職先を開拓することを目的に，リサーチパークを大学のキャンパス内に建設したことが契機になったことはよく知られている．トリニティ・カレッジがケンブリッジ・サイエンスパークの建設に着手する時，スタンフォード大学のリサーチパークが話題になっており，参考にされた．

1.3 イギリスサイエンスパーク協会

イギリスサイエンスパーク協会（United Kingdom Science Park Association, UKSPA）は，1984年に設立された．UKSPAは新しく建設されるサイエンスパークに対するアドバイスや支援，サイエンスパークに対する一般の認識や理解を増進することを目的として，設立された．設立当初の会員は8パークであったが，会員数は順調に増加し，2001年には60パークを超え，2016年現在，加盟パーク数は全体で178，うち正会員は121（その他賛助会員50，海外会員7）を数える．なお，ここにいうパーク数はUKSPAの会員パーク数であり，UKSPAに加盟していないサイエンスパークも存在することに留意する必要がある．

UKSPAの主要な活動は，①アイデアや経験を交流するフォーラムの開催（異なるメンバー・パークにより，年3回開催する），②イギリスにおけるサイエンスパーク運動（Science Park Movement）の発展を記録するために毎年統計調査を行うこと，③メンバー，政府，外国大使館，企業及び投資家に対する情報センターとして活動すること，④ワールドワイドなコンサルタントやトレーニング業務を，メンバーの専門家に依存しながらコーディネイトするとともに，メンバー共通の政策課題については統一要求としてロビー活動を行うこと，⑤出版活動，である．ボードメンバーは2015年現在，11名から構成されている[5]．また，拠点は南ケンブリッジ，ケンブリッジ市中心部から車で南に20分，チェスタフォード・リサーチパーク（Chesterford Research Pak, CRP）に入居している．CRPは民間デベロッパーが開発したバイオ・製薬企業にターゲットを置いたリサーチパークであり，用地面積250エーカー，開発目標90万平方フィート，うち30万平方フィートが完成し，既にハイテク企業が入居している．立地企業はUKSPAを含めてバイオ・医薬品・ライフサイエンス関係企業を中心に14社にのぼる[6]（表3-1参照）．

UKSPAは，サイエンスパークを次のように定義している．すなわち，サイエンスパークの基本的な特徴は，ビジネスのサポートであり，技術移転を

第3章　イギリスのサイエンスパーク　　　　　　　　　83

表3-1　チェスタフォード・リサーチパーク入居企業

	入居企業	主　要　事　業
1	Axol Bioscience	バイオ産業
2	Charles River Laboratories	バイオ・製薬会社，公社，主導的な大学・研究所に対して重要製品やサービスを提供
3	Cellcentric	制癌剤の開発製造会社
4	Diagnostics for the Real World (DRW)	世界の重要な感染症に対して応用範囲の広い診断法の開発
5	Illumina	遺伝子変異や機能の分析に対して革新的な塩基配列の分析技術
6	Isogenica Ltd	ライフサイエンス企業に文献供給を含むバイオ開発サービス
7	Isomerase Therapeutics	ドラッグの発見・開発企業
8	Oncologica	精度の高い腫瘍テスト
9	UKSPA	
10	Xenovium	ドラッグの開発製造会社
11	TLIP (Turnbull Lynch Intellectual Property)	EUレベルの特許権や商標に関するビジネス情報の提供
12	AstraZeneca	ロンドンに本部を置き，スウェーデンのゼネシカと合併した多国籍製薬企業，バイオ製薬会社，医師の処方薬，腫瘍
13	Quantel and Snell	Live TV 映像・メディア会社
14	Domainex	ドラッグ調査会社

(出所) Chesterford Research Park のホームページ (http://www.chesterfordresearchpark.com/) より作成．

主要な任務とするものであるが，その第1の特徴はイノベーションをリードし，高い成長の可能性があり，知識にベースをおいたビジネスのスタートアップ，インキュベーション及び成長を支援し，促進することである．第2の特徴は，より大きな国際的なビジネスが知識創造拠点と相互に利益のある形で，特別で密接な関係を発展させることができる環境を提供すること，である．第3の特徴は，大学・高等教育機関及び研究機関のような知識創造センターと公的で機能的な連携を創造すること，である．

UKSPAは，このサイエンスパークに関する基本的定義を具体化し，知識産業に対する貢献として次の7点を挙げている．すなわち，①ビジネスサポートの提供，②技術移転機会の提供，③スタートアップ企業に対するインキュベーション機能の提供，④成長段階にある企業の支援，⑤より大きな国際

的企業に適合した環境の提供, ⑥知識創造の個別的センターとの密接な関係の提供, ⑦知識創造センターとの公的で機能的な連携の提供, である[7]. イギリスの産業政策の焦点は, 地域の産業集積を知的クラスターに転換してハイテク分野における国際競争力を強化することにあり, 大学・高等教育政策を転換して産学連携と高等教育を受けた知的労働者を養成するとともに, サイエンスパークを整備して知的クラスターの形成を図っているといえよう[8].

第2節 イギリスにおけるサイエンスパークの展開

2.1 1970年代

イギリスにおいてサイエンスパークが知識経済への転換を図るイギリス政府によって戦略的位置づけを与えられて奨励されるようになるのはニュー・レイバー政権になってからであるが, サイエンスパークの建設は1970年代から大学・研究機関が内発的に推進してきた[9]. また, サイエンスパークに関する統計が整備されるようになるのはUKSPAが設立される1984年以降である.

先に述べたように, イギリスにおいて最初に建設されたサイエンスパークは, トリニティ・カレッジが建設したケンブリッジ・サイエンスパーク (CSP) である. 70年代に建設されたもう1つのサイエンスパークは, エディンバラ郊外に建設されたヘリオット-ワット大学リサーチパーク (Heriot-Watt University Research Park, HWURP) である. 同パークはヘリオット-ワット大学[10]が1971年にキャンパスをエディンバラ中心部から郊外に移転したのを契機に, 建設が開始された. 当時スコットランドの基幹産業である石炭産業や造船産業が衰退を始めており, 大学の研究成果を活用して新しい産業を育成することを意図したものである. 2016年現在, 大学の敷地内に110エーカーが開発され, エレクトロニクス, コンピュータ, バイオテクノロジー, 海洋石油開発技術, 光エレクトロニクス等のハイテク企業32社が立地している. 同パークは, さらに45エーカーの開発用地を確保してい

る[11]．

2.2 1980年代

　イギリスにおいてサイエンスパークの建設が拡大し始めるのは，1980年代になってからである．ウォーリック大学サイエンスパーク（University of Warick Science Park, UWSP, 1982），西スコットランド・サイエンスパーク（West of Scotland Science Park, WSSP, 1983），アストン・サイエンスパーク（1983），マンチェスター・サイエンスパーク（Manchester Science Park, MSP, 1984）をはじめ，80年代の10年間に20カ所にのぼるサイエンスパークが建設された．この時期，スコットランドやバーミンガム・コヴェントリー・マンチェスター等の産業衰退地域において，ハイテク産業の集積拠点を整備して地域経済の再生を図る動きが活発化した．

　80年代になってイギリスにおけるサイエンスパークの建設を促すことになった第1の契機は，イギリス産業の国際競争力の低下による地方工業都市の衰退である．70年代に始まる長期不況は，「世界の工場」を担った多くの地方工業都市において広大な衰退地域を発生させることになった．工場が閉鎖され，廃墟となった工場跡地を再開発し，在来型製造業に代わるハイテク産業を育成し，地域経済を再生させることが重要な政策課題になったからである．

　第2の契機は，サッチャー保守党政権による教育予算のカットであり，大学経営の危機である．教育予算のカットの影響は，ケンブリッジやオックスフォードのような伝統大学よりも，技術専門学校（Polytechnic）から大学に昇格した歴史的に新しい大学に大きく，外部資金の調達を迫ることになった．

　その典型はバーミンガムのシティセンター隣接地に建設されたアストン・サイエンスパークである．ロンドンに次ぐイギリス第2の都市であるバーミンガムは，産業革命期以来「世界の工場」の拠点都市して発展し，シティセンターを取り囲むように工場地帯が形成され，その周囲に低所得の労働者の住宅地域，郊外に中産階級の高級住宅地域が形成された．しかし，70年代

以降のイギリス産業の衰退は同市を直撃し，失業率は20%を超え，工場閉鎖が相次ぎ，工場地帯が衰退した．衰退した工場地帯をどのようにして再生するか，都市政策の重要課題であるとともに地域産業政策の課題でもあった．同市の地域再生事業は，シティセンターの再生，NECをはじめとするコンベンション機能，芸術文化・観光機能，業務機能の整備やシティセンターにおける住機能の再生など，多岐にわたっている（第1章参照）．その中でASPの整備は，工場地帯再生事業の中核をなすものである．シティセンターに近く，アストン大学隣接地に建設されたASPはイギリスにおける最も成功したサイエンスパークの1つであるといわれている．大学はハイテク企業を集積させて外部資金の導入を図り，ロイズ銀行は新たな投資先を開拓し，バーミンガム市は衰退した工場地帯の再生策の1つとしてサイエンスパークの建設に取り組んだのである（第6章参照）．

　第3の契機は，CSPのように70年代に建設されたサイエンスパークの実績が評価され，サイエンスパークについての認識が拡大してきたことである．CSPに立地した企業は70年代には25社にとどまっていたが，80年代に入ると立地企業が増加しはじめた．

　第4の契機は，コンサルタント会社シーガルクインス・パートナーズ（Segal Quince & Partners, SQP）が1985年に発表した報告書『ケンブリッジ現象』（"Cambridge Phenomenon"）である[12]．これはCSPを中心としたサイエンスパークの開発効果を分析したものであり，サイエンスパークにバイオ産業を中心とした民間研究機関やハイテク産業が集積していることを明らかにした．同報告は，大学・研究機関とハイテク産業が集積したサイエンスパークが地域経済の再生とイギリス産業の国際競争力の再構築に有効であるとともに，開発事業がビジネスとして成立することを明らかにするものであり，民間デベロッパーのサイエンスパーク建設事業への参入を促すことになった（第4章参照）．

2.3 1990年代以降

90年代になると衰退した旧来型の製造業に代わってハイテク産業がイギリス経済を牽引するものであり，既存のサイエンスパークへの民間研究機関やハイテク企業の集積，大学の研究成果を活用した新規創業の実績から，サイエンスパークの整備に注目が集まるようになる．しかし，90年代前半の保守党政権の産業政策の基調は，依然として民営化と規制緩和，外資誘致を基本とするものであった．サイエンスパークは，大学・地方政府及び民間デベロッパーが中心となって整備された．

サイエンスパークの整備が中央政府の戦略的な産業政策の中に位置づけられ，中央政府・地方政府・大学及び民間企業が協力して政策的に推進するようになるのは90年代後半，ニュー・レイバー政権になってからである．既に述べたように，ブレア政権が誕生した翌年に発表された『競争力白書』[13]は，イギリス産業の国際競争力再生の戦略的方向として知識経済化を打ち出した．また，99年にまとめられたバイオクラスターの実態調査は，大学の研究成果と結合してバイオ産業が集積し，バイオ産業の中でも製薬産業が国際的な競争力を維持していることを明らかにした．イギリス経済を在来型重化学工業から知識経済に転換すること，そのために科学技術政策の強化と労働者の技能を高めるために生涯にわたる学習社会を構築することが明確に打ちだされてくるのである[14]．

この時期，サイエンスパークの建設が引き続き拡大するとともに，ハイテク企業のパークへの集積が本格化した．オックスフォード・サイエンスパーク（Oxford Science Park, 1994）やペントランズ・サイエンスパーク（Pentlands Science Park, 1994）等が相次いで建設されたのをはじめ，この時期に19ヵ所のサイエンスパークが建設された．パークの建設件数は80年代と大きく変わらないが，90年代になるとハイテク企業のサイエンスパークへの集積が急速に進むことになる．後述するように，テナント企業数は，1990年の1,010社から2000年には1,556社，1.5倍に増加した．大学・研究機関との連携を求めてハイテク企業がサイエンスパークに集積するとともに，各

大学がスタートアップ支援サービスやインキュベーション施設を整備して新規創業を支援したからである．こうしたサイエンスパークの建設とそこへのハイテク企業の集積は，イギリス政府の産業再生政策において戦略的位置を与えられ，その傾向は 2000 年代になってからも継続している．

　サイエンスパークに立地しているテナント企業数は，2000 年の 1,556 社，6 年後の 2006 年には 3,398 社，2.1 倍に増加した．また，従業員数は同じ期間に 3 万 1,287 人から 7 万 4,782 人，2 倍以上増加した．しかし，2008 年のリーマンショックの影響を受けて，テナント企業数は 2008-09 年には 3,105 社，1 割近く減少した．テナント企業数は 2008-09 年には回復傾向にあるが，雇用者数が依然として減少しており，2010-11 年には 6 万 6,744 人へ，8,038 人も減少した．

第 3 節　サイエンスパークの開発効果

3.1　持続的に発展するサイエンスパーク

　イギリスにおけるサイエンスパークの建設は 1970 年代にケンブリッジ・サイエンスパークの建設を契機として始まるが，建設が本格化するのはサイエンスパークにハイテク産業が集積していることが明らかになる 80 年代以降になってからである．また，サイエンスパーク相互のネットワークが構築されるのは，1984 年にイギリスサイエンスパーク協会（UKSPA）が組織されてからである．UKSPA は，各々のサイエンスパーク建設と運営の経験を共有し，サイエンスパークを通じたハイテクベンチャー企業の新規創業や発展を支援し，イギリス経済の知識経済化と国際競争力の強化を目的として活動している民間団体である．

　UKSPA 設立以来，加盟サイエンスパークが順調に拡大してきた．1985 年に加盟団体は正会員 18，賛助会員 3，計 21 会員から，2008-09 年には正会員が 72 パーク，賛助会員 8 会員，計 80 会員を数えた．しかし，2008 年のリーマンショックの影響を受け，脱退する会員があり，若干減少した．

UKSPAの会員数等に関するサイエンスパークに関する統計情報（"Annual Statistics"）は2010-11年次までホームページ上で公開されていたが，その後公開されなくなったため，詳細な会員数等を確認することができなくなった（図3-1参照）．しかし，2016年時点で確認できる会員数から，リーマンショックの影響が緩和される2000年代に入ると再び，会員数が増加したものと推測される．

2016年現在，UKSPAの加盟会員数は178にのぼっている[15]．このうち，正会員が121，賛助会員が50である．また会員は海外にも拡大しており，海外会員は7を数える．なお，これはUKSPA加盟数であり，サイエンスパークの全てではないことに留意しておく必要がある．民間ディベロッパーが不動産事業として建設したパークの中には，UKSPAに加入していないケースがあり，実際のサイエンスパークはこれよりも多いと考えてよい（図3-1，表3-2参照）．

イギリスのサイエンスパークを地域別にみると，最も多いのはロンドンとサウスイースト（London & South East）地域であり，35パーク，正会員全

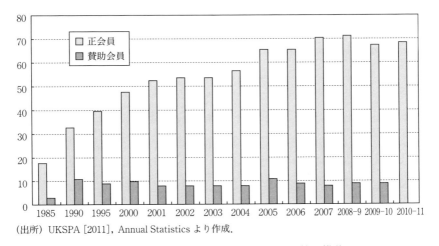

（出所）UKSPA [2011]，Annual Statisticsより作成．

図3-1 UKSPA加盟サイエンスパーク数の推移

表 3-2 イギリスにおける地域別サイエンスパーク一覧

East Midlands (13)			
1	BioCity Group Ltd	3	Brunel Science Park
2	Charnwood Campus	4	CEME Innovation Centre
3	Harborough Innovation Centre	5	Cherwell Innovation Centre
4	Lincoln Science and Innovation Park	6	Cockpit Arts
5	Loughborough University Science and Enterprise Park	7	Connect London
		8	Culham Innovation Centre
6	Mansfield i-Centre	9	Culham Science Centre
7	Newark Beacon	10	Discovery Park
8	No. 1 Nottingham Science Park	11	Fareham Innovation Centre
9	Scott-Bader Innovation Centre	12	Harwell Campus
10	Silverstone Park	13	Harwell Innovation Centre
11	University of Derby Science Park	14	Imperial College Incubator
12	University of Nottingham Innovation Park (UNIP)	15	Imperial College Thinkspace
		16	Knowledge Dock (University of East London)
13	Worksop Turbine	17	London South Bank University
East of England (17)		18	londoneast-uk business and technical park
1	Adastral Park - Innovating for a Connected World	19	Millbrook Technology Park
		20	Milton Park
2	Allia Future Business Centres	21	Nucleus Business and Innovation Centre
3	Anglia Ruskin MedTech Campus & The MedBIC	22	Ocean Village Innovation Centre
		23	Oxford Centre for Innovation
4	Babraham Research Campus	24	Oxford Science Park
5	BioPark	25	Portsmouth Technopole
6	Cambridge Biomedical Campus	26	Queen Mary BioEnterprises Innovation Centre
7	Cambridge Science Park		
8	Chesterford Research Park	27	SETsquared in Surrey
9	Colworth Science Park	28	Southampton SETsquared Centre
10	Cranfield University Technology Park	29	Stanmore Business & Innovation Centre
11	Granta Park	30	Surrey Research Park
12	Haverhill Research Park	31	Sussex Innovation Centre
13	Norwich Research Park	32	Thames Valley Science Park
14	St John's Innovation Centre	33	The Bridge, Dartford
15	Stevenage Bioscience Catalyst	34	University of Southampton Science Park
16	University of Essex Knowledge Gateway		
		35	Witney Business & Innovation Centre
17	Wellcome Genome Campus	North East (2)	
London & South East (35)		1	NETPark ? The North East Technology Park
1	Begbroke Science Park		
2	Bracknell Enterprise & Innovation Hub	2	Wilton Centre

表3-2 (つづき)

North West(6)		11	SETsquared in Exeter
1	Innospace	12	Tetricus Science Park
2	Lancaster University	13	The SETsquared Partnership
3	Liverpool Science Park	14	Tremough Innovation Centre
4	Manchester Science Partnerships	Wales(8)	
5	Sci-Tech Daresbury	1	Bridge Innovation Centre
6	Stockport Business & Innovation Centre	2	Cardiff Business Technology Centre
Northern Ireland(1)		3	Cardiff Medicentre
1	Catalyst Inc	4	Cardiff University Innovation Campus
Overseas(7)		5	Institute of Life Science
1	CoLab	6	M-SParc
2	CSIRO	7	OpTIC
3	Dublin Institute of Technology-Grangegorman Science Park	8	Orbit Business Incubator
4	Jinan High-Tech Business Incubator	West Midlands(10)	
5	NovaUCD	1	Birmingham Research Park
6	Waikato Innovation Park	2	Coventry University Technology Park
7	Zhongguancun Science Park	3	Innovation Birmingham Campus (Part of Birmingham Science Park Aston)
Scotland(9)		4	Keele University Science and Innovation Business Park
1	Edinburgh BioQuarter	5	Longbridge Technology Park
2	Elvingston Science Centre	6	Malvern Hills Science Park
3	European Marine Science Park	7	MIRA Technology Park
4	Heriot-Watt University Research Park	8	Stoneleigh Park
5	Pentlands Science Park	9	University of Warwick Science Park
6	Roslin BioCentre	10	University of Wolverhampton Science Park
7	Scottish Enterprise Technology Park	Yorkshire & Humberside(6)	
8	Stirling University Innovation Park	1	3M Buckley Innovation Centre (3MBIC)
9	West of Scotland Science Park	2	Leeds Innovation Centre
South West(14)		3	National Agri-food Innovation Campus
1	Bristol & Bath Science Park	4	Sheffield Technology Parks
2	Bristol SETsquared Centre	5	University of Sheffield
3	Exeter Science Park	6	York Science Park Ltd
4	Formation Zone	Affiliate(50)	
5	Health & Wellbeing Innovation Centre	1	ADP
6	Mendip Hub	2	Arup
7	Plymouth Science Park	3	Association of University Research
8	Pool Innovation Centre		
9	Porton Science Park		
10	SETsquared in Bath		

表 3-2 (つづき)

	Parks (AURP)	28	JPP Law LLP
4	AURIL	29	KJ Tait Engineers
5	BBSRC	30	Lambert Smith Hampton (LSH)
6	BDP	31	Marks & Clerk LLP
7	Bilfinger GVA	32	Mills & Reeve
8	Bridge Fibre	33	National Business Incubation Association (NBIA)
9	Broadband Vantage Ltd		
10	CAM-SCI-Developing the Knowledge Economy	34	One Nucleus
		35	Oxford Innovation
12	Carter Jonas	36	Perkins + Will
13	CBRE	37	PraxisUnico
14	Creative Places	38	ra Information Systems
15	CRESCO Innovation	39	RDP Associates Ltd
16	Design Council	40	Royal Society of Biology
17	DTZ	41	Savills
18	essensys	42	Scott Brownrigg
19	GAMBICA Association Ltd	43	Sheppard Robson
20	Geddes Architects	44	SQW
21	Granby Martin	45	Tax Insight UK
22	Haseltine Lake LLP	46	Ten Alps Publishing
23	HOK	47	Turnberry Consulting
24	Institute of Knowledge Transfer	48	UK Innovation Forum
25	Institute of Science and Technology	49	Webropol
26	ip-Xchange	50	Wright Hassall LLP
27	ISG		

(出所) イギリスサイエンスパーク協会ホームページ (http://www.ukspa.org.uk/members/our-members) より作成.

体の3割 (28.9%) を占める. 次いで多いのは, ケンブリッジを中心とするイーストイングランド (East of England) 17 やイーストミッドランズ (East Midlands) 等, イングランド東部地域に多いが, スコットランドやウェールズでもサイエンスパークが建設されている. ロンドンやケンブリッジ等の中心部に多くのサイエンスパークが建設される傾向があるが, 全国的に分散しているといえよう. また, イギリスの大学・研究機関は多様性をもち, それぞれ固有の知的財産を蓄積している. 地方圏の大学・研究機関であっても世界トップクラスの研究蓄積を有し, それらが中核となったサイエンスパークは当該分野で世界トップクラスの知的財産を蓄積していることを看過し

てはならない．例えば，世界で最初にクローン技術を確立したロスリン研究所（Roslin Institute）はスコットランド・エディンバラ郊外にあるが，ロスリン研究所が建設しているロスリン・バイオセンター（Roslin BioCentre）にはクローン技術を核としたライフサイエンスに関わるベンチャー企業が立地している[16]．

3.2 ハイテク企業の集積と雇用の増加

　サイエンスパークに立地しているハイテク企業数は，統計をとりはじめる1985年から一貫して増加し，1985年（607社）から1995年（1,199社）に約2倍，2005年（3,006社）には約5倍に拡大している．しかし，ピークの2006年には3,398社まで増加したが，2008年のリーマンショックの影響を受け，加盟サイエンスパーク及びパーク立地企業数は2005-06年をピークに減少傾向にある．なお，2010年代になっても，UKSPAに加盟するサイエンスパークの増加や施設の拡張が行われており，経済的回復とともにハイテク企業の新規立地が拡大している．UKSPAは2011年以降立地企業数等の統計データを一般には公開していないので，その後の立地企業数を把握することができない．しかし，ピーク時の2008-09年の加盟パーク数が約70パーク，賛助会員を含めて約80パークから2016年の正会員数121パーク，賛助会員数を加えると国内会員が171パークにのぼることを考慮すると，立地企業数は全体として増加しているとみてよい（図3-2参照）．

　サイエンスパーク立地企業の雇用者数は，立地企業数の増加とともに増加している．1985年の雇用者数は3,317人から10年後の1995年には2万2,681人，7倍に増加している．さらに，2000年頃を境に雇用者数は急増し，2000年の3万1,287人からピークの2006年には7万4,782人，2.3倍に増加している．その後，2008年のリーマンショックの影響を受けて，雇用者数が減少し，2010-11年には6万6,744人，ピーク時に比べて約1割減少した．しかし，2016年には立地企業数が増加しているから，雇用者数も増加していると推測できる．また，サイエンスパークの立地企業はハイテク企業であ

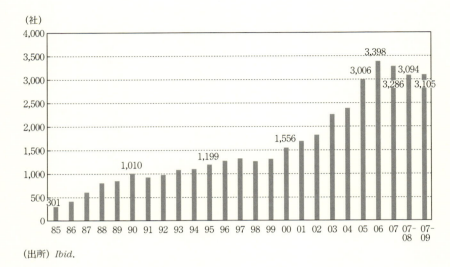

図 3-2　イギリスのサイエンス・パーク（テナントの推移）

（出所）Ibid.

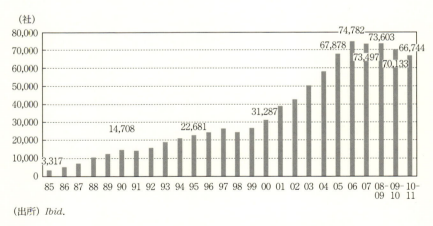

図 3-3　サイエンスパークにおける雇用者数の推移

（出所）Ibid.

第 3 章　イギリスのサイエンスパーク　　　　　　　　　　95

り，従業員は高学歴の知識労働者である．「世界の工場」を担った最盛期の製造業の雇用者数と比べると，それにとって代わるだけの雇用者数ではないが，知識労働者の雇用が拡大していることに留意する必要があろう（図 3-3 参照）．

3.3　ハイテクベンチャー企業の立地

　テナント企業の形態別割合をみると，最も多いのはイギリスの独立企業もしくは子会社であり，7 割（67%）を占めている．次いで，外国企業の子会社 13%，高等教育機関 11%，多国籍企業の本拠 7% となっている．サイエンスパークのテナント企業の中で最も多いタイプは，既存の民間企業からスピンアウトしたものや大学・研究機関から創業したものであることがわかる．サイエンスパークが大学・研究機関等とネットワークを構築し，ハイテクベンチャー企業のインキュベーション機能を発揮していることを読み取ることができる．また，比率が少ないが，多国籍企業の本拠や外国企業の子会社がサイエンスパークに置かれていることに留意する必要があろう．日本のテクノポリスにおいては，ハイテク企業の生産機能を担う分工場が立地するにとどまったことと対照的である．また，高等教育研究機関に起源を有するベンチャー企業が立地していることも興味深い現象である．サイエンスパークに立地することによって世界トップレベルにある大学・研究機関にアクセスすることができるからである（図 3-4 参照）．

　テナント企業の起源をみると，多くが大学・高等教育機関やその周辺で誕生した企業であることがわかる．大学高等教育機関あるいはサイエンスパークから 30 マイル（48km）以内の地域で誕生した企業が全体で 80% 近くを占めている．30 マイル以上あるいは海外に起源を有する企業は，全体の 20% 強を占めるにすぎない．大学・高等教育機関，5 マイル（8km），30 マイル以内で起源を有するものが 4 分の 3 以上を占めている．テナント企業の大半がサイエンスパークの開設の中心になった大学・高等教育機関や域内企業に起源を有することがわかる（図 3-5 参照）．

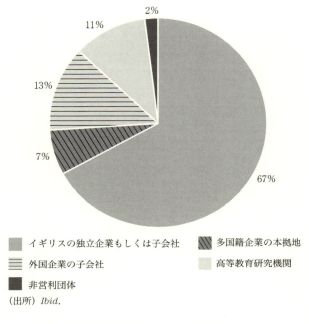

図 3-4　テナントの企業形態別割合

　テナント企業の多くはハイテクベンチャー企業であるが，企業規模をみると，中小零細企業が大半を占める．雇用者数別にみると，雇用者数 5 名以内が 52.2% も占める．6～15 名以内 26.7%，16～50 名以内 14.7% を合わせると 93.6% も占める．300 名以上は 1% 程度であり，最近のテナント企業数約 3,000 社をもとに計算すると，30 社程度である．大半が創業間もない中小零細企業であり，ハイテクベンチャー企業であることがわかる（図 3-6 参照）．
　業種別にテナント企業数をみると，最も多いのはコンピュータ・情報通信であり，3 割弱を占める．次いで多いのはビジネスサービス（約 20%），バイオ関連産業（約 17%），技術コンサルタント（約 14%）等である．しかし，占有面積規模別にみると，最も大きいのはバイオ関連産業であり 30% を超える．比較的大規模なバイオ関連企業がサイエンスパークに立地しているこ

第3章 イギリスのサイエンスパーク

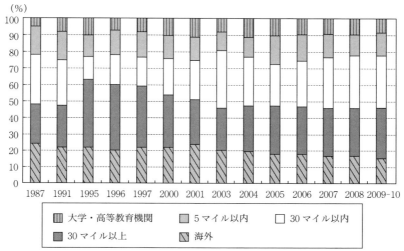

(出所) Ibid.

図3-5 テナント企業の出自

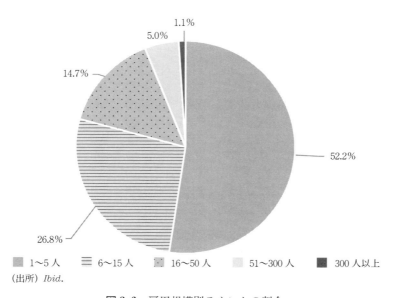

(出所) Ibid.

図3-6 雇用規模別テナントの割合

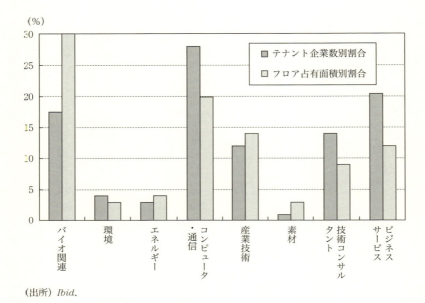

(出所) Ibid.

図 3-7　業種別テナントの割合と占有面積

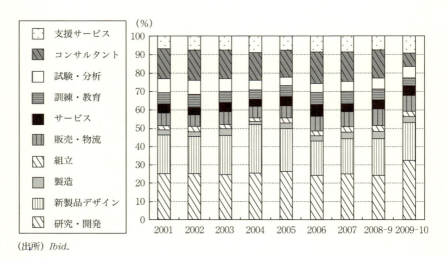

(出所) Ibid.

図 3-8　テナントの企業活動別割合

とが読み取れる．サイエンスパークに立地している企業の大半がハイテク企業である．中核となる大学・研究機関の得意とする技術分野が異なるから，パークによって立地企業の業種は当然異なる．例えば，家畜の疾病や遺伝子組替え技術などのバイオ技術において比較優位をもつペントランズ・サイエンスパークやロスリン・バイオセンターにおいては立地企業の全てあるいは大半がバイオ企業である（図3-7参照）．

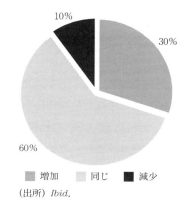

図3-9　最近12カ月の企業業績別割合

また，テナント企業の業務内容別にみると，年度によって若干の変化があるが，研究開発（R&D）と新製品デザインの2つで約半分以上を占めている．その他では，コンサルタント，ビジネスサポート，試験・分析，教育・訓練，販売・輸送，サービス等であり，製造や組立の占める比率はきわめて小さい（図3-8参照）．

テナント企業の業績は安定し，持続的に拡大している．最近12カ月のテナント企業の業績をみると，安定しているが60％，増加30％，両者で90％を占める．業績が減少しているのは全体の10％にとどまっており，サイエンスパーク入居企業の業績は持続的に拡大していると判断してよい（図3-9参照）．

第4節　イギリスにおけるサイエンスパークの特徴

4.1　内発性と多様性

イギリスのサイエンスパークの特徴の第1は，内発性である．既に述べたように，サイエンスパーク建設のきっかけは，労働党政権がイギリス産業の

国際競争力を再生するために，大学・高等教育機関に投じられた公共投資の成果を社会に還元し，産業競争力の回復に貢献すべきであると要請したことである．ケンブリッジ大学はそれに応えてモット委員会を組織して独自に検討した．そして，モット委員会は報告書の中で，科学に基礎をおいた産業を育成することの重要性を指摘した．それに応えてケンブリッジ大学のトリニティ・カレッジが CSP の建設に着手した．CSP の建設とハイテク企業の集積が，サイエンスパークに対する関心を高め，全国的にサイエンスパークの建設が開始されたのである．日本のテクノポリス開発政策は中央集権型行政機構の下で推進され，中央政府（通産省）が開発政策の基本的枠組みを立案し，その枠組みにしたがって地方自治体が事業を実施する仕組みであった．このため，テクノポリス指定 26 地域では画一的な開発政策が実施され，地方自治体が地域産業集積の実態に対応した独自の開発政策を立案することが困難であった[17]．

　第 2 は，サイエンスパークが多様な建設主体によって建設されていることである．イギリスのサイエンスパークは，①大学・研究機関が主導して開発したもの，②大学・研究機関と公共セクターや民間セクターとのパートナーシップで開発したもの，③民間デベロッパーが開発したもの，に大きく 3 つに分けることができる．大学・研究機関が独自に主導して建設したサイエンスパークには CSP をはじめ，ベッグブロウクビジネス・サイエンスパーク (Begbroke Business & Science Park, オックスフォード大学)，ロスリン・バイオセンター（ロスリン研究所）などがある．パートナーシップ型は，大学・研究機関，地方政府，商工会議所，民間企業などが参加して開発したものであり，オックスフォード・サイエンスパーク，アストン・サイエンスパーク，モールバーンヒルズ・サイエンスパーク (Malvern Hills Science Park) などがある．民間デベロッパー主導型のサイエンスパークには，グランタパーク（デベロッパーは TWI と MEPC Ltd.），オックスフォード・ビジネスパーク (Oxford Business Park, Arlington)，ロングブリッジ・テクノロジーパーク (St. Modwen) などがある．日本のように，公共セクターが

単独で建設するケースはむしろ少ないことである．日本のサイエンスパークの多くは，国（筑波研究学園都市）もしくは地方自治体（テクノポリス）いずれかの公共セクターが建設主体であった[18]．

第3の特徴は，第2点とも関連するが，サイエンスパーク建設の内発性とその結果としての多様性である．サイエンスパーク建設の中核を担う大学・研究機関が蓄積している科学的知見（シーズ）に着目して戦略産業が設定されるから，多様なサイエンスパークが建設されている．バイオ・ライフサイエンスに特化したロスリン・バイオセンター，海洋石油エンジニアリングを戦略産業の1つに挙げているヘリオット-ワット大学・リサーチパーク，ナノテクノロジーを戦略産業に設定したベッグブロウクビジネス・サイエンスパーク，軍の通信基地であった特徴を活かして通信産業をターゲットにおいたモールバーンヒルズ・サイエンスパーク等，得意分野に特化したサイエンスパークが建設されており，多様なサイエンスパークが存在する．

4.2　ワールドクラスの大学・研究機関を中核としたサイエンスパーク

第4の特徴は，ワールドクラスの大学・研究機関を開発主体としたサイエンスパークが多いことである．サイエンスパーク建設の中心を担う大学・研究機関が独自の基礎研究を蓄積し，蓄積した知的財産をベースに個性的で多様なサイエンスパークが建設されていることである．ケンブリッジ大学やオックスフォード大学はもちろんのこと，クローン羊の誕生を世界で最初に成功させたロスリン研究所のように，世界でトップレベルの基礎研究を蓄積した大学・研究機関が存在し，それらが蓄積した知的財産を武器にサイエンスパークを建設していることである．ロスリン研究所はエディンバラ大学のスタッフを中心に創設された研究所である．スコットランド地域の基幹産業が畜産業であり，家畜の品種改良や病気治療と結びついてバイオテクノロジーに関する知見が蓄積され，バイオ関連人材の育成においては，ヨーロッパにおいて有数の地域としての地位を確立してきた．1996年にクローン技術によって世界で最初にクローン羊ドリー（2003年2月14日死亡）を誕生させ

たことはよく知られている．世界トップクラスの大学・研究機関が存在し，その研究成果を活用したサイエンスパークや産学連携に取り組み，新規創業を促しているのである．多国籍企業も当該大学・研究機関からの技術移転を期待してサイエンスパークに立地している．

4.3　イギリスのサイエンスパークの地域的配置の特徴

イギリスのサイエンスパークの地域的配置の特徴を大きく分けると次の3つのタイプに分けることができよう．第1のタイプは，ワールドクラスの大学・研究機関の知的財産を基礎としたサイエンスパークであり，大学のキャンパス内あるいは大学町近郊に建設されたものである．ケンブリッジ・サイエンスパーク，オックスフォード・サイエンスパーク，西スコットランド・サイエンスパーク（グラスゴー大学），ヘリオット-ワット大学・リサーチパーク等がその典型である．イギリスの大学の歴史は古く，固有の知的財産を蓄積し，科学的な発明・発見が新しい産業を生み出した経験をもつ大学が少なくない．ケンブリッジ大学やオックスフォード大学のようなワールドクラスの大学のもつ知的財産を核としたサイエンスパークである．

第2のタイプは，衰退した地方工業都市の再生を課題とした地方工業都市型サイエンスパークである．産業衰退地域のサイエンスパークであり，ローカルな研究型大学（research university）と地方自治体とが中心になって整備したサイエンスパークである．アストン・サイエンスパーク（バーミンガム），ウォーリック大学・サイエンスパーク，コヴェントリー大学・テクノロジーパーク（以上コヴェントリー），ウォルヴァーハンプトン・サイエンスパーク（ウォルヴァーハンプトン），ヨーク・サイエンスパーク（ヨーク）がその代表的なものである．

第3のタイプは，農村型サイエンスパークであり，自然環境の恵まれた農村地域に建設されたものである．ロスリン・バイオセンター，ペントランズ・サイエンスパーク，ベッグブロウクビジネス・サイエンスパーク，モールバーンヒルズ・サイエンスパーク，ウェストレイクサイエンス・テクノロ

ジーパークがその例である．なお，留意する必要があることは，イギリスの農村地域は日本のそれと大きく異なることである．農林業に関わる世界的な大学や研究機関が存在し，それらを核としたサイエンスパークが建設されていることである．また，軍関連研究機関の配置を契機として高度な研究水準をもったサイエンスパークが建設されている．そうした国家資金の投入と国立研究機関の民営化に加えて，EUの地域構造基金が投入され，個性的なサイエンスパークが建設されていることである．

このように，イギリスのサイエンスパークはケンブリッジ大学やオックスフォード大学などのワールドクラスの大学が存在する地域だけでなく，地方都市や農村地域に多様なタイプのサイエンスパークが存在するところに特徴がある．日本のテクノポリスが，工業集積の高い大都市圏及び既存の工業集積や都市機能の集積のレベルの低い農村地域を除き，地方都市周辺の工業集積地域に限定されたのと大きく異なる[19]．

第5節　イギリスのサイエンスパークの可能性

このように，イギリスのサイエンスパークの特徴の第1は，アメリカ・スタンフォード大学が建設したリサーチパークがそのモデルとなっていることである．この点では日本のテクノポリスと共通している．

第2の特徴は，ケンブリッジ・サイエンスパーク，オックスフォード・サイエンスパーク，ロスリン・バイオセンターが典型的に示すように，豊富な知的財産と人材を擁するワールドクラスの大学・研究機関が中核となってサイエンスパークが建設されていることである．その結果，中核となる大学・研究機関が蓄積している知的財産に対応した個性的で多様なサイエンスパークが建設され，多国籍企業の研究機関が集積していることである．例えば，ロスリン・バイオセンターに立地している民間企業は全てバイオ企業である．

第3の特徴は，サイエンスパークを通じて産学連携やスタートアップ企業の支援等の多様なビジネスサービスが提供されていることである．とりわけ，

イギリスが国際競争力を維持している医薬・モータースポーツ・バイオテクノロジーにおいて大学と産業界との強い連携がみられ，医薬・モータースポーツ・バイオ等の産業集積（クラスター）と結合した地域特性の強い多様なサイエンスパークが建設されていることである．

　第4は，サイエンスパーク建設に対する民間企業の積極性と主導性である．民間デベロッパーがサイエンスパークを建設したり，ベンチャーキャピタルがサイエンスパークに事務所を開設してスタートアップや創業間もない中小企業を支援し，株式公開を先導するケースも少なくない．

　第5は，サイエンスパークの整備に際して，多様なパートナーシップが形成されていることである．大学・地方政府・金融機関・個別民間企業だけでなく，商工会議所・業界団体等の多様なセクターが参加してサイエンスパークの建設・整備を支援している．

　第6は，サイエンスパークの管理会社の独立性と専門性である．サイエンスパークの管理会社は，マーケットベースで業務内容や環境に配慮した施設や専門性の高いビジネスサービスを提供している．大学・地方政府及び民間セクターとのパートナーシップでサイエンスパークが建設されることになっても，サイエンスパークの建設・管理を担当する建設・管理会社が設立される．建設・管理会社は，必要とされるビジネスサービスに関わる専門的能力をもった人材を採用したり，開発資金を独自に調達する（資金調達に際して地方政府が信用保障する）．日本のテクノポリスでは県庁OBを役員トップに据えたり，スタッフが県庁職員やNTT・地元銀行からの派遣職員によって確保されたのと対照的である．したがって，ビジネスサービスが専門的かつ実践的であり，テナント料がマーケットベースであってもサービスの質や大学との連携を求めて民間研究機関やハイテク企業が立地してくることになる．マーケットベースで提供されるから，サイエンスパークの開発に民間デベロッパーが参入したり，ニーズに対応してサイエンスパークを拡大することができる（事業の機動性と持続性）．民間デベロッパーが独自に建設する場合には，当該デベロッパーが建設・管理するのはいうまでもない．

第7は，サイエンスパークの整備が中央政府の政策体系に位置づけられて，総合的に推進されていることである．中央政府は知識経済への転換戦略の中でサイエンスパークを中核プロジェクトに位置づけて推進していることである．政策的位置づけが1990年代末になってからであるが，90年代末からのサイエンスパークの開設を拡大している．ブレア政権によってイギリス産業の再生戦略が明確に打ち出され（知識経済化），中央政府の産業政策の中にサイエンスパークが位置づけられながら推進されていることである[20]．

第8は，EU地域構造基金の支援を受けてサイエンスパークが建設されている場合が少なくないことである．特にスコットランド等のように衰退地域を抱えている地域は，EUの地域構造基金配分対象地域（Objyect 2）に指定されており，サイエンスパーク建設の重要な資金源となっている．

もちろん，イギリスのサイエンスパークが全て成功しているわけではない．一方では，サイエンスパークとしての長い歴史的蓄積があり，多くの多国籍企業の研究機関が集積したケンブリッジ・サイエンスパークや，建設後間もないが歴史的に蓄積してきた知的財産と人材を吸引力にしてサイエンスパークとしての実体を整えつつあるオックスフォード・サイエンスパークが存在する．しかし，他方では，ケンブリッジ・リサーチパーク（民間デベロッパー開発）のようにITC産業にターゲットを絞ったサイエンスパークを建設したものの，ITバブルの崩壊で企業立地が停滞したり，大学との連携が必ずしも期待通りに進んでいないサイエンスパークも存在する．イギリスのサイエンスパークの成否は長期的視野で評価する必要があることはいうまでもない．

注
1) 世界のサイエンスパークについて紹介したものとしては，M. Castells and P. Hall [1994], Technopoles of the World : The making of 21st Century Industrial Complex, Routledge, M.A. Dorgham ed. [2004], International Jounal of Technology Management, Volume 28, Nos. 3/4/5/6, Inderscience Enterprises Ltd がある．

2) S.N. モットは「磁性体と無秩序系の電子構造の理論的研究」に対してノーベル賞を受賞した．
3) Segal Quince & Partners [1985], pp. 19-21.
4) この土地は第2次世界大戦において D-Day 作戦，すなわち，1944年6月6日のノルマンディに上陸した英米連合軍による北フランス侵攻開始日のための軍用車両搬送基地として使用された（http://www.cambridgesciencepark.co.uk/）．
5) チェスタフォード・リサーチパークのホームページ（http://www.chesterfordresearchpark.com/）より．
6) *Ibid.*
7) UKSPA [2003], Evaluation of the Past & Future Economic Contribution of the UK Science, Park Movement, pp. 25-26.
8) UKSPA [1998], Annual Report.
9) 1970年以前において，サイエンスパークと類似した研究機関の集積拠点を整備したものとしては，原子力発電所や軍事施設の整備の一環として行われたものがある．例えば，1946年に建設開始されたハーウェル科学技術国際ビジネスセンター（Harwell International Business Centre for Science & Technology），1950年代に建設開始されたウィンフリス技術センター（Winfrith Technology Centre）は原子力施設が建設されたことが契機となったものであり，原子力関連研究機関と原子力関連産業が集積している．この他にも1960年代に建設されたカラム・サイエンスパーク（Culham Science Park）があるが，大学・研究機関の知的財産を移転してハイテクベンチャー企業を育成することを目的とする本来のサイエンスパークとは異なるものである．こうした特殊な例を除いて，1970年代になるまで産業政策としてのサイエンスパークについてほとんど注目されていなかったといってよい．
10) ヘリオット-ワット大学は G. ヘリオット（G. Heriot, 1563-1624）と J. ワット（J. Watt, 1763-1819）を記念した大学である．G. ヘリオットは16世紀の金融業者であり，慈善家・博愛主義者であった．J. ワットは燃料効率の悪かった蒸気機関を改良して実用に耐えるものにし，イギリスの産業革命に貢献したことはよく知られている．同大学は，1821年にエディンバラに創立された The School of Arts Edinburgh に起源を有する大学であり，学生数約7,000人，イギリスでは中規模の大学である．同大学は，エレクトロニクス，コンピュータ技術，バイオテクノロジー・海上油田開発技術・光電子・数学等の分野に強みをもっている（http://www.ukspa.org.uk/members/hwurp # sthash.NBZGQPcs.dpuf, ）．ヘリオット-ワット大学リサーチパークは，エディンバラ市の郊外にある大学キャンパス隣接地に建設されたサイエンスパークである（http://www.edinburghsciencetriangle.com/science-parks/heriot-watt-research-park/）．
11) HWURP のホームページ（http://heriot-watt-researchpark.co.uk/?page_id=12）より．

12) SQP [1985], Cambridge Phenomenon: The Growth of High Technology Industry in a University Town.
13) DTI [1998], The 1998 Competitiveness White Paper-Our Conpetitiveness Future, Building the Knowledge Driven Economy.
14) 例えば，DTI [2002a], Investing in Innovation-A strategy for science, engineering and technology.
15) UKSPA [2015], The Annual Directory of UKSPA Members.
16) UKSPAのホームページ（http://www.ukspa.org.uk/members/rbc.）．
17) 鈴木茂［2001］，『ハイテク型開発政策の研究』ミネルヴァ書房．
18) 日本でも川崎サイエンスパークや京都サイエンスパークのように民間企業が開発したサイエンスパークもあるが，その事例は決して多くない．また，テクノポリス財団は民間企業にも出資を求め，第三セクターの形態をとっているが，テクノポリス開発政策は全体として道県の事業であった．
19) 日本のテクノポリス地域が画一的であるとはいっても，26のテクノポリス地域を比較すると，工業集積の量的水準や地域に集積している基幹産業に大きな差異があることに留意しておく必要がある（鈴木茂［2002］参照）．
20) 日本が「技術立国」構想のもとでテクノポリス構想を1980年に打ち出したのに対して，イギリスが知識経済化を打ち出したのが1990年代末であり，政策的後発性を指摘せざるをえない．しかし，日本型サイエンスパークは官僚主導型であり，それゆえに地域や民間企業の内発性を欠き，画一的な内容になり，政策の持続性を欠くものであった．他方，イギリスのサイエンスパークは中央政府の政策的位置づけが遅いが，大学，地方政府，民間企業の内発的なサイエンスパークの建設・管理の経験のもとに政策的に推進されており，それゆえに今日においてもサイエンスパークの建設が持続していることに注目する必要があろう．

第4章
ケンブリッジ・テクノポール

第1節　ケンブリッジ・テクノポール

1.1　ケンブリッジ現象とケンブリッジ・テクノポール

　オックスフォードとともにイギリスを代表する大学町であるケンブリッジを中心とするケンブリッジシャー（Cambridgeshire）は，シリコンバレーやルート128，ソフィアポール（仏）と並ぶ国際的なハイテク産業の集積拠点であり，ケンブリッジ・テクノポール（Cambridge Technopole）と呼ばれている．ケンブリッジシャー地域にハイテク産業が集積したのは，ケンブリッジ大学をはじめ，大学・試験研究機関，新規創業・スタートアップを支援する多様なビジネス支援機関，スタートアップした創業間もない零細企業に資金を提供するベンチャーキャピタル，事業の成功を支援するベンチャーキャピタリスト，新規創業を支援するコンサルタント等の公私にわたる多様なビジネスサポート機関が集積し，新たなハイテクベンチャー企業を輩出する有機的なネットワーク，すなわち，制度的厚みが形成されているからである．大学とハイテク企業とのネットワークが次々とハイテクベンチャー企業を輩出している．

　ケンブリッジ・テクノポールは，ケンブリッジを中心とする半径約25マイル（約40km）のイーストイングランド[1]内の地域であり，高度にハイテクイノベーション活動が行われている地域である．ケンブリッジ・テクノポールはイギリスを代表するハイテク産業クラスターであり，シリコンバレー

人口	454,000 人
面積	176,000 ha
ハイテク企業数	1,525 社
ハイテク企業の雇用者数	53,000 人
大学	3 大学
基幹産業	情報技術 モバイル バイオ機器

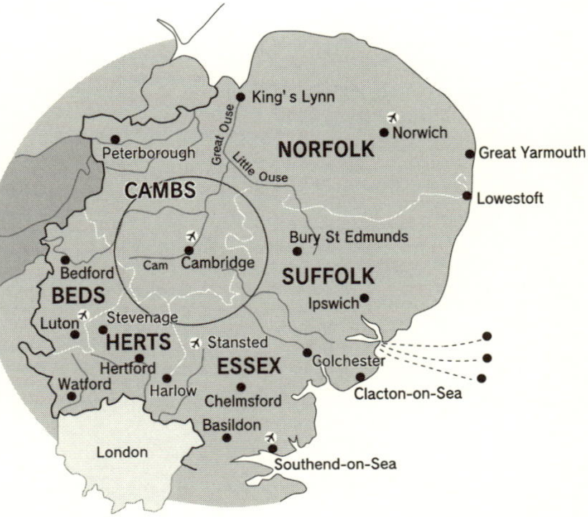

(出所) St. John's Innovation Centre [2002], Cambrige Technopole : An Overview of The UK's Leading High-technology Business Cluster, p. 1.

図 4-1　ケンブリッジ・テクノポール

やルート 128，ソフィアポール，などに匹敵するハイテク産業の集積拠点として注目を集めている．EU 委員会は，ケンブリッジ・テクノポールをヨーロッパ地域で最も革新的な 10 大地域の 1 つとして高く評価している．セントジョンズ・イノベーションセンター（St. John's Innovation Centre, SJIC）の調査によれば，ケンブリッジ・テクノポールは，2013 年現在，人口 45 万 4 千人，就業者数約 36 万 5 千人，面積 17 万 6 千 ha，ハイテク企業 1,525 社，同雇用者数 5 万 3 千人にのぼる地域であり，イーストイングランド（East of England）の成長を牽引している．イーストイングランドは，ロンドン，サウスイースト（South East）に次ぐ経済的活力のある地域であり，イギリス経済の発展に貢献している．当該地域の基幹産業はバイオテクノロジー，ICT，エレクトロニクス等のハイテク産業である．とりわけ，ケンブリッジ地域のバイオクラスターはアメリカを除くと，世界一の規模を誇っている[2]（図 4-1 参照）．

1.2　1970年代：ケンブリッジ・テクノポールの形成

　ケンブリッジ地域にハイテク産業が集積し始めるのは1970年代になってからである．1960年代までは，この地域はすばらしい歴史的なまちであるが，僻地であった．ピーターバラ（Peterborough）やハンティンドン（Huntingdon）のように製造業が集積した若干のまちを除いて，多くは豊かな農業地帯であった．また，人口が少なく分散し，大都市から遠隔地にあり，他の地域と結ぶ交通手段が貧困なために，変化も緩慢なものであった．

　1960年代頃になってロンドンや南西部に拠点を置いていた企業や産業がこの地域に移転し始めた結果，急速な変化が開始された．最初に成長が集中的に見られたのはロンドンや南西部に最も近接した地域であり，東アングリア（East Anglia）[3]地域である．1970年代後半になるまで，東アングリアの製造業の成長にとって唯一の最も重要な部分は，ロンドンや南西部の他の地域に立地していた企業の工場が移転されたことである[4]．

　それ以前からケンブリッジ大学のスタッフによって大学の研究成果を活用したハイテク企業や研究所が設立されていたが，市の開発計画は農村地域にある大学町としてのケンブリッジの特徴を保存することに力点を置き，政策は開発規制を基調とするものであった[5]．

　ケンブリッジ大学の発展にとって科学技術を活用した産業の育成が重要であるとする認識が広まるのは1960年代になってからであり，アメリカのスタンフォード大学の成功がケンブリッジ大学のスタッフ，とりわけ，物理学部や工学部のスタッフに強く影響を与えた．加えて，1964年に保守党に代わって政権についた労働党政権は，大学に対して基礎研究や高等教育に対する公的投資の成果を社会や産業発展に活用するよう要求し，大学関係者は雇用や産業振興に対する大学の責任を強く意識することになった．第3章で述べたように，労働党政権の要求に応えて，ケンブリッジ大学はモット委員会を設立して協議し，1968年11月に報告書が完成された．同報告書は，一方では教育と科学的研究の相互作用，他方では研究成果の産業への応用，特に医療や農業への応用を強める必要があることを主張した．そして，委員会は

環境負荷が小さく，科学に基礎を置いた産業のためのサイエンスパークをケンブリッジ地域に建設することを提案した．

モット委員会の報告を受けて，トリニティ・カレッジは，ケンブリッジ北部にカレッジ創立時以来保有していた土地にケンブリッジ・サイエンスパーク（CSP）の建設に着手した．CSPの建設はケンブリッジ地域にハイテク産業の集積を促進することになった．

ところで，ケンブリッジ・テクノポールの形成はボトム・アップ主導型であったところに特徴がある．ケンブリッジにおいてサイエンスパークが建設され，新規創業を支援するインキュベート施設やベンチャーキャピタル・コンサルタント会社が集積してハイテク産業の発展の基盤が形成されたのは，中央政府によるトップダウン型の開発政策によるものではない．ケンブリッジ大学を中心として，ハイテク企業のスタートアップや創業間もない零細企業を支援する内発的なネットワークが構築されたことがこの地域にハイテク産業の集積拠点を形成することになったのである．また，イギリスの代表的な銀行の1つであるバークレー銀行はこれらの企業がミニ・クラスターの中核を形成すると判断し，ケンブリッジ・コンピュータグループの設立を支援し，銀行の従業員がビジネスアドバイスや資金調達を援助してスタートアップを支援した．

1.3　1980年代：ケンブリッジ・テクノポールの発展

1980年代になるとケンブリッジ地域にハイテク産業が集積していることが次第に知られるようになり，ハイテク産業の集積拠点として注目を集めるようになる．ハイテク産業の集積拠点としてケンブリッジ地域が注目を集めるようになった大きな契機は，1985年に発表されたコンサルタント会社シーガルクインス・パートナーズ（SQP）の調査報告書『ケンブリッジ現象』である．

同報告書は，ケンブリッジ地域にはケンブリッジ大学を中心とする3つの大学と350社にものぼるハイテク企業が集積し，シリコンバレーやルート

128沿線と並ぶ世界的なハイテク産業の集積拠点が形成されていることを明らかにした．ケンブリッジ地域にハイテク企業が集積しつつあることは既に指摘されていたが，SQPの報告書はケンブリッジにおけるハイテク産業の実態を261社（1984年現在）にのぼる聞き取り調査を通じて，初めて総合的に明らかにしたことである．すなわち，立地時期別にみると，調査企業のうち1960年頃からこの地域に立地しているものもあるが，多くが70年代後半になって立地したものである（図4-2参照）．1984年現在，調査対象のケンブリッジ地域のハイテク企業261社の従業員数は1万3,700人，売上高は8億9千万ポンドにのぼるが，業種別企業数ではコンピュータ・ハードウェアと同ソフトウェア（34%），エレクトロニクス機器資本財とその他を含むエレクトロニクス機器（35%），実験機器（17%）などのハイテク企業が多くを占めている．また，雇用者数では実験機器（22%），エレクトロニクス機器資本財（21%），売上高ではコンピュータ・ソフトウェア（23%），実験機器（16%），コンピュータ・ハードウェア（14%）が多くを占めている（表4-1参照）．また，立地地域別にみると，ケンブリッジ市とサイエンスパークに立地している企業（110社，42%）が最も多く，雇用者数も半分以上

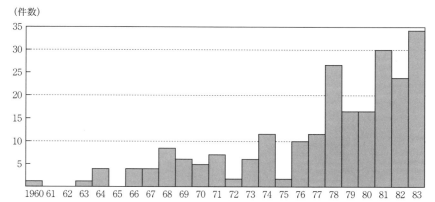

（出所）Segal Quince & Partners [1985], The Cambridge Phenomenon : The Growth of High Technology in a University Town, Brand Brothers and Co, p. 24.

図4-2　ケンブリッジ地域における調査企業の年次別設立件数

表 4-1 ケンブリッジ地域のハイテク企業の業種別割合 (1984 年)

区　　分	企業数	雇用者数	売上高
実　　数	261 社	137,000 人	890 百万ポンド
化学・バイオテクノロジー	4.0	9.0	15.0
エレクトロニクス機器	3.0	2.0	2.0
エレクトロニクス機器資本財	22.0	1.0	14.0
他のエレクトロニクス	10.0	1.0	16.0
実験機器	17.0	2.0	14.0
コンピュータ・ハードウェア	11.0	7.0	23.0
コンピュータ・ソフトウェア	23.0	8.0	8.0
コンサルタント，R&D	6.0	17.0	7.0
その他	4.0	3.0	1.0
合　　計	100.0	100.0	100.0

(出所) *Ibid.*, p. 29.

表 4-2 ケンブリッジ地域におけるハイテク企業の地域的分布 (1984 年)

地　　域	企業数		雇用	
	社数 (社)	割合 (%)	雇用者数 (人)	割合 (%)
ケンブリッジ市とサイエンスパーク	110	42.1	7,450	54.4
インナーリングビレッジ	32	12.3	1,450	10.6
その他南ケンブリッジシャー	63	24.1	2,350	17.2
南ケンブリッジシャー外	56	21.5	2,450	17.9
合　　計	261	100.0	13,700	100.0

(出所) *Ibid.*, p. 30.

を占めている．ケンブリッジ大学からのスピンアウトによってハイテク産業が誕生したことが読み取れる（表 4-2 参照）．企業形態別では，調査企業のうち 4 分の 3 が独立企業（75％）であり，イギリス企業の分工場もしくは支所（2％）・同子会社（11％）や外国企業の子会社（12％）のシェアが小さい（表 4-3 参照）．同様に，これら企業の本来の拠点別にみると，4 分の 3 が独立新設企業（73％）であり，既存工場の再配置（9％），新分工場もしくは新支所（2％），新子会社（16％）に比べて圧倒的に多い．ケンブリッジ地域で新規創業した企業が大半を占めていることがわかる（表 4-4 参照）．また，

表4-3　企業形態別割合（1984年）

形　　態	割合(%)
独立企業	75
イギリス企業の支社	2
イギリス企業の子会社	11
外国企業の子会社	12
合　　計	100

（注）N＝261社．
（出所）Segal Quince & Partners [1985], p. 27

表4-4　ケンブリッジ地域で設立された企業の創業拠点別割合（1984年）

区　　分	割合(%)
独立新設企業	73
既存事業所の再配置	9
新支社	2
新子会社	16
合　　計	100

（注）N＝261社
（出所）Ibid., p. 27.

表4-5　ケンブリッジ地域のハイテク企業の雇用と売上高（1984年）

区　　分	企業数（社）	雇用者数（人）	1社平均雇用者数（人）	売上高（百万ポンド）	従業員1人当たり売上高（千ポンド）
全企業	261	13,700	52.5	890	65
1974-78年に設立された企業	61	1,750	28.7	242	138
1979年以降設立された企業	128	2,030	15.9	102	50

（出所）Ibid., p. 27.

261社の雇用者数は1万3,700人，売上高は平均890万ポンド，1人当たり売上高6万5,000ポンドにものぼる．設立時期別にみると，1974年から78年に設立された企業（61社）の生産性が高く，1人当たり売上高は1979年以降設立された企業の約3倍にのぼっている[6]（表4-5参照）．

こうした調査をもとに，報告書は，「ケンブリッジ現象」の特徴を次のように整理した．すなわち，第1に，ケンブリッジ市内外に，主としてコンピュータ・ハードウェアやソフトウェア，試験機器，エレクトロニクス産業，バイオテクノロジー産業などの沢山のハイテク企業が集積していることである．第2に，この業種の中に，若くて小さい，そして独立した地域固有の企業の割合が非常に大きく，したがって，他の地域に拠点を置く大企業の子会社の割合が小さいことである．第3に，長い歴史的な蓄積をベースに当該地域にハイテク企業が集積しているのであり，ハイテク企業の集積は1960年

代まで非常にゆっくりとしたテンポで進み，1970年代前半に増加しはじめ，1970年代後半以降本格的な増加が続いていることである．第4に，ハイテク企業は少量生産であるが，研究―デザイン―開発などの高付加価値生産部門に特化し，大量生産型企業や産業が存在しないことである．第5に，企業と大学，連携した研究複合体，企業相互間で沢山の直接間接の連携が存在すること，である[7]．

CSPの建設とハイテク企業の集積が明らかになったことが契機となって，1980年代になると当該地域にサイエンスパークの建設がはじまるが，80年代に建設されたサイエンスパークはハイクロス・リサーチパーク（High Cross Research Park, 1985）とセントジョンズ・イノベーションセンター（1987）にすぎず，周辺地域に建設されたメルボーン・サイエンスパーク（Melbourn Science Park, 1982）を含めても3パークにとどまる．サイエンスパークの建設がケンブリッジ地域で本格化するのは1990年代になってからである（表4-6参照）．

SQPの調査報告書はサイエンスパークがハイテク企業を誘引していることを明らかにし，サイエンスパークに関する関心を高めることになった．この結果，ハイテク企業のケンブリッジ地域における立地は80年代後半にな

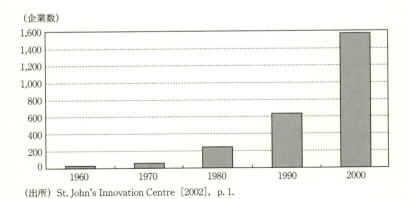

（出所）St. John's Innovation Centre [2002], p. 1.

図4-3　ケンブリッジ・テクノポールに集積するハイテク企業の推移

第4章 ケンブリッジ・テクノポール　　117

表4-6 ケンブリッジ市及び周辺地域のサイエンスパークとビジネスパークの規模

	建設開始 (年)	面積 ha	面積 m²	1999年初期の開発面積の割合
ケンブリッジにおけるサイエンスパーク				
Cambridge Science Park	1973	53	110,000	5%
Cambridge Science Park の拡大	1999	9	20,000	100%
St. John's Innovation Centre	1987	8	14,000	15%
High Cross Research Park	1985	15	60,000	40%
Babraham Hall	1997	0.9	2,000	100%
Fulbourn Hospital	1999	17	15,000	100%
Peterhouse Technology Park	1999	4	15,000	100%
ケンブリッジ周辺地域におけるサイエンスパーク				
Melbourn Science Park	1982	6	12,000	35%
Granta Park	1997	26	50,000	90%
Cambridge Research Park	1997	49	56,000	95%
小計		187	354,000	52%
ビジネスパーク				
Castle Park	1985	2	15,000	0%
The Westbrook Centre	1985	2	10,000	0%
Cambridge Business Park	1985	8	27,000	60%
Vision Park	1987	4	12,000	0%
Cambridgeshire Business Park	1985	9	22,000	15%
St. Ives Business Park	1990	2	3,000	50%
Longstanton Business Park	2000	6	13,000	100%
Cambourne	1999	22	70,000	100%
小計		55	172,000	61%
合計		242	526,000	55%

(注) 1. サイエンスパークと関連事業は研究開発やハイテク企業に制限されているパークやプロジェクトである。一般目的のビジネスパークはオフィスやハイテクを含むが一般産業や倉庫業を除く軽工業用途として許可を得た計画である。
2. ハイクロス・リサーチパーク（High Cross Research Park）で既に開発されたケンブリッジ大学が保有する土地に加えて、大学は西ケンブリッジに教育・研究及び他の諸施設の一部として4万1千m²の商業用研究スペースを追加する許可を得ている。
3. セントアイヴス・ビジネスパーク（St. Ives Business Park）では、さらに5.6haの開発許可が失効しているため、この表からは除外されている。

(出所) Segal Quince Wicksteed [2000], *The Cambridge Phenomenon Pevisited Part Two*, Segal Quince Wicksteed Limited, p. 92.

ると加速し，90年には600社を超えた（図4-3参照）．

1.4 1990年代：知的ネットワークの構築

1990年代になると，ケンブリッジ地域における大学・研究機関とリンクしたハイテク企業の集積や新規創業に対する関心が高まり，ハイテク産業の集積拠点としてのサイエンスパークやスタートアップを支援するインキュベート施設が整備され始めた．90年代にケンブリッジ地域で建設されたサイエンスパークとしてはバブラハムホール（Babraham Hall, 1997），フルボーンホスピタル（Fulbourn Hospital, 1999），ピーターハウス・テクノロジーパーク（Peterhouse Technology Park, 1999），それにCSPの拡張（1999）が行われた．また，ケンブリッジ周辺地域では，グランタパーク（1997），ケンブリッジ・リサーチパーク（Cambridge Research Park, 1997）が建設された．90年代の特徴は，民間デベロッパーがサイエンスパークの建設に参入を開始し，サイエンスパークの建設そのものがビジネスの対象となりはじめたことである[8]．サイエンスパークの建設に加えて，80年代後半に建設されたビジネスパークが，ハイテク企業の集積を促進することになった（表4-6参照）．

既に述べたように，ケンブリッジ地域へのハイテク企業の集積は70年代から開始されるが，件数そのものはそれほど多くなかった．ハイテク企業の集積が増加しはじめるのは80年代になってからであり，さらに新規立地が本格的に増大しはじめるのは90年代になってからである．

シーガルクインスウィックスティード（Segal Quince Wicksteed, SQW）は，1998年現在におけるケンブリッジ地域におけるサイエンスパークとハイテク産業の集積状況に関する追跡調査レポート『ケンブリッジ現象再検証』[3]（"The Cambridge Phenomenon Revisited"）を2000年に発表し，ケンブリッジシャーにおけるハイテク産業の一層の集積とそれを支える大学・研究機関，ベンチャーキャピタル，コンサルタント会社，大学のビジネスサポートセンター，多様なネットワークなどの制度的厚み（institutional thickness）の実態を明らかにした．調査対象となった344社を設立時期別にみると，1970年代に設立されたのは43社にすぎないのに対して，1980年代に130社，1990年から1998年までの間に142社が設立されており，80年代以降ハイテク企業の集積が急増したことがわかる（表4-7参照）．

また，セントジョンズ・イノベーションセンターはこの地域を「ケンブリッジ・テクノポール」と呼び，ハイテク産業の集積とそれを支える制度的厚みについて紹介した[10]．同センターが行った最近の調査によれば，ケンブリッジ・テクノポールは，ケンブリッジ市とその周辺のグレター・ケンブリッジ[11]を包含する地域であり，ハイテク企業のイノベーション活動が活発に行われている．ケンブリッジ・テクノポールはケンブリッジ市を中心とする約25マイル（約40km）圏にひろがり，イギリスでも最も成長率の高い地域の1つであるイーストイングランド（19,120km^2，2011年センサス584.7万人）を牽引している．

すなわち，第1に，ケンブリッジは『タイム』『フォーチュン』や『ワイヤ』等によって世界の先導的ハイテクビジネスクラスターとして認められている．例えば，『タイム』はヨーロッパにおける最も熱いハイテク企業とし

表4-7　ケンブリッジにおける設立年次別規模別企業数

（単位：社数，％）

期　間	1～5人	6～10人	11～20人	21～50人	51～100人	101～200人	201～500人	501～1,000人	1,000人以上	NA	合計
1965前	0	1	2	3	4	1	6	1	1	0	19
1965-69	1	1	3	2	0	3	0	0	0	0	10
1970-74	5	2	0	7	4	2	1	0	0	0	21
1975-79	5	5	1	8	1	0	1	0	0	1	22
1980-84	13	9	7	14	2	3	1	0	0	2	51
1985-89	24	9	15	16	8	5	1	0	0	1	79
1990-94	28	18	15	15	3	3	1	0	0	1	84
1994以降	17	18	10	9	2	1	0	0	0	1	58
合　計	93	63	53	74	24	18	11	1	1	6	344
比　率	27.0	18.3	15.4	21.5	7.0	5.2	3.2	0.3	0.3	1.7	100.0

（出所）*Ibid.*, p. 32.

て評価されるトップ50社のうち9社がケンブリッジに拠点をおいていることを指摘している．

第2に，ケンブリッジシャー経済の成長は，アメリカの先導的地域と同様に，イギリスの経済発展の先導地域であり，イギリス経済に継続的に重要な貢献をしている．

第3に，ケンブリッジはEU委員会によってハイテク企業のスタートアップの支援において優れている地域として評価された数少ない地域の1つである．

第4に，ケンブリッジ大学においては沢山の科学的発見・発明が行われてきた．これはケンブリッジ大学が世界のどの大学よりも大勢のノーベル賞受賞者（全体で91人）を輩出しているという事実を反映している．

第5に，ケンブリッジ大学の人々や技術は，過去10年間に180社以上の新しいハイテクベンチャー企業の中核を担ってきた．そしてそのうち多くが各々の産業分野をリードしている[12]．

第6に，ケンブリッジはまた先導的な科学的技術的ノウハウを商業ベースに応用する技術コンサルタントクラスターの活気のある国際的な中心でもある．このクラスターは新しい産業部門の形成を牽引した．産業用インクジェットがその一例である．

また，セントジョンズ・イノベーションセンターの調査によれば，ケンブリッジシャーのハイテク企業は1980年の210社から90年の610社，400社増加したのに対して，2000年には約1,600社，1990年に比べて1,000社も増加した[13]．90年代になってハイテク企業の集積が急テンポで拡大していることがわかる（図4-3参照）．

第2節　ケンブリッジ・テクノポールとネットワーク

2.1　サイエンスパークの集積

CSPの建設とハイテク企業の集積は，ケンブリッジを中心とするイース

トイングランドにおけるサイエンスパーク建設とハイテク産業クラスター，すなわちケンブリッジ・テクノポールの形成を促すことになった[14]．2016年現在，UKSPAによれば，イーストイングランド地域には17のサイエンスパークが建設されており，ロンドン・サウスイースト（London & South East）地域の35パークに次いで多くのサイエンスパークが建設されている．グランタパークやチェスターフォード・リサーチパーク等のように民間デベロッパーが建設したものもあるが，ケンブリッジ，ヘルフォードシャー，アングリア・ラスキン大学等を中心に，地域の地方政府や商工会議所とのパートナーシップにより建設されたものが多い．ユニークなのはアリアフューチャー・ビジネスセンター（Allia Future Business Centre）であり，慈善事業を支援することを目的に，ソーシャルベンチャーのスタートアップや成長の支援を目的としたサイエンスパークも存在する（前掲表3-1参照）．

表4-8　イーストイングランドのサイエンスパーク一覧

番号	サイエンスパークの名称	ターゲットとする戦略的産業
1	Adastral Park-Innovating for a Connected World	ICT
2	Allia Future Business Centres	社会的企業の創業支援
3	Anglia Ruskin MedTech Campus & The MedBIC	医療技術
4	Babraham Research Campus	バイオサイエンス，ライフサイエンス
5	BioPark	バイオサイエンス
6	Cambridge Biomedical Campus	バイオサイエンス，医療技術
7	Cambridge Science Park	バイオサイエンス
8	Chesterford Research Park	バイオサイエンス
9	Colworth Science Park	ライフサイエンス，フード，健康，医療
10	Cranfield University Technology Park	IT
11	Granta Park	ライフサイエンス
12	Haverhill Research Park	ハイテク全般
13	Norwich Research Park	ライフサイエンス，フード，健康，
14	St. John's Innovation Centre	創業支援
15	Stevenage Bioscience Catalyst	バイオサイエンス
16	University of Essex Knowledge Gateway	サイエンス，テクノロジー，クリエイティブ産業
17	Wellcome Genome Campus	バイオテクノロジー，ゲノム

（出所）UKSPAのホームページ（http://www.ukspa.org.uk/members）より作成．

このようにケンブリッジを中心とするイーストイングランド地域には多様なサイエンスパークが建設されているが，バイオ・ライフサイエンス，医療技術等をターゲットに置いたサイエンスパークが多く，17パークのうち，12パーク，70％も占めている．創業支援やハイテク全般を対象とする場合も，バイオ・ライフサイエンスや医療技術を排除するものではないから，大半のサイエンスパークにバイオ・ライフサイエンスや医療技術関係企業が集積しているといえる（表4-8参照）．また，2003年6月現在の数字であるが，ケンブリッジ大学のP. ホースレイ（Patrick Horsley）によれば，ケンブリッジ地域にはバイオ・ライフサイエンス関連企業が集積し，63社，雇用は3,000人を超えている．イギリスにはヨーロッパのバイオ関連中小企業の25％が集積し，雇用は年8％のペースで増加している，と指摘している[15]．

2.2 大学とのネットワーク

ケンブリッジ・テクノポールにおいて，世界的なハイテク産業の集積拠点が形成されるうえで重要な役割を果たしたのは，個々の組織ではなく，それらの活動の方法にあるといわれている．セントジョンズ・イノベーションセンターによれば，それは次の3つに要約できる．

第1は，ケンブリッジにおける独特のコミュニティの存在である．ケンブリッジには，世界に現実的な影響を及ぼす重要で特殊な何かがある．ケンブリッジでは，「ケンブリッジのアイデアが世界を変える」という意識が強く，ケンブリッジの一連のネットワークを構成していることである．

第2は，ケンブリッジにおける連帯性である．ケンブリッジの人々や各機関は強いコミュニティ意識をもち，組織や個人はお互いに助け合おうとする意欲が非常に強いことである．これは，ケンブリッジにおける教育活動においてビジネス・コミュニティの高いレベルの取り決め（約束）に反映されている．

第3は，創造的な混沌あるいは無秩序状態（constructive chaos）である．ケンブリッジにはケンブリッジを統合するグループが1つも存在しない．新

しい独創的なアイデアが絶えず飛び出してくる．その中で成功するものもあるが，失敗するものもある．これはある特定の視点からみると非効率であると評価されるかもしれないが，非常に高い起業を促す環境になっている[16]．

とりわけ，ケンブリッジ・テクノポールのネットワークを構成するものとして重要な役割を担っているのが大学である．ケンブリッジ・テクノポール地域には3つの大学がある．その第1は，ケンブリッジ大学である．ケンブリッジ大学はイギリスで最も大きな大学の1つであり，その顕著な学術的業績は世界的に認められている．ケンブリッジ大学は31のカレッジから構成され，1万5,000人のフルタイムの学生を擁している．第2は，アングリア・ポリテクニック大学[17] (Anglia Polytechnic University, APU) であり，2万4,000人の学生（そのうち，3分の2は成人学生）を数え，高度な職業訓練コースをもっている．第3のオープン大学（Open University, OU) はイーストイングランド地域において学生にパートタイム型教育を提供する最大の大学であり，1万6,000人の学生を有する．

これらの大学は，イーストイングランド地域の高等教育におけるパートナーシップを通じてビジネス・イノベーションと経済成長を最大化するために共同プロジェクトを担っている．さらに，イノベーションのための地域基盤（The Regional Infrastructure for Innovation, RII）は，10の地域高等教育制度からなり，高等教育研究所（Higher Education Institutions）の資源と能力をイノベーションに向けて動員することによってビジネスを支えている．

また，ケンブリッジ大学がイギリスの最先端の教育と研究型大学として果たしている役割を評価して，2000年には，イギリス政府はケンブリッジ-MIT研究所（Cambridge-MIT Institute, CMI）を設立するために6,500万ポンドの資金を投与した．CMIはイギリスの生産性の改善を目的とし，競争力及び企業家精神に焦点を合わせたケンブリッジ大学とMITとのジョイント・ベンチャーである．

このようにケンブリッジ・テクノポールの強みは，ワールドクラスの研究型大学を中心として多様なネットワークが形成されていることである．ケン

ブリッジ・テクノポールにおける具体的な利益グループの必要にターゲットを絞った非常に広い範囲のネットワーク組織がある．ケンブリッジで機能している重要な技術ビジネス関連ネットワークとして，ケンブリッジ地区商工会議所（Cambridge and District Chamber of Commerce & Industry），ケンブリッジ・ヨーロッパ技術クラブ（Cambridge Europe and Technology Club, CETC），ケンブリッジ中小企業ハイテク協会（Cambridge High-tech Association of Small Enterprises），ケンブリッジ・ネットワーク（Cambridge Network, CN），ケンブリッジ大学地方産業連合（Cambridge University Local Industry Links, CULIL），東地域バイオテクノロジー・イニシアティヴ（Eastern Region Biotechnology Initiative, ERBI），企業家事業連合（Enterprise Link），ケンブリッジ大学製造業研究所（University of Cambridge Institute for Manufacturing），地方産業ネットワーク（Local Industry Network, LIN）等がある．ケンブリッジはまた私的セクター，公的セクター及び教育セクターを統合する沢山の国際的な企業家精神やイノベーション関連イベントの拠点である．その例として，ケンブリッジ企業家会議（Cambridge Enterprise Conference），ケンブリッジ技術交流（Cambridge Technology Exchange, CTE）等を挙げることができる．

2.3 サイエンスパークとインキュベーター

ケンブリッジ・テクノポールは，アーリーステージの知識集約型ベンチャー企業に対する特別支援拠点である．この地域で最初に建設されたサイエンスパークであるCSP，1987年に建設開始されたSJICについては後述する．この他にも，当該地域にはアーリーステージのハイテクベンチャー企業を支援する拠点としてバブラハム・バイオインキュベーター（Babraham Bioincubator）やグランタパーク，メルボーン・サイエンスパーク，ピーターハウス・テクノロジーパーク，ケンブリッジ・リサーチパーク等が開設されている．例えば，バブラハム・バイオインキュベーターはバイオ産業の創業支援を主目的として1998年に開設され，開発面積は1万684m^{2}にのぼる．

2016年7月現在，創業間もない39社がテナントとして入居している[18]．

また，サイエンスパークやインキュベーターとともに，新規創業を支援する上で重要な役割を果たしているのがベンチャーキャピタルやベンチャーキャピタリストである．国際的及び国内的な主要ファンドがケンブリッジ地域のベンチャー企業に対して積極的に投資していることに加えて，ケンブリッジはロンドンを除くイギリスにおけるシードキャピタル（立上げ直後のベンチャー企業に投資する投資ファンド）やベンチャーキャピタルが最も集中立地している拠点である．SJICのレポートは，既に2002年時点で，ケンブリッジ地域に投資している代表的なファンドとしては，3i，Amadeus Capital Partners，Avlar BioVenturesなどの9ファンドが立地していることを指摘している．3iは，第2次大戦後の1945年に設立されたイギリスの代表的な国際的投資会社であり，2016年現在投資資産総額は135億ポンドにのぼる[19]（表4-9参照）．

表4-9 ケンブリッジ・テクノポールにおけるベンチャーキャピタル

（単位：ポンド）

ファンド名	基金規模	1件当たり投資額	投資対象
3i	8 bn	1 m～50 m	全業種
Amadeus Capital Partbners	285 m	20 m 以下 (平均3.5 m)	イギリスとEUにおける新技術分野
Avlar BioVenture	100 m	25 k～2 m	バイオベンチャー
Cambridge Gateway Fund	32 m	1 m～5 m	IT，情報通信及びライフサイエンスベンチャー
Cambridge Research & Innovation Ltd	16 m	50 k～500 k	全ての科学分野における新技術
ET Capital	12.3 m	20 k＆750 k	革新的な技術応用によって高成長型企業
Preiude	360 m	500 k～5 m	高度技術に基礎を置いた高成長企業
TTP Ventures	35 m	open～3 m	技術
Univesity Challenge Fund	4 m	10 k～£205 k	大学にベースを置いたスタートアップ企業

（注）bnは10億ポンド，mは百万ポンド，kは千ポンドを示す．
（出所）St. John's Innovation Centre [2002], p. 5.

2.4 専門的ビジネスサービスの提供

ケンブリッジ地域の企業家は，中小レベルから大きな専門的サービス供給者まであらゆる領域のサポートを得ることができ，それがハイテク産業クラスターを形成させる大きな要因になった．例えば，ビジネスに関わるすべての領域にまたがる法的サービスを提供する Eversheds, Hewitson, Becke and Shaw, Mills & Reeves, Taylor Vinters, あらゆる領域の財務関係サービスを提供する Detoitte and Touche, Ernst & Young, KPMG, PWC, Grant Thornton, あらゆる領域の金融サービスを提供する Barclays, HSBC, LloydsTSB, NatWest/RBS 等である．これらの多くの専門的サービスの供給者の存在が，アーリーステージの技術ベンチャー企業に適切な資金調達メカニズム（例えば，支払い延期や給与支払いの代わりに株式割当等）を提供するとともに，技術ビジネスに必要な専門家を雇用することを可能にする．

もう1つは，技術提供者であり，ケンブリッジ・テクノポールの成長に重要な役割を果たしたのは，ハイテク産業の集積に重要な役割を果たした技術情報の提供機関（technology providers）が存在することである．それらの機能は技術プロバイダーであり，3つのグループに分けることができる．すなわち，①技術コンサルタント，②高等教育研究機関，③企業の研究開発組織である．技術コンサルタントとしては TTP Group, ケンブリッジコンサルタント, Scientific Generics, PA Technology 等を挙げることができる．高等教育研究機関としてケンブリッジ大学の他，マイクロソフト研究所，ユニリーバ分子情報センターがある．さらに企業の研究開発機関として，ARM, Nokia, Toshiba Research (Europe) 等がある．

第3節 ケンブリッジ・テクノポールと知的クラスター

3.1 ケンブリッジ・テクノポールとサイエンスパーク

上記のように，ケンブリッジシャー地域にサイエンスパークが最初に建設

されたのは，トリニティ・カレッジが建設したケンブリッジ・サイエンスパーク（CSP）である．しかし，当時，サイエンスパークは一般になじみのない概念であり，民間企業の立地は外資系企業の子会社に留まっていた．CSP に関心が高まるのはシーガルクインス・パートナーズ（SQP）が 1985 年にまとめた調査報告書であり，これを契機としてサイエンスパークへの立地が促進されるとともに，サイエンスパークの本格的な建設が開始されることになった．SQP の調査報告書はイギリスにおいてサイエンスパークに対する関心を高める契機となり，ケンブリッジシャーにサイエンスパークが相次いで建設され，広域にわたる知的クラスターが形成されることになった．すなわち，この地域には CSP の他，セントジョンズ・イノベーションセンター（1987），ハイクロス・リサーチパーク（1985），グランタパーク（1997），バブラハムホール（1997），フルボーンホスピタル（1999），メルボーン・サイエンスパーク（1982），ピーターハウス・テクノロジーパーク（1999），ケンブリッジ・リサーチパーク（1997）等が建設された．

また，ビジネスパークもしくはオフィスパークとしてキャッスルパーク（1985），ケンブリッジ・ビジネスパーク（1999），ウェストブルックセンター（1985），ヴィジョンパーク（1987），セントアイヴス・ビジネスパーク（1990），ロングスタントン・ビジネスパーク（2000）等が建設されている（前掲表 4-6 参照）．

これらのうち代表的なサイエンスパークであるセントジョンズ・イノベーションセンター，グランタパークについて紹介したい．ケンブリッジ・サイエンスパークについては第 5 章で紹介する．

3.2 セントジョンズ・イノベーションセンター

セントジョンズ・イノベーションセンター（SJIC）は，セントジョンズ・カレッジが 1987 年に，ケンブリッジ市の北端，CSP の隣接地に同カレッジが 16 世紀から所有していた所有地（21 エーカー）に建設したサイエンスパークである．開発のコンセプトは，知識集約企業の創業を支援し，促進する

ことである.

　まず,同センターは1987年に2,220m²の施設を建設した.これは,ハイテク企業に対してリースによって長期の金融的負担をなくしてオフィスを獲得することを可能にする最初の建物の1つであった.フレキシブルで柔軟に使用できる施設は,非常に人気があることが明らかになった.この最初の事業の成功は,その後2度にわたって施設の拡張を促し,施設面積は4,860m²になった.さらに,1990年にセンターに隣接してジェフリーズビル(Jeffreys Building, 3,126m²)が建設され,長期の施設利用を希望している数社の企業に提供されることになった.また,セントジョンズハウスは1994年に建設された施設であるが,ケンブリッジ・コンサルタントからスピンアウトした企業としてよく紹介されるケンブリッジ・シリコンレイディオ(Cambridge Silicon Radio)が入居している.

　同センターに入居しているテナントは,2016年現在85社を数え,400人以上を雇用し,企業家精神あふれる刺激的なコミュニティを形成している.従業員数は1社当たり平均5人弱であり,テナント企業の大半が創業間もない小規模企業であることがわかる.テナントは多様な技術的領域を駆使するアーリーステージのベンチャー企業であり,他のイノベーションセンターと異なって,センターはマーケティング,財務,法的サービス等のビジネスサービスを提供する沢山の企業の拠点であり,多様性のあるビジネスコミュニティを形成し,アイデアの交流を促進している.例えば,①プロダクト・イノベーション,デザイン及び生産,②マーケティング,③知的財産権,④人的資源開発と管理,⑤資金調達やその他の金融サービス,⑥ビジネス関連の広範なトレーニング等である.

　パークを管理するSJICは,スタートアップやアーリーステージの知識集約型企業に対して,ビジネスアドバイス,戦略的なコンサルタントや創業時の柔軟な施設を提供することを目的として設立された.これはヨーロッパでは最初のインキュベーションセンターであり,ビジネスインキュベーターとしてグレーターケンブリッジ・ハイテククラスターの中にあって重要な役割

を果たしている．すなわち，インキュベート機能を主要な機能とし，創業間もないアーリーステージの企業に対して，事業を成功させるために技術支援や経営管理などの多様な支援を行っている．テナント料は一般的水準より高いために，入居企業は創業に成功し，自律可能になるとセンターを卒業して民間のより安価な施設に移転する．

　SJIC の特徴は，中核業務と考えられる業務以上の多様な業務を行っており，入居しているテナント企業に対してだけでなく，広範なビジネスサポート機能を発揮していることである．すなわち，SJIC は入居している 50 社のハイテク企業の拠点（Physical Incubator）であるばかりでなく，①ヴァーチャルインキュベーター（Virtual Incubator，500 社の非テナント重役などが直接実務に参加して，創業初期の事業を支援する），②レンタアドレス（Rent-an-address，100 社以上の非テナントベンチャー企業に対するメールやテレホンサービス），③エクイティアドバイザリーサービス（Equity advisory service，ケンブリッジ・ビジネスサービスと協力して，毎年 350 社以上のビジネス・プランの開発の支援），④エンタープライズリンク（Enterprise Link，アーリー段階の技術企業に対するネットワーク構築やイベント及びアドバイスの提供），⑤イノベーション・リレーセンター（Innovation Relay Centre，ヨーロッパの技術市場へのアクセスの支援）等の機能を発揮している[20]．

3.3　グランタパーク

　グランタパークは民間デベロッパーが開発したサイエンスパークであり，バイオ・ライフサイエンス産業にターゲットをおいたサイエンスパークである．全体の面積は 120 エーカーにのぼり，ケンブリッジ中心部から南東に 7 マイル（11.2km），車で約 20 分ほどの田園地帯の中に立地している．同パークには，2016 年 6 月現在，25 社以上の企業が立地し，従業員数は約 2,500 人を数える．

　グランタパークはバイオメドリアリティ（BioMed Realty）が開発し，同

社と溶接研究所（The Welding Institute, TWI）が施設全体の概ね2分の1ずつ所有している。バイオメドリアリティはバイオ・ライフサイエンス産業に対応した施設の建設管理に特化した不動産会社である。同社の本社はアメリカ合衆国カリフォルニア州サンディエゴ（San Diego）にある。2016年現在，アメリカとイギリスにライフサイエンス向け研究施設の建設に50億ドル以上投資し，全体で貸与可能な施設18百万平方フィート以上を保有している。同社はバイオ・ライフサイエンス産業向け研究施設の建設・管理運営を通じて豊富なノウハウを蓄積し，世界の主要なバイオ企業と製薬企業のニーズに対応した国際的基準を満たした最高水準の特注の施設を建設することができる[21]。

バイオメドリアリティはライフサイエンス産業に特化した施設の開発と管理を目的に，共同創業者A.ゴールド（Alan Gold）とG.クレイツェ（Gray Kreitze）によって2004年に設立された。彼らは，ライスサイエンス産業や大学が一般の不動産会社が供給できない，ユニークで特別な施設ニーズを有することを認識したからである。同社はリース・開発・建設・再開発・取得・資金調達及び資産管理等のあらゆる不動産サービスを提供することができる。また，同社の特徴は，伝統的なオフィスから小さなライフサイエンス向けの小規模な実験室まで提供できることである。

TWIは，溶接技術に関する総合研究・管理及び施工会社である。同社は1948年にケンブリッジシャーで創立された企業であり，世界中に研究所や施設を配置している。同社は1946年にグランタパーク内の土地を取得していたが，1996年にオープン型リサーチキャンパスを建設し，同社の本部を移設した。さらに，2016年までに新しいオフィスと研究室を有する機能的な施設として再開発した。25万平方フィートにのぼる新しい施設には，イギリスで最初のケンブリッジ大学・マンチェスター大学及びブルネル大学が連携して設置した大学院生のための構造総合研究所（The Post-graduate Structural Integrity Research Institute）が入居している。

グランタパークの建設は1998年に開始されたが，今日では100万平方フ

第4章 ケンブリッジ・テクノポール　131

ィートの研究室やオフィスが整備されている．グランタパークに立地している企業の多くはバイオ・製薬関係企業であり，イルミナ（Illumina），ヴェルナリス（Vernalis），ギリアデ（Gilead），メドルムネ（MedImmune），ファイザー（Pfizer），PPD，ワンニュークリアス（One Nucleus），CRUK，ロンザ（Lonza）等である．開発の第2段階では，2015年12月までに，43万5,000平方フィートの施設が完成した．なお，2009年に完成したリバーサイドの開発6万8,000平方フィートは中小企業のスタートアップ・スペースとして提供された．また，イルミナの新しい本社施設として15万5平方フィートの研究棟の建設が開始されている．イルミナ社の急成長に対応するためのものである．

第4節　ケンブリッジ・テクノポールの特徴：制度的厚みと革新性

　すでに明らかにしたように，オックスフォードと並ぶイギリスを代表する大学まちケンブリッジとその周辺地域には，ケンブリッジ・サイエンスパークを中心としてシリコンバレーやルート128と並ぶハイテク産業の集積拠点が形成され，ケンブリッジ・テクノポールと呼ばれている．
　ケンブリッジ・テクノポールの特徴の第1は，ハイテク企業の集積が大学の研究成果とリンクして内発的にもたらされたものであり，中央政府の産業政策によってトップダウン型で建設されたものではないことである．トリニティ・カレッジがサイエンスパークの建設に取り組んだきっかけは，1964年に政権についた労働党政府が大学に対して基礎研究や高等教育に対する公的投資の成果を産業分野に移転し，科学技術にベースを置いた産業を育成することを要請したことにある．ケンブリッジ大学のトリニティ・カレッジがケンブリッジ・サイエンスパークを建設してハイテク企業の集積拠点を整備したことが契機となってケンブリッジ・テクノポールが形成されたのである．また，民間コンサルタント会社SQPがケンブリッジ地域のハイテク産業の集積を科学的に明らかにしたことが，サイエンスパークに対する関心を高め

ることになった．中央政府の構想と指導のもとに画一的なテクノポリス開発計画を立案し，サイエンスパークとは異質のハイテク工場の集積拠点を建設しようとして，政策的に失敗した日本のテクノポリス開発政策とは対照的である．

　第2に，ケンブリッジ・テクノポールの建設はケンブリッジ大学における世界的で先導的な研究成果の蓄積と社会への還元の経験をベースとしていることである．明治維新以降，産業界は欧米の先進技術を輸入し，その改良技術によって大量生産体制を構築し，大学は欧米の研究成果を文献から学びながら研究水準を高め，大学における研究と産業界との連携が相対的に弱かった日本と対照的である．社会と結合した大学における研究活動の歴史をベースとしつつ，世界で第5位のノーベル賞受賞者を輩出した科学的伝統を有し，そうした世界的な研究型大学としての成果がケンブリッジ・テクノポールの形成の基礎にあることである．

　第3は，大学の自律性である．イギリスの大学設立の特殊性がもたらしたものであるが，大学が独自の基金と土地をもっており，政府から相対的自立性を維持していることである．新規事業を行う際に中央政府の財政資金に依存せずとも主体的に事業を実施できることである．もちろん，すべての大学・カレッジが独自資金と土地を保有し，自律的にサイエンスパークを建設することができるわけではないが，財政基盤に恵まれた研究型大学の存在がテクノポールの形成を可能にしたことである．イギリスの大学と比べて，日本の大学はキャンパスが絶対的に狭く，サイエンスパークをキャンパス内に建設する余裕を持たないだけでなく，大学独自の基金も零細であるから，文科省の補助金を得なければサイエンスパークの建設のような大きな事業を独自に行うことができない．

　第4は，サイエンスパークの運営がマーケットベースで行われていることである．日本においてはテクノポリスの中核施設が中央政府の補助金によって建設され，テナント料が市場価格よりも低水準に設定されていることと大きく異なる．テナント料はマーケットベースで設定され，場合によればマー

ケットベースよりも高い水準に設定されている．大学キャンパス内あるいは隣接地にサイエンスパークが建設され，大学との知的ネットワークを構築することが容易であり，専門家による質の高い支援サービスが提供されるから，テナント料が高くとも，そこに立地する魅力があるからである．その結果，ニーズに対応して大学はテナント料収入を担保に市場から追加資金を調達してサイエンスパークやインキュベート施設を拡大することが可能である．また，民間デベロッパーはサイエンスパークの整備事業に参入し，ビジネスに成功したハイテク企業をターゲットに高品質のセキュリティ，IT・会議室・商談室等のビジネス環境，レストラン・カフェ，ナーサリー，豊かな環境・景観を備えたサイエンスパークの整備事業を推進している．

　第5は，大学を中心として多様なネットワークが構築され，情報共有と相互支援の仕組みが構築されていることである．ケンブリッジ大学を中心に大学とハイテク企業との有機的連携が形成されていることであり，大学・研究機関と民間ベンチャーキャピタル・コンサルタント企業との重層的なネットワークが新規創業を支える「制度的厚み（institutional thickness）」を形成しているのである．

　こうした世界的な研究型大学と多様なネットワークの構築が，大学の研究成果や人材養成をベースとしながら新規創業を促しているのである．その結果，1970年代から80年代の深刻な経済不況から好転したイギリス経済を背景に新規創業が加速化し，ケンブリッジ・テクノポールを中心とするイーストイングランド地域はイギリス国内において最も活性化した地域として発展している．

注
1) イーストイングランドは，イングランド東部，ノーフォーク・サフォーク・ケンブリッジシャー・ベッドフォードシャー・ハートフォードシャー及びエセックスの6州からなる地域であり，総面積1万9,120km^2，人口約584万人（センサス2011）を数える．
2) St. John's Innovation Centre [2013], Cambridge Technopole, p. 1.

3) イーストアングリア地域はノーフォーク・サフォーク・ケンブリッジシャーの3州からなり，総面積約1万2,561km²，人口約157万人を数える地域である．
4) Segal Quince & Partners [1985], The Cambridge Phenomenon: The Growth of High Technology Industry in a University Town, Brand Brothers and Co., p. 12. なお，シーガルクインス・パートナーズは，その後シーガルクインスウィックスティード（SQW）に社名を変更した．
5) W. ホルフォード（William Holford）とH. マイルス（H. Myles）が行ったケンブリッジの調査と計画により，グリーンベルトの範囲を明確にし，新規住宅開発を市の北部び南西部に抑制するとともに，人口を10万人に制限するカウンティ開発計画（The County Development Plan）が1952年に策定された．この開発規制を「ホルフォード原則（Holford Principles）」と称した．
6) Segal Quince & Partners [1985], p. 27.
7) *Ibid.*, p. 50.
8) サイエンスパークの建設主体が大学・公共団体である場合と民間デベロッパーである場合とでは，当然開発の目的，したがってまた，サイエンスパークの性格が異なってくる．前者は大学の科学的知見を活用しつつ新規創業を支援し，地域経済の活性化を図ることを目的とするから，大学・研究機関との連携やインキュベーション機能の整備が重視される．また，入居企業は創業間もない小規模企業である場合が多い．他方，後者はハイテク企業をターゲットに，ハイテク企業固有のオフィス需要に対応した施設を建設し，テナント料収入を獲得することを目的とする不動産事業の一種である．したがって，パーク内はセキュリティ体制が完備し，会議や商談用会議室，休憩室，レストラン・カフェ等のビジネス環境が整備されている．入居企業は，成長型企業や業績が安定し大企業である場合が多い．サイエンスパークは不動産事業にすぎないとする意見もあるが，それは後者に該当するものである．もちろん，前者であっても入居企業のビジネスが軌道にのれば，テナント料はマーケットベースで徴収され，時には周辺民間の業務施設よりも高い場合もある．テナント料収入がサイエンスパークの重要な収入源となっており，サイエンスパークの運営費だけでなく，施設拡張のための投資資金として活用される．
9) Segal Quince Wickstreed [2000], The Cambridge Phenomenon Revisited, Segal Quince Wicksteed Limited.
10) St. John's Innovation Centre [2002], Cambridge Technopole: An Overview of the UK's Leading High-technology Business Cluster, St. John's Innovation Centre Ltd.
11) グレーター・ケンブリッジ地域はケンブリッジ市を中心とする半径20マイル（約32km）のエリアである．
12) 例えば，ケンブリッジ大学発のハイテクベンチャー企業としては，ARM，オートノミー（Autonomy），バイオロボティクス（Biorobotics），ケンブリッジ・

アンチボディテクノロジー (Cambridge Antibody Technology), ケンブリッジ・ディスプレイテクノロジー (Cambridge Display Technology), ケンブリッジ・ポジショニングシステム (Cambridge Positioning Systems), エヌサイファー (nCipher), プラスチックロジック (Plastic Logic) 等がある.
13) St. John's Innovation Centre [2002].
14) 鈴木茂 [2016],「ケンブリッジ・テクノポール」『松山大学論集』第28巻第4号.
15) P. ホースレー (Patrick Horsley) からの聞き取り調査による.
16) St. John's Innovation Centre [2006], p. 2.
17) アングリア・ポリテクニック大学 (Anglia Polytechnic University) は, 1858年に設立された Cambridge School of Art に端を発し, Cambridgeshire College of Arts and Technology と The Essex Institute of Higher Education とが統合されてアングリア・ポリテクニックとなり, 1992年に大学に昇格してアングリア・ポリテクニック大学となった. その後, 2009年からアングリア・ラスキン大学 (Anglia Ruskin University) に名称を変更して現在に至る. 学生数3万9,400人を擁するワールドクラスの大学であり, ケンブリッジ, チェルムスフォード, ピーターバラにキャンパスがある (http://www.anglia.ac.uk/).
18) ヨーロッパのバイオ産業ウェブサイトである LABIOTEC.eu は, ヨーロッパで最も優れたバイオ・インキュベータとして10のインキュベータを挙げているが, その中で, バブラハム・バイオインキュベータ (Babraham Bioincucbator) を第1位に挙げている (http://labiotech.eu/the-10-hottest-bioincubators-in-europe/).
19) 3i のホームページより (http://www.3i.com/about-us/our-history).
20) セントジョンズ・イノベーションセンターのホームページ (http://www.ukspa.org.uk/members/sjic) より.
21) グランタパークのホームページ (http://www.ukspa.org.uk/members/gp), バイオメドリアリティのホームページ (http://www.biomedrealty.com/about/) より.

第5章
ケンブリッジ・サイエンスパーク

第1節　ケンブリッジ・サイエンスパークの建設

1.1　イギリス最初のサイエンスパーク

　ケンブリッジ・サイエンスパーク（CSP）は，ケンブリッジ大学の代表的カレッジであるトリニティ・カレッジが建設したサイエンスパークである．
　CSPは，ルートA14とA1309が交差するケンブリッジ市の北東部，シティセンターから車で10分ほどの交通至便のところにある（図5-1参照）．パーク入口にはパーク全貌と入居企業を示す案内板が設置されている．CSPはイギリスにおいて最初に建設が開始されたサイエンスパークであり，最大規模のサイエンスパークである．また，CSPはヨーロッパのサイエンスパークの中でも高い評価を得ている[1]．
　イギリスのサイエンスパークについては，清成忠男が「ケンブリッジ現象」について触れ，ケンブリッジ市とその周辺地域に，①ハイテク企業が集積していること，②歴史の浅いベンチャーが中心であること，③スピンオフが第3世代から第4世代におよんでいること，④多品種少量の高付加価値製品を手がけている企業が多く，最近ではソフトウェアの割合が高まっていること，⑤多くの企業が大学とリンクしているとともに，企業相互のネットワークを形成しているとして，「ベンチャービジネスのスタートアップが増大し」，「企業の集積地域も外延的に拡大」していると指摘した[2]．しかし，清成の指摘を除くと，イギリスのサイエンスパークについて触れたものは少な

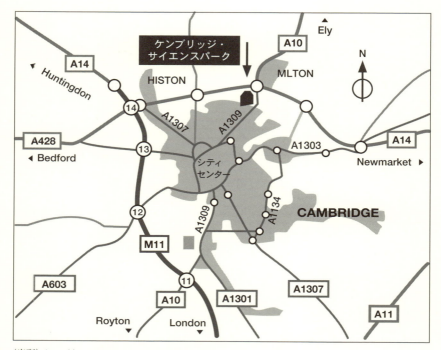

（出所）http://www.takedacam.com/contact-takeda-cambridge/ より．

図5-1　ケンブリッジ・サイエンスパークの位置

い．1920年代から1990年代までのイギリスの国家政策としての地域政策の展開を分析した辻悟一は，90年代になって「国の競争力」確保の手段として「知識主導型経済」への転換が政策課題となってくることを指摘しているが，サイエンスパークについては言及していない[3]．清成の研究も1990年代前半頃の実態調査を踏まえてまとめたものであり，それからすでに20年近く経過している．

　イギリスのサイエンスパークの建設は1970年代に始まり，今日ではイギリスサイエンスパーク協会（UKSPA）に加盟しているサイエンスパークは170を超え，その他に協会に加盟していないサイエンスパークもある[4]．日本のテクノポリス開発政策が1980年に通産省（現経済産業省）が提起して

全国的な「テクノフィーバー」をひき起こし，最終的には 26 地域が地域指定されたが，1998 年，20 年足らずで国策の表舞台から姿を消したのと対照的である．在来型重化学工業が成熟化し，アジアの新興工業諸国の追い上げと日本企業の本格的なグローバル化が進む中で，日本産業の国際競争力を維持しようとすれば，ハイテク産業にシフトさせることが不可避の産業政策の課題である．

イギリスにおけるサイエンスパークの中で最初に建設に着手されたのがケンブリッジ・サイエンスパークとヘリオット-ワット大学のリサーチパーク（HWRP）である．CSP はイギリスのサイエンスパークの中で最も歴史が古く，最大規模のサイエンスパークであり，サイエンスパークの建設を契機としてハイテク産業の集積拠点が形成され，ケンブリッジとその周辺地域はケンブリッジ・テクノポールと呼ばれている（第 4 章参照）．イギリスのサイエンスパークの意義について理解するには，CSP の検討を避けることができない．

1.2　トリニティ・カレッジ

モット委員会の報告書を受けて，サイエンスパークの建設に着手したのがトリニティ・カレッジである．トリニティ・カレッジは 1546 年に国王ヘンリー 8 世（King Henry VIII）が創設したカレッジであり，ケンブリッジ大学の 31 あるカレッジの中で代表的なカレッジである．「万有引力の法則」を発見した I. ニュートン（Sir Isaac Newton, 1642-1721）が所属したカレッジであり，2016 年現在，ノーベル賞受賞者数は 32 人，学生数約 600 人，大学院生 300 人，教員 180 人以上を数える[5]．

トリニティ・カレッジは，国王ヘンリー 8 世が寄贈した土地（61.5ha）をケンブリッジ市北端に保有していた．この土地は第 2 次大戦前には農地として利用されていたが，大戦中はアメリカ軍に徴用され，ヨーロッパへの軍用車両や戦車の搬送基地として利用された．第 2 次世界大戦終了後，土地はカレッジに返還されたが，利用されないまま放置されていた[6]．トリニティ・

カレッジはこの土地を活用してサイエンスパークを建設することとした．

当時イギリスではサイエンスパークについてあまり知られていなかったから，CSPへのハイテク企業の立地は当初あまり芳しいものではなかったが，CSPの建設が契機となって，隣接地にセントジョンズ・イノベーションセンター，ケンブリッジ・ビジネスパークが建設された．また，ケンブリッジのあるイーストイングランド[7]地域にサイエンスパークが相次いで建設され，2016年現在，UKSPA加盟のサイエンスパークはCSP等を含めて17カ所にのぼる（前掲表3-2参照）．

サイエンスパークのアイデアは，スタンフォード大学が開設したリサーチパークをもとにアメリカで60年代に生まれたものである．当時，サイエンスパークとしてはスタンフォード大学のリサーチパークが成功例として存在し，CSPのモデルとなった．

1.3　立地企業の貸与条件

トリニティ・カレッジは，研究施設を建設してテナントに貸し付けるが，貸与の方法は一様ではない．貸与の形態を大きく分けると，①CSPが独自に施設を建設して貸与するもの，②立地予定企業の希望を入れながらCSPが施設を設計建設し，貸与するもの，③土地を貸与し，施設の建設管理を立地企業が行う，という3つの方法で貸与されている．つまり，貸与の方法や貸与期間は多様であり，スタートアップ企業や創業準備段階にあるものは3年から9年，特注ユニット（上記②のタイプ）は25年リース，テナント自身による施設建設の場合は長期の土地貸与となっている．テナント料はマーケットベースでの貸与を特徴としている．日本のテクノポリス地域で建設されたインキュベート・ルームは，国からの補助金の交付を受けて建設され，市場価格よりも安価（通常は50％程度）で，立地企業にとって有利な条件で貸与されたことと対照的である[8]．ワールドクラスの大学として多くの知的財産を蓄積するケンブリッジ大学にアクセスする拠点として魅力を感じた多国籍企業は，③の土地を借り受け，自ら施設の建設管理を行う場合が多い．

CSPに立地できる業種は，入居している全企業の相互の利益を守り，CSPの固有の特質を維持するため制限されており，テナント企業の大半は研究開発型企業である．ナップ製薬（Napp Pharmaceuticals Holdings Limited, Napp）とヘレウス・ノーブルライト（Heraeus Noblelight）を例外として製造業は立地していない．ナップはメーカーではあるが，医師の処方によってのみ販売が許される特殊な医薬品の研究開発・製造・販売事業を行っている製薬会社であり，CSPの中でも個性的でモダンな施設を建設している．ヘレウス・ノーブルライトは，科学や産業用，とくに，レーザー装置用不活性ガス充填フラッシュランプのデザインから製造まで手がけている研究開発型企業である．日本企業の中では，東芝（Toshiba Research Europe Limited, TREL）と武田製薬（Takeda Cambridge Ltd）がCSPにヨーロッパにおける研究開発拠点を設置している．さらに，CSPの特徴は，ベンチャーキャピタルやスタートアップを支援するコンサルタント会社が立地していることである．

CSPは，ケンブリッジ大学の研究成果を移転し，科学に基礎を置く産業を育成してイギリス産業の国際競争力を高めることを目指しているが，具体的な目的は次の通りである．

①ケンブリッジ大学の卓越した科学的成果と密接にリンクし，ビジネス活動を促進すること，②技術移転を促進すること，③研究開発型企業をスタートアップから成長にいたるまで支援すること，④バイオテクノロジー，ハイテク研究開発クラスターの成長を促進し，支援すること，⑤研究開発型企業に対して特別な施設と技術移転の専門家による総合的な支援を提供すること，⑥科学的研究開発に結び付くように，高品質でフレキシブルな研究室やオフィスビルを関連企業に提供すること，⑦テクノロジー・芸術・科学等の最新技術を交流するコンファレンス施設を提供してサイエンスパークの活動を支援すること，である．

CSPを建設したトリニティ・カレッジの役割は大きく，大学との連携や相互交流の促進，セミナーなどの開催，ベンチャー企業に対する研究支援，

年2回のCSPのニュースレター（"Catalyst"）の発行，会議場や会議施設の準備，パークの景観維持等を行っており，官僚主義に陥ることを最大限抑制している．全体面積152エーカーのうち20エーカーは景観保全地区として留保され，池，自然の動植物，大木や低い灌木，芝生が植栽されている．また，用地の35〜40%は植栽され，建築物を取り囲んで景観と調和するよう配慮されている．なお，パーク内の景観や施設保全はケンブリッジ・オックスフォード及びロンドン地域を拠点に不動産の建設・管理及び保全ビジネスで経験の豊富なビッドウェルス（Bidwells）が行っている[9]．

ケンブリッジ大学は，国際的に高い評価を得ているが，特に，科学，エンジニアリング，医療分野の研究において高い評価を得ており，その施設はテナント企業も利用可能である．また，サイエンスパークに入居している企業の多くは，ケンブリッジ大学からスピンアウトした企業である．CSPに立地している企業の大多数は大学と能動的なリンクを有し，研究面におけるパートナーシップを構築している．

第2節　ケンブリッジ・サイエンスパークの展開

2.1　1970年代

1970年，トリニティ・カレッジは，ケンブリッジ市北端に有する遊休地にCSPの建設を開始し，開発許可を得た1971年からCSPの本格的な建設に着手した．CSPの建設が開始されると，73年にはレーザースキャンが立地した．しかし，サイエンスパークの概念が一般的ではなかったことから，最初の5年間は立地企業が少なかった．ケンブリッジ大学の研究成果へのアクセス，スタッフとの共同研究，人材確保に魅力を感じた多国籍企業のイギリス子会社[10]が立地したが，立地件数は決して多くなく，70年代末までに25社が立地するにとどまった．

2.2　1980年代

　CSPにハイテク企業の立地が本格化するのは80年代になってからである．CSPに私企業の立地が増大し，知的クラスターが形成されはじめた．80年代初期までにハイテク産業クラスターが形成され，研究センターとしてのケンブリッジの魅力が企業を惹きつけはじめた．

　80年代に立地を促進した要因として，1984年にトリニティセンター（Trinity Centre）が開設され，パークで働く人々のためにレストラン・カフェ・バーや会議室などを整備して立地企業に対する支援業務を開始したことを挙げることができる．CSPはケンブリッジ市内に立地しているとはいえ，周辺にレストラン等がなく，トリニティセンターの開設はCSPで働く人々の福利厚生を大きく改善するものであった．

　また，1986年にはケンブリッジ・イノベーションセンター（The Cambridge Innovation Centre）が開設され，新規創業やアーリーステージのハイテクベンチャー企業の支援体制が整備された．それに対応して，イギリスの代表的ベンチャーキャピタルである3iを含む複数のベンチャーキャピタルが現地事務所をイノベーションセンター内に開設した．

　これより先，1984年には民間コンサル会社であるシーガルクインス・パートナーズ[11]（SQP）が，ケンブリッジ地域におけるハイテク産業クラスターの実態調査を行った．その結果，CSPを中心とするサイエンスパークの建設がケンブリッジ地域にハイテク企業の集積を促していることが明らかになった．SQPはこれを「ケンブリッジ現象（"Cambridge Phenomenon"）」と呼び，サイエンスパークに対する関心を高め，ケンブリッジ地域にハイテク企業が集積を開始する大きな契機となった[12]（第4章参照）．

　加えて，後半になると，大学が開発した知的財産権に対するブリティッシュテクノロジー・グループ（British Technology Group, BTG）による独占が解体され，ケンブリッジ大学は設立した会社をCSPに移転し始めた．また，CSPは既存のケンブリッジコンサルタント（Cambride Consultants）等のテナントからスピンアウトした企業に対して施設の貸与を開始したり，パーク

内企業による共同ベンチャーが見られるようになった．その典型がクォードス（Qudos）である．クォードスは，ケンブリッジ大学のマイクロエレクトロニクス研究所（The University's Microelectronics Laboratory），プレデュード技術投資会社（Prelude Technology Investments）及びケンブリッジコンサルタントによるジョイント・ベンチャーである[13]．

2.3　1990年代

1990年代になるとCSPは知的クラスターとして世界の注目を集めるようになり，多国籍企業が会社を設立しはじめた．特にCSPにはナップをはじめ製薬・ライフサイエンス系企業が急速に集積し，支配的セクターとなった．ユニークなのはバイオ企業向けベンチャーキャピタルのマーリンベンチャーズ（Merlin Ventures）である．マーリンベンチャーズは非営利のベンチャーキャピタルであり，1980年代に設立されたものである．非営利のベンチャーキャピタルという意味は，地方の失業者を減少させることを目的とし，利益を再投資しているからである[14]．1999年12月にはCSPの立地企業は64社，従業員数は約4,000人を数え，CSP内の用地がほぼ満杯になった[15]．

　CSPにおけるハイテク企業の集積は，ケンブリッジ市を中心とするケンブリッジ・テクノポール地域へのハイテク企業の集積を刺激した．ケンブリッジ・テクノポール地域に集積したハイテク企業は，1990年代末になると，約1,200社，雇用者数は約3万5,000人にのぼるといわれた[16]（第4章参照）．

2.4　2000年代

　2000年代になると，CSPにおいてさらに魅力的な開発が行われた．トリニティ・カレッジとトリニティホール[17]（Trinity Hall）によるジョイント・ベンチャーは，後者がCSPの隣接地に所有していた22.5エーカーの土地を開発して5棟の特注型施設（施設床面積2万9,000平方フィートから3万6,000平方フィート）を建設し，貸与した．CSPの総面積は152.2エーカー

(61.6ha) となった．また，2000 年 9 月には，トリニティセンターが改装され，コンファレンス会場，会議室，レストラン・バー・カフェに加えてフィットネスクラブ等が整備された．2001 年には CSP で働く人々のために，先進的な乳幼児教育のノウハウを蓄積する国際的なキッドサンナーサリー（Kidsunlimited Nursery[18]）が開設されるとともに，ブロードバンドサービス，CSP 内のセキュリティを強化する CCTV システム，バスサービス等が開始された．2005 年にはケンブリッジ・イノベーションセンター（The Cambridge Science Park Innovation Centre）が改装され，新規創業やアーリーステージのベンチャー企業の支援体制が強化された．2007 年には，CSP に最も象徴的な社屋を保有していたナップがさらに 3 棟の新しい建物を建設した[19]．CSP は，2008 年には，17 百万ポンドを投じ，8 万平方フィートの新しいオフィスと R&D 施設をもつ One Zero One を建設し，オランダの電気メーカーであるフィリップス（Philips）やソフトウェア会社シトリックス（Citrix）が入居した．2015 年には日本の武田製薬㈱が，Takeda Cambridge Ltd を設立し，CSP を拠点にした研究開発体制を構築し，ケンブリッジ大学はもちろんロンドン大学等のイギリスの研究型大学との共同研究によって新薬の開発体制を強化している（図 5-2，表 5-1 参照）．

このように，CSP には世界のバイオ・メディカル企業が集積するとともに，イノベーションセンターと連携して，ハイテクベンチャー企業の手厚い創業支援が行われ，CSP はイギリスのハイテク企業の集積拠点として展開している．また，ケンブリッジを中心とするケンブリッジ・テクノポール地域には，2013 年現在，ハイテク企業 1,525 社が集積し，雇用者数は 5 万 3,000 人にのぼった[20]（第 4 章参照）．

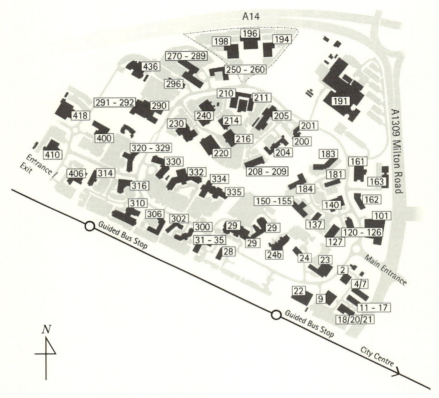

(注) サイト番号は表5-1のサイト番号に対応する．
(出所) http://www.cambridgesciencepark.co.uk/location-contact-us/site-plan/

図5-2 ケンブリッジ・サイエンスパーク内のサイトマップ

第3節 ケンブリッジ・サイエンスパークとハイテク産業クラスターの形成

3.1 ハイテク企業の集積

　正門からCSPに入ると，CSPを1周する道路に沿ってハイテク企業が立地し，空き地が見当たらない．建物のデザインの多様性から，多くのハイテ

第5章 ケンブリッジ・サイエンスパーク

表5-1 ケンブリッジ・サイエンスパークの業種別企業とサイト一覧

業　種	テナント企業	サイト番号
バイオ・メディカル(25)	Abbexa Ltd	23
	Abcam plc	330
	Accelrys Ltd	334
	Agenus UK Ltd	315
	Amgen Ltd	240
	Arecor	2
	Astex Pharmaceuticals	436
	AstraZeneca	310
	Cantab Biopharmamceuticals Ltd	155
	Dassault Systemes Ltd	334
	Diamond Biopharm Ltd	23
	Domainex	162
	Dr Reddy's Chirotech Technology	410
	Esaote	14
	GHX UK	326
	Mundipharma International Ltd	194
	Mundipharma Research Limited	194
	Napp Phamaceutical Holdings Limited	196
	Owlstone Ltd	127
	Philips Research	101
	Sigma-Aldrich Company Ltd	328/329
	Sybrelabs	23
	Takeda Cambridge Ltd	418
	Twist DX	181
	Vectura Delivery Devices Ltd	21
コンピュータ・情報通信(17)	Aveillant	29
	Broadcom Ltd	406
	Cambridge Electonic Design Ltd	4
	Cambridge Silicon Radio	400
	Citrix System UK Ltd	101
	Cryptomathic Ltd	327
	DisplayLink (UK) Ltd	140
	Espial Ltd	335
	FlexEnable	34
	Frontier Developments plc	306
	Huawei UK R&D Centre	302
	Jagex	220
	Linguamatics	324
	Polatis	332
	Qualcomm Technologies International Ltd	400

表 5-1 （つづき）

業　種	テナント企業	サイト番号
	Radioplex	23
	Spiral Software	101
コンサルティング(5)	FlexEnable	34
	Hawkins & Associates Ltd	25
	Ricardo UK Ltd	400
	Royal Society of Chemistry	290
	Toshiba Researrch Europe Ltd	208
エネルギー(1)	Mordern Water Monitoring	15/17
環境(3)	Bayer CropScience Ltd	230
	British American Tobacco	210/211
	Mordern Water Monitoring	15/17
設備管理(6)	Bidwells	Yes
	Bright Horizons	319
	Revolution Health and Fitness Club	24
	Spritely Osteopathy	23
	The Trinity Centre	24
	Travel Plan Plus	23
金融・ビジネスサポート(7)	AGM Partners LLP	23
	Arthur D Little Ltd	18
	Cambridge Assessment	332
	Cambridge Business Travel	325
	Cambridge Consultants Ltd	29
	KISS Communications	23
	WorldPay Ltd	270
産業技術(6)	Beko	12
	Eight 19	9a
	Heraeus Noblelight Ltd	7
	Johnson Matthey Catalysts	28
	Roku Europe Ltd	205
	Xaar plc	316

（出所）ケンブリッジ・サイエンスパークのホームページ（http://www.cambridgesciencepark.co.uk/）より作成．

ク企業がCSPから土地を借り，長期のレンタル契約で入居していることを読み取ることができる．パーク内で最も注目を惹くのはナップである．サイト196に個性的な社屋が建設されている．

　CSPに立地している企業を類型別にみると，第1に，立地企業の中で多

国籍企業のイギリス子会社が多いことである．2003 年時点のデータであるが，立地企業 69 社のうち，多国籍企業の子会社が 28 社，全体の 40.6％ を占めている．CSP に立地することによって，世界トップクラスの大学であるケンブリッジ大学の知的財産や研究スタッフへのアクセス，人材確保等のメリットが高く評価されたものと考えられる．第 2 の特徴は，既存産業や大学からのスタートアップやスピンアウトが多いことである．既存産業からのスタートアップした企業は 21 社（30.4％），大学からのスピンアウトした企業は 11 社（15.9％），両者合わせると 46.3％ も占め，多国籍企業の子会社よりも多いことである（表 5-2 参照）．

CSP 立地企業を業種別にみると，バイオ・メディカル関係企業が多い．2016 年現在，CSP には 100 社以上が立地しているが，そのうち公表されている立地企業 70 社の業種別割合を見ると，バイオ関係企業が多いことがわかる．業種別で最も多いのはバイオ・メディカル関係であり，26 社，37.1％ を占めている．次いで多いのがコンピュータ・情報通信である（表 5-3 参照）．その中で代表的な企業は製薬メーカーのナップである．ナップは 1920 年代に誕生したイギリスの代表的製薬メーカーであり，ナショナルヘルスサービス（National

表 5-2 ケンブリッジ・サイエンスパーク立地企業の諸類型

類　　型	社数(社)	割合(％)
多国籍企業の子会社	28	40.6
産業界からスタートアップ企業	21	30.4
大学からスピンアウト	11	15.9
国内企業の再配置（移転）	6	8.7
既存のローカル企業	3	4.3
計	69	100.0

（注）2003 年 6 月現在．
（出所）Partrick Horaley 教授に対する聞き取り調査による．

表 5-3 ケンブリッジ・サイエンスパークの業種別立地企業割合

業　　種	企業(社)	割合(％)
バイオ・メディカル	25	35.7
コンピュータ・情報通信	17	24.3
コンサルティング	5	7.1
エネルギー	1	1.4
環境	3	4.3
設備管理	6	8.6
金融・ビジネスサポート	7	10.0
産業技術	6	8.6
計	70	100.0

（出所）表 5-1 に同じ．

Health Service, NHS) と連携して薬の研究開発と製造販売に取り組み，世界48カ国に拠点を有する多国籍製薬企業である．激痛を制御する特殊鎮痛剤，慢性炎症性腸疾患，潰瘍性大腸炎・結腸炎・脊椎炎，リューマチ性の関節炎，炎症性の慢性皮膚炎等に対応した特効薬の製造販売や薬の配送システム等を得意としている[21]．CSPを中心としてケンブリッジ地域は，イギリスはもちろん，ヨーロッパ地域の代表的なバイオ・クラスターが形成されているが，CSPの建設とそこにバイオ・メディカル産業が集積したことが大きな契機となったと考えられる．

3.2 ベンチャーキャピタルの立地

CSPに限らないが，イギリスのサイエンスパークの特徴は，パーク内にベンチャーキャピタルが立地し，ハイテクベンチャー企業の創業支援をビジネスベースで行っていることである[22]．イギリスにおいては，戦後植民地の独立による排他的市場圏の喪失，戦後の産業国有化と民営化の交錯により産業競争力の再構築に失敗したこと，日本を中心にアジアの新興工業諸国が安価な労働力を武器に追い上げてきたから，産業競争力の根本的再構築，とりわけ，大学が蓄積する知的財産を活用した新しい産業育成が政策課題であり，サイエンスパークではハイテクベンチャー企業の創業支援が重要な課題であった．サイエンスパークにベンチャーキャピタルが立地することはむしろ当然のことであったといえる．

CSPにもベンチャーキャピタルが立地したが，その典型がイギリスを代表する国際的なベンチャーキャピタル3i（3i Group plc）である．3iは1945年に15百万ポンドの資本金で出発したベンチャーキャピタルであり，CSPには1986年に立地した．

3iの創業は戦後であるが，その歴史は戦前にさかのぼる．29年恐慌に対応したイギリスの産業金融政策を検討するために組織された産業金融委員会（The Committee on Finance and Industry），通称マクミラン委員会（MacMillan Committee）は，1931年，中小企業に対する長期的な投資資金の慢性的

不足（これを「マクミラン・ギャップ（"Machmillan Gap"）」と呼んだ）の存在を確認し，中小企業に対する専門的な投資会社の設立を提案した．マクミラン委員会の提案が実現するのは戦後になってからである．1945 年，労働党政権のもとで中小企業向け金融を行う通商金融公社（Industrial and Commercial Financial Corporation, ICFC）と産業金融公社（Finance Corporation for Industry, FCI）が設立された．ICFC は長期で恒久的な資金（個別投資額 5,000 ポンドから 20 万ポンド）の供給を通じて中小業を支援した．ICFC は主要な商業銀行とイングランド銀行によって設立され，イングランド銀行は株式資本と債務資本とを合わせて 25 百万ポンドを確保し，さらに最高 1 億ポンドまで借りることが認められた．また，FCI は 25 百万ポンドと 1 億ポンドを借りる能力を与えられ，保険会社・投資信託会社，それにイングランド銀行によって設立された．そして，1973 年になって ICFC と FCI は合併して産業金融会社（Finance for Industry, FFI），さらに 1987 年に産業投資会社（Investors in Industry）に改称し，1994 年 7 月にロンドン証券取引所に株式上場されたのを契機に，名称を 3i に改称した．ロンドンに本社を置くが，パリ・マドリード・シンガポール・ストックホルム・フランクフルト・アムステルダム及びニューヨーク等に事務所を開設している[23]．

第 4 節　ケンブリッジ・サイエンスパークの特徴

　CSP は，ケンブリッジ大学が設置した特別委員会，すなわち，モット委員会（Mott Comittee）の提言に応えて，建設されたサイエンスパークであり，イギリスで最初に建設されたサイエンスパークである．CSP には多国籍企業のイギリス子会社，既存企業や大学からスピンアウトしたハイテクベンチャー企業が立地し，ハイテク産業クラスターを形成している．
　CSP の第 1 の特徴は，大学の主体性である．CSP の建設は，政府の要請に応えたものであるが，トリニティ・カレッジが内発的自主的に建設したものである．ケンブリッジ大学は，1977 年にノーベル物理学賞を受賞する S.

N. モット（Sir Nevill Mott）を委員長とする特別委員会を設置して検討した．委員会は，大学は基礎研究や高等教育の成果を活用して科学に基礎を置いた産業を育成し，イギリス経済の活性化に貢献すべきであると答申した．トリニティ・カレッジはモット委員会の答申に応えて CSP を建設したのである．政府に要請されたものではあるが，国際競争力を喪失し，高い失業率に悩まされているイギリス経済の活性化と大学の役割について独自に検討した．そして，大学として社会的責任を達成することを目的に，サイエンスパーク開設の意義を確認したうえで推進されたところに特徴がある．中央政府（通産省）が構想し，地方政府を実施主体として推進した日本のテクノポリス開発政策とは大きく異なることである．

　第 2 の特徴は，第 1 点と関連するが，イギリスの大学は世界でトップレベルの知的財産を有し，その実用化による社会貢献について豊富な経験を持っていることである．それ故に，サイエンスパークの建設に際して，ハード中心の建設に終始した日本のテクノポリス政策と異なって，新規創業支援や様々なビジネス支援のプログラムを構築したところに特徴がある．

　第 3 は，CSP の開設が契機となってケンブリッジシャー地域に医薬・バイオ・ライフサイエンス関係企業が集積し，EU の中でもバイオ関連産業の集積拠点が形成されていることである．

　第 4 は，CSP の建設が，ケンブリッジシャー地域はもちろんのことイギリス全土におけるサイエンスパーク建設の運動を拡大したことである．80 年代になると，CSP の開設によるハイテク企業の集積が明らかになり，サイエンスパークの建設がイギリス全土に拡大した．

　このように，イギリスにおけるサイエンスパークの建設は，日本のテクノポリス開発政策と大きな相違がみられる．イギリスの大学の知的財産の蓄積，科学的知見を活用した社会への貢献の経験とノウハウ，大学が独自の資産と収入を持ち，政府から相対的に自律していること，ベンチャーキャピタルがサイエンスパークでビジネス経験の乏しい大学の研究者や学生の起業を直接支援していること，イノベーション施設や土地の貸与はマーケットベースを

第5章 ケンブリッジ・サイエンスパーク　　　153

基本とするが，スタートアップや創業間もないベンチャー企業に対して特別の優遇措置を与える柔軟な仕組み等，日英の間に大きな相違があることを認めることができる．

注
1) イギリスサイエンスパーク協会のホームページ（http://www.ukspa.org.uk/）より．
2) 清成忠男［1996］，『ベンチャー・中小企業優位の時代』120-21 ページ．清成の指摘は，SQP のレポートと現地調査を踏まえてまとめられたものであるが，1990年代半ばのものであり，それから 20 年近く経過し，状況がかなり変化している．
3) 辻悟一［2001］，『イギリスの地域政策』世界思想社．
4) 鈴木茂［2004］，「イギリスのサイエンスパーク」『松山大学論集』第 16 巻第 1 号．
5) トリニティ・カレッジのホームページ（https://www.trin.cam.ac.uk/）より．
6) この土地は第 2 次世界大戦において D-Day 作戦，すなわち，1944 年 6 月 6 日のノルマンディに上陸した英米連合軍による北フランス侵攻開始日のための軍用車両搬送基地として使用された（http://www.cambridgesciencepark.co.uk/）．
7) イーストイングランドは面積 191ha，人口約 584 万人（センサス 2011）を数える．
8) 日本のテクノポリス地域で建設されたインキュベート施設が国庫補助金の交付を受けて建設され，市場価格より割安で貸与されたのと対照的である．また，日本のテクノポリス指定地域で建設されたインキュベート施設は小規模で，インキュベートルームが少ない．したがって，テナント料収入によってサイエンスパークを運営する設計になっていない．日本のテクノポリス開発政策については，伊東維年［1998］『テクノポリス政策の研究』日本評論社，田中利彦［1996］『テクノポリスと地域開発』，鈴木茂［2001］『ハイテク型開発政策の研究』ミネルヴァ書房等を参照．
9) ケンブリッジ・サイエンスパークのホームページ（http://www.cambridgesciencepark.co.uk/）より．
10) 例えば，スウェーデンの LKB Biochrom 社やアメリカのレーザー専門会社であるコヒレント（Coherent）が立地した．
11) SQP は後に SQW に改称した．
12) Seagal Quince & Partners [1984], Cambridge Phenomenon : The Growth of High Technology Industry in a University Town.
13) CSP のホームページ（http://www.cambridgesciencepark.co.uk/about/history/）より．

14) マーリンベンチャーズのホームページ (http://www.merlinventure.co.uk/) より。
15) ケンブリッジ大学の Partrick Horaley によれば，2003年時点で，69社，4,500人の雇用，平均年齢28歳，総面積61.5ha，施設面積11万1,000平方フィートにのぼる（聞き取り調査による）。
16) St. John's Innovation Centre [2002], Cambridge Technopole Report.
17) トリニティホールは，1350年に B. ベイトマン（Bishop Bateman）が，教会法（canon）と市民法（civil law）の研究を促進することを目的に創設したカレッジであり，ケンブリッジ大学の現存するカレッジの中で5番目に古いカレッジである (https://www.trinhall.cam.ac.uk/about/college/detail.asp?ItemID=3144)。
18) キッドサンナーサリー（Kidsunlimited Nursery）はブライトホリゾンナーサリー（Bright Horizons Nursery）が経営するナーサリーである。同社はボストンに本部を置き，幼児から低学年をターゲットに置いた多国籍企業であり，世界に200カ所，園児数2万人を要する世界トップクラスのナーサリー経営会社である (http://www.brighthorizons.com/)。
19) CSPのホームページ (http://www.cambridgesciencepark.co.uk/about/history/) より。
20) St. John's Innovation Centre [2013], Cambridge Technopole Report.
21) ナップのホームページ (http://napp.co.uk/products/) より。
22) 日本のテクノポリスにおいては，大半が既存ハイテク大企業の「分工場」の誘致に主眼が置かれたから，創業支援が重要な政策課題とならなかった。また，創業支援を担当するテクノポリス財団のスタッフの大半は県庁OBや地元金融機関及びNTTからの出向者であり，ビジネス経験がなく，したがってまた，創業支援の経験もノウハウもない人材であった（鈴木茂 [2001]，『ハイテク型開発政策の研究』ミネルヴァ書房，82-83ページ）。
23) 3iのホームページ (http://www.3i.com/about-us/our-offices/europe) より。

第6章
アストン・サイエンスパーク

第1節 バーミンガムの産業再生とサイエンスパーク

1.1 国際競争力の喪失と製造業の衰退

　ウェストミッドランズ地域の広域中枢拠点都市であり，イギリスの代表的な地方工業都市バーミンガムの地域経済再生プロジェクトとして注目を集めているのが，アストン・サイエンスパーク（Aston Science Park, ASP）である．ASPはイギリスのサイエンスパークの中で1980年代に建設された代表的なサイエンスパークであり，地方工業都市のサイエンスパークの中で成功したパークの1つとして高く評価されている．

　バーミンガムはロンドンに次ぐイギリス第2の都市であり，100万都市である（107万人，センサス2011）．バーミンガムは，「世界の工場」イギリスの中心地域であったウェストミッドランズ地域の拠点都市であり，貴金属・ペン・玩具・ギフト製品・農具・家具・銃剣をはじめとする多様な金属加工業が集積した工業都市であった．こうした多様な金属加工業を背景にしてバーミンガムでは自動車産業が誕生し，イギリス資本による最後の量産型自動車メーカーであるMGローバーの本社工場がバーミンガムの郊外，ロングブリッジに立地していた[1]．

　バーミンガムにおいてサイエンスパークが建設されることになった第1の要因は，国際競争力の喪失による地域経済の衰退である．「世界の工場」の拠点都市であったバーミンガムは，70年代のオイルショックを契機とする

深刻な不況に陥り，失業率は20%を超え，1971-81年の間に失業者は10万人にのぼったといわれる．移民の多い地域では失業率が50%にも達し，シティセンターには失業者が溢れ，犯罪が多発した．急激な製造業の衰退は，バーミンガムの産業別就業構成においてピーク時には就業者全体の60%を占めた製造業の割合が急速に低下し，2004年には僅かに13%まで低下したことによっても確認できる．失業率を改善するには，在来型製造業に代わる国際競争力をもった新しい産業を振興し，雇用機会を創出することが不可避の課題であり，バーミンガムの都市政策の重要な課題として提起されたのである．サイエンスパークの建設によって知識産業を集積させ，雇用と所得機会を拡大して地域経済の再生を図ろうとしたのである．バーミンガムにとって都市と産業の再生が重要な課題となったが，従来型製造業に代わる産業として期待されたのがサービス産業とハイテク産業である．シティセンターの再生によって都市型サービス産業が都心に集積し，雇用が拡大しているが，それらは女子雇用型であり，パート等の不安定就業が多くを占めている．安定した雇用を確保するにはサービス産業だけでなく，ハイテク産業の集積を図ることが求められたのである[2]（第1章参照）．

1.2 工場地帯の衰退

第2は，製造業の衰退によって工場が閉鎖され，シティセンターの周辺地域に衰退地域が拡大したことである．バーミンガムは「世界の工場」イギリスの拠点都市であり，製造業の集積地域であった．グラスゴー・シェフィールド等のイギリス北部には石炭・鉄鋼・造船等の基礎素材型産業と重厚長大型産業，マンチェスター等の西部には紡績産業，ロンドンやイーストイングランド等の東部には銀行・保険・サービス・情報産業が集積したのに対して，中部のウェストミッドランズ地域には金属加工・クリスタルガラス・陶磁器・自転車・バイク・自動車等の多様な加工業が集積した．バーミンガムはその典型であり，内陸部にあって物流の制約があったことから，軽量で付加価値の高い貴金属加工・ギフト製品・銃器産業等が集積し，それらを基盤と

して自動車工業が集積した．しかし，70年代のオイルショックを契機にこれらの製造業の国際競争力が衰退した．不況による工場閉鎖は，シティセンター周辺地域を衰退地帯に変え，閉鎖された工場跡地の再開発が重要な政策課題として提起されたのである．こうした衰退地域をサイエンスパークの建設によってハイテク産業の集積拠点に転換し，産業構造の多様化を図ることが都市産業政策の課題であった．

1.3 大学改革とサイエンスパーク

第3は，サッチャー政権による教育予算の削減である．教育予算の削減は大学に対して独自の財源確保を迫ることになった．地域産業を支援するために人材養成と技術振興を目的として設立されたアストン大学[3]も例外ではない．むしろ，オックスフォード大学やケンブリッジ大学等の伝統校に対して，後発大学で実践的な理工系大学であるアストン大学にとって，独自財源の確保が重要な大学運営上の課題であった．

バーミンガムにおいては，1983年からASP，1985年からバーミンガム・リサーチパーク（BRP），2006年からMGローバーの工場跡地にロングブリッジ・テクノロジーパーク（LTP）が建設され，ハイテク産業が集積している．ASPはバーミンガム市とアストン大学・ロイズ銀行，BRPはバーミンガム市とバーミンガム大学とのパートナーシップによって建設されたサイエンスパークである．LTPは民間デベロッパーであるセントモードウェンが開発している．以下では，ASPの建設とその効果について述べたい．

第2節 アストン・サイエンスパーク

2.1 アストン・サイエンスパークの概要

ASPは，バーミンガム市のシティセンターから徒歩で5分，アストン大学に隣接した工場跡地にある（図6-1参照）．1983年から建設が開始されたサイエンスパークであり，イギリスのサイエンスパークの中ではCSPや

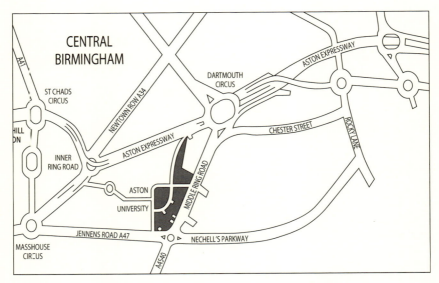

図 6-1　アストン・サイエンスパークの位置

HWURPに次ぐ長い歴史を持っている．80年代になって地方工業都市においてサイエンスパークの建設が本格化するが，ASPは地方工業都市型サイエンスパークの代表的事例であり，イギリスのサイエンスパークの中でも成功したパークの1つとして評価されている．

ASPは，バーミンガム市（Birmingham City Council），アストン大学（Aston University），ロイズ銀行（Lloyds Bank）の3者のパートナーシップによって建設されたサイエンスパークである．バーミンガム市が閉鎖された工場跡地22エーカー（8.9ha）を買い上げ，サイエンスパークの用地として提供した．施設はインキュベーション施設，レンタルルーム，会議室，講演会などが開催できる大ホール，レストラン等の厚生施設などからなる．日本のテクノポリス開発政策によって建設されたリサーチパークとハード面では共通している．両者はアメリカのシリコンバレーをモデルにしているから当然かもしれない．しかし，ハード面では共通しているが，後述するようにソフト面では大きく異なる．

ASPの管理は，バーミンガムテクノロジー株式会社（Birmingham Technology Limited, BTL）が行った．BTLの設立時の資金はバーミンガム市とロイズ銀行がそれぞれ百万ポンド出資して設立した．BTLの事業資金は，資本金のほか，EU地域構造資金，中央政府の補助金，それに民間の金融機関から調達したが，EU資金が3分の1を占めている．ASPには設立から2003年までに約3,000万ポンドが投資された[4]．

アストン大学は人材養成・技術開発を通じて地域産業を支援することを目的として1895年に設立された専門学校であり，1966年に大学に昇格した．パークに入居している企業は，アストン大学の施設の利用や研究室と共同研究を行うことができる．ASPに加えてアストン大学の敷地も含めると65エーカー（26.3ha）の広さになる．

ASPは1983年に第1期の施設がオープンして以来，次々と施設を整備し，2005年現在，7プロジェクト，37万7千平方フィートにのぼる施設を保有するサイエンスパークとして発展した．

ASPの最初のプロジェクトは閉鎖された工場を1983年に改修して整備したインキュベーション施設であり，ビジネスイノベーションセンター（Business and Innovation Centre, BIC）である．同センターは創業間もない企業を受け入れ，成長を支援することを目的としたインキュベーション施設であり，施設面積は5万2千平方フィートあり，翌84年末までに15社が入居した．

BICに続く第2のプロジェクトは，1985年に建設されたベンチャーウェイ（Venture Way，4万8千平方フィート）である．同年末までにASPの入居企業は合わせて28社，雇用者数が100人にのぼり，さらに86年末までに全体の入居企業は41社を数えた．

第3のプロジェクトは，1987年に建設されたエンタープライズウェイユニット（Enterprise Way Units，2万6千平方フィート）である．入居企業は年末までに52社，翌88年には58社にのぼった．

第4のプロジェクトは，ホルトコートユニット（Holt Court Unit）であり，

89年にその第1期事業としてユニット1～5（3万平方フィート）が，90年には第2期事業としてユニット6～12（5万8千平方フィート）が建設された．その結果，入居企業は89年末には63社，91年末には70社にのぼった．

第5のプロジェクトは，1992年に建設されたアッシュドロックユニット（Ashed Lock Units，3万6千平方フィート）である．その結果，入居企業は70社，雇用者数は1,000人を超えた．

第6のプロジェクトは，プリーストレイワルフ（Priestley Wharf）である．1997年にはブロックA（4万3千平方フィート），2000年にはブロックB（3万8千平方フィート）が完成した．

第7のプロジェクトは，2001年に建設されたファラデイワルフ（Faraday Wharf，4万6千平方フィート）であり，入居企業は110社，雇用者数1,400人にのぼった（表6-1，図6-2参照）．

この間，1988年にはベンチャーキャピタルが設立されたのをはじめ，1994年にはBICが改修され，会議や研修施設，レストランなどの飲食施設が整備された．また，2001年にはEU地域構造基金（900万ポンド）によって第2のインキュベーション施設としてファラデイワルフが建設され，5万平方フィートのインキュベート施設が整備された．さらに，2005年にはEUとウェストミッドランズ地域開発公社（AWM）の補助を受けて，ITC産業

表6-1　アストン・サイエンスパークの施設とオフィス面積　　（単位：平方フィート）

施設名	建設年	オフィス面積
Faraday Wharf	2001	46,000
Enterprise Way	1987	26,000
Holt Court	1989-1990	88,000
Ashed Lock	1992	36,000
Priestley Wharf	1997-2000	81,000
Venture Way	1985	48,000
Busness & Innovation CTR	1983	52,000
合　　計		377,000

（出所）ASP [2003], Milestones より作成．

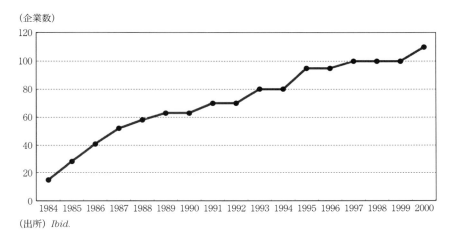

図 6-2 アストン・サイエンスパークの入居企業の推移

の起業と成長を支援する ICT ビジネス・イノベーションセンター（ICT Business & Innovation Centre, iBIC）がホルトコートに開設され，2 万平方フィートのインキュベーション施設が整備された．ASP が備えるインキュベーション機能は，ビジネス開発チーム独自のノウハウとイギリス国内はもちろんチームメンバーが EU に有するネットワークを通じて推進され，入居した創業間もない中小零細企業を支援する．また，ASP は今後の戦略産業として，ICT・医療・光産業を位置づけており，ウェストミッドランズ地域の ICT 関係中小零細企業を支援するアイセントラム（iCentrum），ICT クラスターの創出を目指すウェストミッドランズ地域開発公社，ICT・医薬品産業の集積を図ろうとするハートランドメディパーク・バーミンガム（Heartlands Medipark Birmingham），光産業の育成を目的とするフォトニクスクラスター UK（The Photonics Cluster, UK）等のプロジェクトを担っている[5]．

ASP のメリットは，①アストン大学のキャンパスに隣接し，大学の研究教育機能や福利厚生施設を利用できること，②シティセンターに隣接し，シ

ョッピングやエンターテインメント等の都市機能を享受できること，③シティセンターの再開発事業の一環であるイーストサイド[6]（Eastside）に隣接し，イーストサイドに整備される研究教育機能と融合できること，④バーミンガム空港，M42・M5・M6 等の高速道路，鉄道などの交通の結節点にあって，アクセスの利便性に恵まれたパークである．

　ASP は 2003 年にパーク開設 20 周年を記念し，21 世紀を展望して投資額 1 億ポンドにのぼる拡大計画を構想している．この計画によって建設される施設は 24 万平方フィート以上のレンタルルームを保有し，多くの雇用が創造されることが期待されている．そして，アストン大学の施設整備とあいまって，ASP 及びアストン大学にとって 60 エーカーの統合されたキャンパスが形成され，バーミンガムのイーストサイドの再開発地域に隣接したアストン・トライアングルは，新興のハイテク企業にとって高度な学術研究センターと直結したウェストミッドランズ地域における最も重要な地域になると期待されている（第 1 章参照）．

2.2　アストン・サイエンスパークの管理運営

　ASP はバーミンガム市，アストン大学，ロイズ銀行の 3 者のパートナーシップによって建設された．パークの管理運営はこれら 3 者の共同出資によって設立された BTL が担っている．BTL は日本のテクノポリス財団と同様に，サイエンスパークの建設と管理運営を担う機関であるが，その仕組みはテクノポリス財団と大きく異なる．

　すなわち，BTL の特徴の第 1 は，株式会社形態をとり，経営の自律性をもっていることある．BTL の主要株主はバーミンガム市・ロイズ銀行及びアストン大学であるが，経営面では自立しており，設立目的に対応した事業について独自に企画・立案及び実施することができる．もちろん，経営方針は出資者であるバーミンガム市・ロイズ銀行・大学関係者で構成される役員会において承認される必要があるが，新規事業に必要な資金はバーミンガム市・ロイズ銀行の出資金の他，EU 地域構造基金，民間金融機関からの借り

入れによって調達される．施設建設に必要な資金調達に際しては，バーミンガム市が債務保証し，金融機関からの資金調達を支援するが，BTL は財政的に自立しているところに特徴がある．BTL と比べると，日本のテクノポリス財団は，財政基盤が脆弱であり，経営の自律性を欠くものであった[7]．

　第 2 は，ビジネス支援サービスの専門性である．BTL のスタッフはフルタイムの専門家によって構成されている．ASP の CEO はアメリカ系金融機関等で勤務した経験のある D. ハリス（Dr. Derek Harris）であり，経営者としての能力と豊富な経験をもった人物である[8]．また，BTL の従業員数は 2006 年 3 月現在，40 名を数える．そのうち秘書や警備員を除く 12 名が入居企業に対するビジネスサポートを担当するマネジャーである．これらのマネジャーは，金融・会計・マーケティング・インキュベーション・IT などの専門家である．彼らは ASP の施設整備やテナント企業の募集活動を行うとともに，新規創業や創業間もないベンチャー企業の経営戦略，資金調達，マーケティング戦略の立案等をサポートし，事業を成功に導くことを任務としている[9]．

　第 3 は，事業がマーケットベースで行われていることである．BTL はハイテク企業の新規創業に必要な施設を建設して貸与（ハード事業）するとともに，入居企業に対するビジネス支援（ソフト事業）を主要な業務としているが，レンタル料は市場ベースで設定されている．例えば，エンタープライズウェイのテナント料は，2,010 平方フィート（187m^2，駐車場 6 台分含む）の場合，年額 2 万 100 ポンドと維持管理費 1 万 195 ポンド，合わせて 3 万 295 ポンドにのぼる．1 平方フィート当たり，15 ポンドである．その結果，BTL は事業活動から独自の財源を確保することができ，それを原資として柔軟に経営を行うことができる．BTL は独立の株式会社として事業収入によって経営を持続させることが可能であり，必要に応じて事業収入を担保にして資金を調達することもできる．パーク入居のニーズが高ければ，資金を調達して施設を拡張することが可能である．ASP が開設以来 20 年の間に次々と施設を拡張することができたのは，事業が市場ベースで行われ，財政

的自律性をもっていたからである．入居期間や条件についても柔軟に設定されており，1～5年の短期，5～10年の中期，10～15年に至る長期まで多様なレンタル期間を設定している．インキュベーション機能が重視される場合には無料または低料金で貸与して新規創業を支援する[10]．

　第4は，投資の持続性である．ASPの最初の事業は工場跡地を改修して1983年に開設したイノベーション・センター BIC である．センターが開設されると15社が年内に入居し，満室となった．パークが開設され，潜在的ニーズが大きいことが確認されたのである．このため，1985年にはベンチャーウェイを建設し，86年までに40社が入居した．さらに87年にはエンタープライズウェイを建設した．このようにニーズに対応して機動的に事業を拡大できるのは，BTLの経営の自立性とマーケットベースによる事業運営を基本にしているからである．マーケットベースによるテナント料によって安定した事業収入を確保し，それをベースにして外部資金を独自に調達することができるからである．

2.3　アストン・サイエンスパークの経済効果

　ASP の建設は，衰退したバーミンガム経済に大きな活力をもたらした．1983年に閉鎖された工場を補修して整備した BIC には15社が入居したが，その後施設の整備とともに入居企業が増加し，2003年4月現在，パークに入居している企業は105社，従業員数は1,400人，入居企業の年間売上高は2億ポンドにものぼる．

　ASP に入居している主要業種は，ソフトウェア，医薬品，E-コマース，マルチメディア，環境サービス，コンピュータ・ハードウェア，広告・マーケティング，自動化装置，会計事務所，オプト・エレクトロニクス産業である．

　なお，パーク開設以来入居企業は合わせて600社にものぼる．入居企業は事業に成功すると民間施設に転出（卒業）する傾向が強い．既に述べたように，テナント料はマーケットベースで設定されている．パークのテナント料

は，IT設備などが整っていること，専門的なビジネスサポートを受けることができること，ASPの知名度とASPに入居していることによって得られる信用などから，民間の類似施設と比べてテナント料が割高である場合が少なくない．ASPで事業に成功した企業は，事業の拡大に対応した施設をパーク内に確保できなかったり，割安な民間の施設を見つけて転出する傾向が強い．もちろん，転出企業の中に事業に失敗して退出したケースもあるが，その比率は少ないという[11]．

ASPのサイエンスパークとしての特徴は，インキュベーション機能が高いことである．105社の入居企業のうち60％がパークで新規創業したものである．また，全体の25％は大学から，25％が民間企業からスピンアウトしたものである．パーク内で創業した企業が多いことは，ASPのインキュベート機能，すなわち，起業化支援機能が高いことを物語っている．

その結果，当然のことであるが，入居企業の大半が中小零細企業である．従業員規模別に分けると，従業員1～5人が全体の46％を占め，6～15人35％，16～50人15％，51～300人4％であり，従業員15人以内の零細企業が全体の8割を占めている．

サイエンスパークの建設が不動産事業であり，テナント料収入の獲得を目的とする場合には，入居企業は大企業やその支店・分工場の方がより目的に適合的である．創業間もない中小零細企業の場合には事業に失敗し，テナント料収入を安定的に獲得することが困難になる可能性がある．また，大企業を入居させれば，パークで創業した中小企業がビジネスに成功するよう支援するインキュベーション機能を整える必要もない．ASPは知識産業を育成してバーミンガム経済の再生と雇用・所得の確保を目的として建設されたものであり，インキュベーション機能が重要な機能として位置づけられているのである（図6-3参照）．

入居企業の主要分野は，オプト・エレクトロニクスとICT分野である．とりわけ，オプト・エレクトロニクス分野はアストン大学医学部の眼科部門の研究成果と結合したものであり，潜在的な競争力をもっている．入居企業

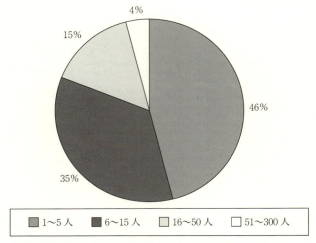

(出所) アストン・サイエンスパークでの聞き取り調査による.

図6-3 アストン・サイエンスパークのテナントの従業員規模別割合

はパーク内のセミナーやデモンストレーションによって情報交流することが可能であり，パーク入居のメリットを享受できる．

2.4 バーミンガム・サイエンスパーク・アストンへの改組

既に述べたように，ASPは1983年にバーミンガム市・アストン大学及びロイズ銀行とのパートナーシップによって開設されたが，2008年に大きく改組された．バーミンガム市のサイエンスパークに対する今後の戦略を明確にし，新しい事業の事業費として35百万ポンドを配分するために，ASPを市の全面的所有に転換し，名称もバーミンガム・サイエンスパーク・アストン（Birmingham Science Park Aston, BSPA）に改称した．管理運営会社のBTLはイノベーション・バーミンガム株式会社（Innovation Birmingham Ltd, IBL）に改組された．アストン大学はIBLの理事会にポストを有し，パークに立地する企業に対する管理サービスやエクイティ資本を供給している．

これを機に，BSPAは，パークに新しい方向性を与え，戦略を明瞭にす

るために開発ゾーンを2つのキャンパス,サイエンス・テクノロジーキャンパス (The Science & Technology Campus, STC) とイノベーション・バーミンガムキャンパス (The Innovation Birmingham Campus, IBC) に分割した.

STCは既存の複数占有型あるいは本社単独占有型の施設を管轄する.これらの施設はバーミンガム市が直接所有し,IBLが管理運営サービスを提供する.

IBCは,バーミンガムのイノベーション戦略を推進するための施設であり,既存のハイテクビジネスだけでなく,新しいハイテクベンチャー企業の創業に焦点を合わせてサービスすることを目的とするものであり,ファラデイワルフ内に115平方フィートから4,000平方フィートにおよぶ一連の柔軟なオフィスを70室設けている.このほか,IBCはハイテクベンチャー企業のスタートアップを支援するためのインキュベーション施設を整備している.2016年までに,ハイテクベンチャー企業のスタートアップを支援して地域経済の多様化を図る企業家未来センター (Entrepreneurs for the Future Centre[12], e4f),革新的なスタートアップを目指す若手企業家と事業に成功した企業家とのコラボレーションの場であるアイセントラム (4万2,149平方フィート),高規格のビデオ会議システムを備えて市内の3大学が連携して学生をトレーニングする大学センター (5,812平方フィート) が開設された.さらに,デジタルビジネス向けのマーケットワルフ (Market Wharf, 8,000平方フィート) が建設される予定である.この他,IBCは多様な利害関係者とパートナーシップをもち,スマートシティ行動計画を推進し,グレーターバーミンガムにわたってイノベーションによる地域経済の再生を目指している.

2.5 バーミンガム・サイエンスパーク・アストンの特徴

BSPAの特徴の第1は,80年代に地方工業都市において建設されたサイエンスパークであり,イギリスのサイエンスパークの中で成功した代表的なサイエンスパークとして高く評価されていることである.イギリスにおける

サイエンスパークの建設段階を大きく分けると，ケンブリッジ・サイエンスパークとヘリオット-ワット大学リサーチパークを代表としてサイエンスパークの建設が開始される1970年代の第1期，地方工業都市においても建設が本格化する1980年代の第2期，民間デベロッパーがサイエンスパークの整備に乗り出す第3期の1990年代以降に分けることができるが，BSPAは第2期に建設されたサイエンスパークの代表的な事例である．

　第2の特徴は，BSPAの建設はバーミンガム市の積極的な働きかけとロイズ銀行及びアストン大学とのパートナーシップで推進されたことである．イギリスのサイエンスパークの特徴の1つはパートナーシップによって開発されていることであり，大学・研究機関，地方政府，商工会議所などの経済団体，地域企業，地域開発公社などが連携して内発的に推進されている．BSPAの特徴はバーミンガム市が先導し，アストン大学とロイズ銀行がパートナーとして開発に参加したことである．

　第3の特徴は，イギリスを代表する地方工業都市であるバーミンガムの再生事業の一環を担う重要なプロジェクトとして推進されていることである．BSPAはシティセンターに隣接する工場地帯に建設されており，70年代不況によって閉鎖された工場跡地の再開発事業として推進されている．バーミンガム市は閉鎖された工場跡地22エーカーを購入し，サイエンスパークの開発用地として提供した．また，BSPAはバーミンガムの都市再生事業の重要な一環を構成するイーストサイドの再開発事業と有機的に連携している．第1章で述べたように，バーミンガムは都心の多機能化を掲げて大規模な都市再生事業を推進しているが，シティセンター・コアを取り囲むエリアを大きく8つの区域に分けて再開発している．その1つがアストン・トライアングルであり，BSPAはその重要な構成要素である．

　第4の特徴は，BSPAの重要な機能としてインキュベーション機能を保有していることである．民間デベロッパーが整備したサイエンスパークは既存の大企業を対象にハイテク産業向けの施設を整備し，テナント料収入の獲得を目的としていることと大きく異なる．サイエンスパークは単なるハイテ

ク産業の集積拠点を開発する不動産事業ではなく，大学や研究機関と連携し，ハイテクベンチャー企業の起業を支援するインキュベーション機能を備えているところに特徴がある．新規創業を支援して新たな産業を創出し，国際競争力を喪失した従来型製造業に代わる知識産業の集積を図り，就業と所得を獲得する機会を拡大して地域経済の再生を目的とするところに特徴がある．その意味でBSPAは科学技術の成果をベースに新規創業を支援し，在来型工業都市であったバーミンガムを知識産業の集積拠点に転換する戦略的プロジェクトとしての地位を占めている．

第5は，事業の持続性である．BSAPは1983年に閉鎖された工場を改修してイノベーションセンターを整備したのが最初である．その後，工場跡地にハイテク産業向け施設を整備し，30年後の今日，オフィス面積は全体で37万7千平方フィートにのぼるサイエンスパークとして拡大している．BSPAはバーミンガム市のシティセンター再生事業と一体化して今後さらに拡大される計画である．

第6は，後述する地域開発公社が先導するウェストミッドランズ地域の知識経済への転換を目指すプロジェクトの中核事業としての性格をもっていることである．なお，AWMは，2010年の政権交代による広域地方制度の廃止に伴い，2012年に閉鎖された．

第7は，EUの支援であり，EU地域構造資金が交付されていることである．バーミンガムはEUのオブジェクト2地域に指定され，独創的な地域再生事業に対してEU資金の交付を受けることができる．パークの管理会社BTL（現IBL）が入居しているファラデイワルフの壁面にはEUから地域構造資金の交付を受けていることを示す垂れ幕が掲げられている．

第3節　サイエンスパークの広域連携とハイテク・コリドール構想

3.1　ウェストミッドランズのサイエンスパーク

既に明らかにしたように，2016年現在，イギリスサイエンスパーク協会

(UKSPA) に加入しているサイエンスパークは 170 パークを超える[13]．ウェストミッドランズ地域には協会に加入しているサイエンスパークとして，BSPA の他に，バーミンガム・リサーチパーク，ロングブリッジ・テクノロジーパーク，コヴェントリー大学テクノロジーパーク，キール大学サイエンス・イノベーション・ビジネスパーク，マルバーンヒルズ・サイエンスパーク，MIRA テクノロジーパーク，ストーンリーパーク，ウォーリック大学サイエンスパーク，ウォルヴァーハンプトン大学サイエンスパークの 9 パーク，合わせて 10 パークが存在する（表 6-2 参照）．

バーミンガム・リサーチパーク（BRP）は，バーミンガム市とバーミンガム大学とのパートナーシップによって 1986 年に建設されたサイエンスパークであり，バーミンガム大学のキャンパスに隣接している．土地の一部は大学の所有地，一部はバーミンガム市からの長期借地である．BRP はバーミンガム市とバーミンガム大学の共同出資によって設立されたバーミンガム・リサーチパーク株式会社（Birmigham Research Park Ltd, BRPL）によって管理されている．BRP は ASP に比べて建設開始が遅く，また，パークの規模も小さい．隣接の 2 つの用地を含めても用地面積は 8 エーカー（約 3.2 ha），BSPA の約 3 分の 1 にすぎない．バーミンガム大学はイギリスの研究型大学（総合大学）として上位にランクされている大学（2016 年大学ラン

表 6-2　ウェストミッドランズのサイエンスパーク

番号	サイエンスパークの名前
1	Birmingham Research Park
2	Coventry University Technology Park
3	Innovation Birmingham Campus (Part of Birmingham Science Park Aston)
4	Keele University Science and Innovation Business Park
5	Longbridge Technology Park
6	Malvern Hills Science Park
7	MIRA Technology Park
8	Stoneleigh Park
9	University of Warwick Science Park
10	University of Wolverhampton Science Park

（出所）UKSPA のホームページ（http://www.ukspa.org.uk/）より作成．

第6章 アストン・サイエンスパーク 171

キング17位）であり，ウェストミッドランズ地域の中核的大学である．バーミンガム大学はアストン大学[14]に比べて大学としての歴史も古く（前者は1900年設立，後者は専門学校として1895年設立，1966年大学に昇格），大学の規模も大きいことを考慮すると，バーミンガム大学のサイエンスパークの建設に対する姿勢は決して積極的であるとはいえない[15]．しかし，近年ではバーミンガム大学もサイエンスパークの整備に関心を高めており，当該地域全体のハイテク・コリドール構想を担う中核大学として位置づけられている．

また，例えば，地方工業都市の再生を目指すサイエンスパークとしてウォルヴァーハンプトン・サイエンスパーク（WSP）がある．WSPは，工業都市ウォルヴァーハンプトンの中心部から車で10分ほどの工場地帯の中にある．パークのすぐ傍にキャナルがあり，産業革命期から発展した工場地帯であることがわかる．周辺には老朽化し，稼働していない工場があるが，再開発された新しい工場も点在し，再開発の途上にあることがわかる．センサス2011によれば市人口は24万9,900人であり，イギリスの他の都市と同様に人口が増加傾向にある．WSPは1995年に開設されたものであり，イギリスのサイエンスパークの中では比較的新しく，小規模なサイエンスパークである．WSPは3つの施設から構成されている．第1は，テクノロジーセンター（The Technology Centre）である．1995年に建設された施設であり，その後，2000年に3万平方フィート拡張された．本センターは，テナント企業にビジネス施設を提供するとともに，パーク外の顧客に対しても高度なコンファレンス機能を提供している．本センターには2006年3月現在，33社のテナント企業が入居している．

第2は，開発センター（The Development Centre）であり，技術センターと同じ1995年に建設されたものである．本センターは技術センターのそれよりもより広い施設への入居を希望するテナント向けの施設であり，2,300平方フィート（214m^2）から4,600平方フィート（429m^2）の施設が整備され，最低3年のリースで入居することができる．入居テナント企業は3社で

ある．技術センターと開発センターを合わせると，レンタル可能な施設面積は5万5千平方フィートにのぼる．

第3は，クリエイティブ産業センター（The Creative Industries Centre）であり，2004年に完成した．貸与可能施設面積は全体で4万5千平方フィートにのぼる．本施設の1階部分は，R&D活動を行ったり，試作品開発等をするテナント企業を対象に貸与されている．レンタルルームの広さは1部屋250平方フィートから柔軟に対応できる．2階部分は，SPARKプロジェクトの拠点であり，アニメーション・デジタル・デザインやメディア生産などの創造的なビジネスの開発や成長を支援することを目的としている．SPARKは，新しくスタートアップする企業のために公開のインキュベーター・エリアや共用型施設等を保有している．3階部分は，作業場やスタジオ・スタイルの施設を必要としない技術や知識志向型企業を対象とした高品質のオフィスからなる．さらに，本センターには独自の受付施設，コスタ・カフェバー，ミニ・レストラン，会議室が設置されている．

これら3つの施設を合わせると，全体として10万平方フィートの施設（レンタルルーム）を保有し，マーケットベースでテナント企業に貸与している．また，WSPは他のサイエンスパークと異なって，テナント企業に対してカスタマイズされた建設プロジェクトを提供したり，サイエンスパークの傍に最新の製造施設の建設を希望する企業に対して土地を貸与することも可能である．WSPはオープン以来順調にテナント企業が入居しており，2004年現在，テナント企業はテクロノジーセンター33社，開発センター3社，クリエイティブ産業センター44社，合わせて80社を数える[16]．

なお，WSPの建設に際してEU地域構造基金（ERDF）とウォルヴァーハンプトン市からの支援（City Challenge）を得た．WSPの主要な収入はテナント料であり，マーケットベースでリースされている．同時に，WSPはインキュベート機能をもっており，創業間もない企業に対しては無料あるいは割引された料金で貸し出される[17]．なお，WSPは2012年にウォルヴァーハンプトン大学サイエンスパーク（University of Wolverhampton Science

Park, UWSP）に改称した．

3.2 ハイテク・コリドール構想

産業革命以来，「世界の工場」の中心であったウェストミッドランズ地域にとって，地域経済を再生し，国際競争力のある知識産業を集積させることは地域産業政策の重要な課題であることはいうまでもない．BSPA や UWSP に代表されるサイエンスパークの成功は，当該地域経済の再生政策の方向について指針を与えるものであった．

ウェストミッドランズ地域開発公社（AWM）は，従来の個別に建設されたサイエンスパークを広域的に連携させつつ整備し，当該地域を先導する基幹産業として知識産業を育成することを戦略的課題としている．すなわち，2010 年を目標にハイテク産業を集積させ，ウェストミッドランズ地域を国際的な競争力をもつ地域として再生しようとするハイテク・コリドール（High Technology Corridors, HTC）構想がそれである（図 6-4 参照）．

HTC 構想は，①多様でダイナミックな産業基盤を開発すること，②人々が学習し，技能レベルの高い地域とすること，③成長の諸条件を創造すること，④コミュニティを再生することを基本戦略とし，ウェストミッドランズ内に 3 つのハイテク産業の集積拠点を整備しようとする構想である．HTC 構想は，当該地域の既存産業に先端技術の成果を注入し，研究開発活動が活発に行われ，学術的な専門的知識が集積する地域に転換しようとするものである．

すなわち，HTC 構想の第 1 は，ルート A38 沿いにバーミンガムからウスターシャーに至るウェストミッドランズの南西地域を対象とする開発構想であり，後述するセントラル・テクノベルト（Central Technology Belt, CTB）構想は HTC 構想の一環を構成する．アストン・サイエンスパーク，バーミンガム・リサーチパーク，マルバーンヒルズ・サイエンスパークなどの既存のサイエンスパークを核にしつつ，ルート A38 沿線地域に工場・事業所の移転や閉鎖などによって出現した再開発用地を活用してハイテク産業の集積

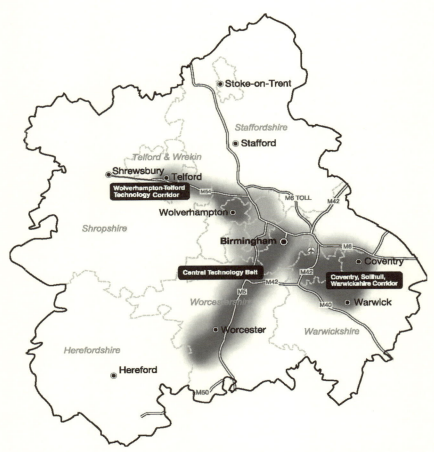

(出所) Advantage West Midlands [2005], The West Midlands' High Technology Corridors.

図 6-4　ハイテク・コリドール構想

拠点を整備しようとするものである．

　第 2 は，ウォルヴァーハンプトンからテルフォード，シュルーズベリーに至るウェストミッドランズの北西地域を対象とする開発構想であり，ウォルヴァーハンプトン-テルフォード・コリドール（Wolverhampton-Telford Corridor, WTC）構想である．ウォルヴァーハンプトンはいわゆるブラック

カントリーを構成する工業都市である．同市は産業革命期の中心的工業都市であり，多様な金属加工業が集積した地域であったが，当該地域も70年代に国際競争力を喪失し，地域経済が衰退した．競争力のある産業を育成し，産業構造を多様化して衰退した工場地帯をどのように再生するか問われている．WTCの1つが，ウォルヴァーハンプトン大学サイエンスパーク（UWSP）であり，工場跡地を再開発してハイテク企業の創業と成長を支援している．UWSPは95年に建設開始されたものであり，イギリスのサイエンスパークの中では小さなパークであるが，既に述べたように着実に新規創業を支援し，テナント企業が入居している．WTCは，WSP，キール大学サイエンスパーク，スタッフォードシャー・テクノロジーパーク[18]等の既存のパークを核としつつ，ウェストミッドランズの北西地域の再生戦略を担うものである．

第3は，バーミンガムからコヴェントリー，ウォーリックシャーに至るウェストミッドランズ地域の南東地域を対象とする開発構想であり，コヴェントリー・ソリフル・ウォーリックシャー・コリドール（Coventry-Solihull-Warwickshire Corridor, CSWC）構想である．コヴェントリーは織機製造技術を基礎にして世界で最初に自転車が開発された地域であり，自転車からバイク・自動車工業が集積した地域である．イギリスを代表する高級自動車メーカージャガー発祥の地でもある．

ウォーリックシャー地域は，ウォーリック大学が中心となってウォーリック大学サイエンスパーク（University of Warwick Science Park, UWSP）を建設し，ハイテク産業の集積が開始している地域である．UWSPは，1982年に建設開始されたサイエンスパークであり，ASPとともに成功したサイエンスパークの代表的なパークである．既に59社のハイテク企業が集積し，1,500人の雇用をもたらしている[19]．

また，コヴェントリー大学は1843年に設立されたデザイン専門学校であったが，1992年の大学制度改革によって大学に昇格したものである．キャンパス内にコヴェントリー大学・テクノロジーパーク（Coventry University

Technology Park, CUTP) を建設して，ハイテク産業の集積を図ろうとしている．CUTP の建設は 1996 年から開始され，開発用地 8.1ha を予定している[20]．まだ入居企業は多くないが，当該地域経済の再生を担う拠点として期待されている．

このように，HTC 構想は，かつのて「世界の工場」の中心であったウェストミッドランズ地域を国際的な知識産業の集積拠点に転換し，国際競争力を再生しようとする構想である．

3.3 セントラル・テクノベルト構想

CTB 構想は，バーミンガムとイギリス南西部の中心都市ブリストル[21] (Bristol) を結ぶ主要幹線道路であるルート A38 (Bristol Road) 沿いに，既存のサイエンスパークと連携する形で新たにサイエンスパークを整備し，一大ハイテク産業の集積拠点を建設しようとするものであり，ハイテク・コリドール構想の一環を構成する．

戦略的な技術分野として次の 4 つの分野が設定されている．①応用材料科学技術，②医療科学技術とサービス，③センサー及び駆動技術，④環境技術である．センサー・駆動技術が開発の重点分野とされているのは，マルバーンヒルズ・サイエンスパークが軍の通信施設跡地に開発されたパークであり，軍事技術に関わるセンサー・駆動技術を蓄積しているからである．また，MG ローバーの工場跡地に建設されているロングブリッジ・リサーチパーク[22]にはマイクロ技術やナノテク・クラスター，ペブルミル・サイエンスパーク (Pebble Mill Science Park) には医療及びライフサイエンス・クラスターを形成する計画である（表 6-3 参照）．

CTB 構想にみられるハイテク・コリドール構想は，イギリスにおけるサイエンスパークの整備地域が単に広域化しただけではなく，サイエンスパーク開発政策が新たな段階に移行したことを物語っている．

すなわち，CTB 構想の特徴の第 1 は，計画立案と推進主体が個々のサイエンスパークから地域開発公社に代わったことである．従来のサイエンスパ

第6章 アストン・サイエンスパーク　　177

表 6-3　CTB 構想における主要なサイエンスパーク開発計画

Site Name	サイトのタイプ	戦略技術・産業	規模 （エーカー）	雇用者数 （人）
Mathew Boulton	住宅付のハイテク技術	未定	11.1	776
Battery Park	テクノロジーパーク	メディカル・ヘルスケア ビジネス関連技術	6	435
Pebble Mill	R&D パーク	メディカル・ヘルスケア技術 R&D 活動 R&D activity	11	1,460
Selly OakHille	医療機関	メディカル・ヘルスケア技術	43.5	1,730
Longbridge	ハイテク志向	ナノテク，エンジニアリング技術の R&D 環境技術，流通技術， 一般産業及び軽産業 付随するオフィス，倉庫	40 +18	3,000+ 1,350
			86.1	7,021

（出所）Centre for Urban and Regional Studies [2006], An Overview of the CTB Development Framework.

ークは大学・研究機関と地方政府及び民間企業とのパートナーシップによって建設されたのに対して，CTB 構想においては広域におよぶハイテク産業の集積拠点の整備を地域開発公社が先導して推進しようとしているところに特徴がある．

　第2は，開発対象地域が広域におよび，複数のサイエンスパークやリサーチパークが連携していることである．従来は個々のサイエンスパークの建設と管理運営が中心であったのと異なる．既存のサイエンスパークであるバーミンガム・サイエンスパーク・アストン，バーミンガム・リサーチパーク，マルバーンヒルズ・サイエンスパーク等に加えて，新たにロングブリッジ・テクノロジーパーク，バッテリー・テクノロジーパーク及びペブルミル・サイエンスパークの開発が計画されている．

　第3は，パートナーシップであり，当該エリアに存在する大学・研究機関との連携を重視していることである．CTB 構想の実現にはパートナーシッ

プの構築が重要な課題であり，大学・研究機関，地方政府，サイエンスパーク，商工会議所，ラーニング・スキルカウンシル，ナショナルヘルス・サービス，それに地域開発公社 AWM が主要なパートナーとして期待されている．とりわけ，アストン大学に比べてサイエンスパークの建設に消極的であるといわれていたバーミンガム大学，バーミンガム医科大学 (University Hospital Birmingham) やセントラル・イングランド大学 (University of Central England, 現 Birmingham City University) が当該構想のパートナーとして重要な位置を与えられていることである．

第 4 は，開発資金を中央政府及び地域開発公社や民間企業とのパートナーシップによって調達する計画である．CTB の基金は，EU 地域構造基金，イギリス中央政府，AWM，地方政府，大学，各サイエンスパーク，民間セクターからの出資によって調達する計画である．

第 5 は，開発用地は既存の工場跡地や事業用地を活用して確保する計画であり，国際競争力を喪失して衰退した工場跡地の再開発事業としての性格をあわせもっていることである．その 1 つは BBC の移転跡地を開発するペブルミル・サイエンスパークである．もう 1 つは，ローバーの工場跡地を再開発して建設されたロングブリッジ・テクノロジーパークである．

CTB 構想は，既存の 3 つのサイエンスパークに加えて，新たに 5 つのサイエンスパークを建設する予定であり，計画が具体化されている 4 つのパークの合計面積は 86.1 エーカー (約 34.8ha)，雇用者数は 7,000 人を超えると期待されている．直接的な効果だけでなく，間接的な開発効果を考慮すると，CTB はウェストミッドランズの南西地域経済の知識経済への転換と国際競争力の再生に貢献するものと期待されている．

ところで，2010 年の労働党から保守党への政権交代は，広域地方制度を廃止し，それに伴って地域開発公社は 2012 年に解体された．AWM も 2012 年に閉鎖され，ハイテク・コリドール構想や CTB 構想は，構想段階にとどまった．広域連携したサイエンスパークの整備は計画倒れになったのである．しかし，イギリスのサイエンスパークはもともと自主的・内発的に推進され

たものであり，地域開発公社が存在しなくとも，サイエンスパーク間の情報交換や経験ノウハウを共有する仕組みができ上がっている．

他方，サイエンスパークの開設によって大学・研究機関や既存企業からスピンアウトしてハイテクベンチャー企業が誕生し，雇用も拡大しているが，在来型の製造業が担っていた雇用を補完するほど大きな雇用を生み出すには至っていない．

第4節　地方工業都市の再生とサイエンスパーク

BSPA（前ASP）の建設はバーミンガム市・ロイズ銀行及びアストン大学のパートナーシップによって推進されたものであり，衰退した地方工業都市の再生プログラムであった．BSPAはイギリスのサイエンスパークの中で成功モデルとして高く評価されているサイエンスパークの1つであるが，ウェストミッドランズ地域にはBSPAの他にもUKSPA加盟のサイエンスパークが合わせて10パーク建設されている．各々のサイエンスパークは，大学・研究機関の研究成果をもとに新規創業したり，既存企業からスピンアウトしたハイテクベンチャー企業を支援し，順調にハイテク産業が集積しつつある．2008年のリーマンショックとその後のリセッションは，サイエンスパークのテナント企業や雇用を一時的に減少させたが，回復しつつある．サイエンスパークに集積したハイテク企業の多くはまだ経営規模が小さいが，先端技術分野で独自の分野を開拓し，高い競争力を構築しつつある．しかしながら，全体としてみれば，在来型製造業が担っていた安定した雇用機会を補完するにはまだまだ不十分であり，政策的課題が残されている．サイエンスパークを梃にしたハイテク産業クラスター形成計画は，在来型製造業が担っていた雇用を代替できる水準には到達しておらず，道半ばであるといえる．

ウェストミッドランズ地域開発公社は，これらのサイエンスパークを広域的に連携させ，当該地域全体においてハイテク産業の集積拠点を形成しようとするハイテク・コリドール構想やセントラル・テクノベルト構想を立案し，

推進しつつあった．しかし，2010年の政権交代による広域地方制度の廃止（2011年）による地域開発公社の閉鎖は，広域連携によるハイテク産業振興政策を頓挫させることになった．個々のサイエンスパークは自律し，独自にハイテクベンチャー企業の創業やスタートアップを支援している．また，各々のサイエンスパークは，マーケットベースによるテナント料収入によってサイエンスパーク運営の財政基盤を構築しているから，地域開発公社の閉鎖が直ちにサイエンスパーク運動を消滅させることを意味するわけではない．今後，個別のサイエンスパークの建設から広域的な連携によるハイテク産業クラスターの形成による安定した雇用を確保できるかどうか問われている．

注
1) Birmingham Economic Information Centre のホームページ（http://www.birminghameconomy.org.uk）より．
2) 鈴木茂［2006］,「イギリスにおける地方工業都市の再生」山﨑怜・多田憲一郎編著『新しい公共性と地域の再生』昭和堂．
3) アストン大学は，バーミンガム産業を担う技術者の養成を目的に，1895年にバーミンガム市立技術学校（The Birmingham Municipal Technical School）として設立された．労働者のために夜間学級を開設し，化学・物理学・機械工学を教えた．1930年代にバーミンガム中央技術専門学校，1966年にアストン大学に昇格した．George Parker [1996], The Origin & Development of Aston University 1895-1996.
4) アストン・サイエンスパークでの聞き取り調査による．
5) 同上．
6) バーミンガムのシティセンターの再生事業については第1章参照．シティセンター再生事業の中でイーストサイドは教育・研究ゾーンであり，大学・専門学校が整備されている．完成すればシティセンター隣接地域に大学・高等教育・研究及びハイテク産業の集積拠点が形成されることになる．
7) テクノポリス地域に指定された26の道県は，テクノポリス財団の運営資金を調達するために基金を積み立てた．基金の規模は地域によって異なるが，1財団8億円から69億円，26財団合わせると555億円にのぼった．基金は民間からの寄付金と道県からの出資金によって造成され，基金の運用益（利子収入）によって財団を運営する仕組みであった．しかし，財団が基金の運用益から得られる資金は限られ，運用益によって新規の設備投資資金を調達することは困難であり，財団の活動が制約された．運用収益以外での主要な財源は，本庁（道県庁）からの

受託業務にともなう委託費であった．しかも，事業内容の決定は財団ではなく本庁が行うものであり，財政的自律性はもちろん，運営の自律性をも欠くものであった．この財団の資金調達方式は，バブル経済崩壊と平成不況の長期化に直面して破綻することになった．平成不況対策として公定歩合が引き下げられた結果，市場金利が低下し，財団の財政的破綻を招くことになった．さらに，後述するように，財団の役職員は県庁や地元金融機関からの出向者であった．出向職員の形で本庁や民間企業が人件費を負担したのである（詳細は鈴木茂［2001］，『ハイテク型開発政策の研究』ミネルヴァ書房，81-82ページ）．

8) D. ハリス氏は1983年にASPのスタッフとして加わり，1993年からCEOを務めた．彼は4年間EUの内外においてビジネス・イノベーションセンターの開設を奨励するヨーロッパ・ビジネスネットワーク（The Prestigious European Business Network, EBN）の代表として貢献した．彼のこうしたビジネス支援活動は高く評価され，2000年7月にはThe Ernst and Young Central Region Supporter of Entrepreneurship Awardを受賞した．そして，同年，アストン大学の名誉科学博士号を授与された．さらに，彼は多くの管理職の地位にあり，ベクスレイ（Bexley）にあるトーマス・ゲイトウェイ・イノベーションセンターの議長であり，スチーブンエイジ（Stevenage）にあるハートフォルシャー・ビジネスインキュベーションセンターのCEOも務めている．ASPのホームページ（http://www.astonsciencepark.co.uk）より．

9) 日本のテクノポリス財団のトップの多くは道県の幹部OBであり，職員は主として県庁や地元金融機関・NTTなどからの出向社員によって構成された．彼らはビジネスの専門家ではなく，また，ビジネス経験がほとんど全くない．加えて2～3年で出向元に戻る．つまり，財団の職員は新規創業支援に必要な専門的知識や経験をもたず，また，在籍期間は3年程度であり，財団での経験を通じてビジネス支援に関するノウハウを蓄積することができない．BTLの社員は専門職であり，専門分野を特定して公募されるのと対照的である．

10) Aston Science Park [2007], Latest Space Available.

11) ASP開設以来の卒業企業が600社にのぼるのは，事業が軌道に乗ると，パーク外の一般民間施設に移動する傾向が強いからである．テナント料がマーケットベースとはいえ，条件によってはそれよりも高い場合がある．また，施設のスペースが事業の拡大に対応できない場合もある．事業上の見通しがつけば，より安価な施設を探して転出（卒業）するからである．転出企業が多いのは経営に失敗したからではなく，むしろ事業に成功した場合が多いことに留意する必要がある．

12) e4fは2009年に創立以来120社のハイテクベンチャー企業の創業を支援した（https://www.innovationbham.com/）．

13) 鈴木［2004］，「イギリスのサイエンスパーク」『松山大学論集』第16巻第1号．

14) 産業革命によってバーミンガム経済は発展したが，19世紀半ば頃になると，バーミンガム経済のさらなる発展のために，技術教育の必要性が認識されるように

なった．こうした地域の要請に応えてアストン大学は，1895年に設立された技術専門学校であるが，1966年には大学に昇格し，今日に至っている．アストン大学は，イギリスの多くの大学と比べて決して古い歴史をもつ大学ではないが，地域産業の要請を受けて設立された歴史的経緯から実践的であり，イギリスの大学の中では早くからビジネススクールを開設するなど，大学運営においても積極的である（George Parker [1996], The Origin & Development of Aston University 1895-1996）．

15) バーミンガム大学の大学院・学生数は世界150ヵ国から，2万6,000人を数え，2001年のイギリス全体の研究型大学としての評価で第5位にランクされている（http://www.birmingham.ac.uk/index.aspx）．
16) 2016年10月現在，ウォルヴァーハンプトン・サイエンスパークのホームページでは52社がリストアップされている（http://www.wolverhamptonsp.co.uk/about-us/level-2/）．
17) ウォルヴァーハンプトン・サイエンスパークのホームページ（http://www.wolverhamptonsp.co.uk/tenants/?page=11）．
18) キール大学サイエンスパーク（Keele University Science & Business Park）は規模が小さいが，2007年8月現在，入居企業は38社にのぼる（http://www.kusbp.co.uk/index.asp?id=55）．
19) The United Kingdom Science Park Association [2002], UK Science Park Directory Tenth Edition, p. 129.
20) *Ibid.*, p. 51.
21) ブリストルはサウスウェスト（South West）地域の中心都市であり，人口44万9千人（センサス2011）を数える．航空機産業をはじめ，ニューメディア産業やICT産業などのハイテク産業が集積した都市である（htt://www.bristol.gov.uk/）．
22) 第2章で紹介したように，LRPはロングブリッジ・テクノロジーパーク（Longbridge Technology Park）に名称変更して完成した．

第7章
マンチェスター・サイエンスパーク

第1節　マンチェスターの都市再生政策

1.1　コットン・シティの衰退

　マンチェスターは，イギリス産業革命期の代表的都市であり，紡績産業の集積を基盤として発展した都市である．アメリカから輸入した綿花を原料とした紡績業は，ワットの蒸気機関の改良もあって，マンチェスターの北部に位置するランカシャー[1]（Lancashire）地域で急速に発展し，マンチェスターはランカシャー地域の拠点都市として発展した．

　ところで，マンチェスターはコットン・シティ（cotton city）とも呼ばれるが，マンチェスター発展の主要な要因は，製造業の集積によるよりも，綿工業に関わる貿易・倉庫業が集積したことである．その名残は，市内各地にみられる．マンチェスター・ユナイテッドのスタジアム近くの歩道にさりげなく設置されている碇のモニュメントが，当該地域がかつて貿易・倉庫業で繁栄したことを物語っている．また，シティセンターのピカデリー広場に近いブリタニアホテル（Britannia Hotel Manchester）は，かつて倉庫として建設されたものをホテルに転用したものである[2]．

　マンチェスターは産業革命期以来綿工業と関連産業が集積して繁栄したが，20世紀になると大きな転機を迎える．その契機となったのは第1次世界大戦である．1913年はランカシャーの綿工業にとって記録的な年であり，綿製品の輸出は全体で70億リニア・ヤード（linear yards），イギリスにおける

当該産業の全生産高の80%を占めた．また，全世界の綿製品の65%以上がランカシャーの織機によるものであった．しかし，第1次世界大戦を契機にイギリス綿製品の国際競争力が急速に低下した．第1次世界大戦はイギリス綿製品の主要な海外市場であったインドへの輸出をストップし，その間に日本及びインド国内の紡績業の参入を許すことになった．もう1つの大きな要因は，いわゆる「後発の利益」であり，日本やインドの紡績業は後発者であるが故に新鋭機械を導入し，安価な労働力を武器に競争力を高め，イギリスの綿紡績業の衰退を加速させることになった．マンチェスターの紡績業の衰退は1939年まで続き，綿製品の輸出は1913年の規模に比べて5分の1以下に激減した[3]．

このため，マンチェスターの人口は19世紀初めから着実に増加したが，1930年代をピークに減少に転じた．マンチェスターの人口は，1801年には約7万人にすぎなかったが，産業革命とともに80年代後半には35万人，約5倍に増加した．81年に減少するが，80年代末から90年代初めにかけて再び増勢に転じ，1931年には市人口は76万人を数えた．しかし，第1次大戦を契機とする綿工業の衰退，とりわけ，重要な海外市場であるインド市場の喪失は，マンチェスターの経済的衰退をもたらし，31年をピークに人口は減少に転じた．綿紡績業とその貿易・倉庫・運輸業に代わる産業が集積しなかったため，第2次世界大戦後も衰退傾向から脱することができず，市人口は2001年には39万人まで減少した．しかし，イギリスの他の都市にもみられるように，市人口は2001年を底に増加に転じ，2015年には53万人まで回復した（図7-1参照）．

マンチェスターは，製造業と金融・保険・貿易等の関連産業の発展を基礎に，産業革命期に発展した都市として，バーミンガムと類似の特徴をもっている．しかし，マンチェスターは綿工業に依存し，その衰退が関連産業の衰退をもたらし，1930年代をピークに都市が衰退した．市人口は1931年の76万人をピークに減少に転じたのに対して，バーミンガムは多様な金属加工業から20世紀の成長産業である自動車産業が集積した．加えて，バーミンガ

第 7 章 マンチェスター・サイエンスパーク

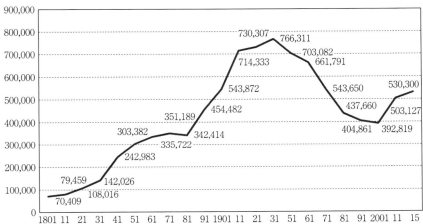

(出所) Manchester City Council[1998], Manchester in the mid 90s, 1p 及びセンサス 2011 より作成.

図 7-1 マンチェスターの人口の推移

ムは「世界の工場」としての地位を占めたウェストミッドランズ地域の広域中枢都市して発展し，1960 年代まで発展を持続させ，人口 100 万人を維持した．両市は対照的な発展を示したが，イギリスを襲った 1970 年代不況はマンチェスターに対しても大きなインパクトを与え，マンチェスターの製造業の雇用は 1972 年から 84 年の間に 20 万人も失われ，インナーシティの失業率は 20％ にも達した[4]．

国際金融センターとしてのロンドン・シティを牽引車としてイギリス経済が好調を持続させていることを反映して，マンチェスターも 2000 年代になると人口増に転化する．2001 年の 39 万人を底に，センサス 2011 では 39 万人，2015 年には 53 万人を記録している．なお，マンチェスターの人口増は，経済的回復だけでなく，移民の増加によるところが大きいことに留意しておく必要がある．センサス 2011 によれば，人口全体のうち白人の占める割合は 66.7％ に減少し，アジア系移民（14.4％）をはじめエスニックグループが 33.3％ も占めている．バーミンガムほどではないが，マンチェスターも多民

族都市に変貌しつつある.

1.2 シティセンターの再生

70年代不況に直面したイギリスの多くの都市は,90年代になると都市再生事業に取り組んでいる.マンチェスターにおいても同様であり,一定の成果があらわれつつある.

マンチェスターの都市再生事業の第1は,シティセンターの再生である.ピカデリー広場から,マーケットストリート,ニューカシードラル・ストリートに至るシティセンターは,歩行者優先道路として再生され,商業機能やレクリエーション・エンターテインメント機能が集積して市民のシティセンター回帰が見られる.

第2は,産業遺産の再生であり,産業革命期の主要な物流手段であったキャナルとその周辺地域の再生である.1830年にマンチェスターとリヴァプール間を結ぶ世界最初の鉄道が建設されたのを皮切りに,80年代後半になると鉄道が,1900年代になると自動車が本格的に普及しはじめた.物流手段の主役の地位がとって代わられると,キャナルは利用されなくなり,放置されることになった.キャナル周辺地域には倉庫群が集積していたが,貿易・物流拠点としての地位の喪失とともに放置され,荒廃していた.キャナルの価値が認識されるようになるのは1990年代になってからであり,キャナルが都市再生の重要な構成要素として再生されている.

第3は,倉庫・工場跡地の再生であり,再生されたキャナルの周辺地域が都市型サービス産業の集積地域として再生されている.キャナルに面した工場跡地に斬新なデザインのオフィスビルが建設され,都市型サービス産業が集積しつつある.とりわけ,マンチェスターはスポーツ産業を核としたサービス産業の振興に力を入れている.マンチェスターは,イングランドプロサッカーリーグ(プレミアリーグ)に所属する強豪サッカーチーム,マンチェスター・ユナイテッドFCとマンチェスター・シティFCのホームであることはよく知られている[5].かつての倉庫・工場跡地に建設されたスタジアム

は，ミュージアムやミュージアム・ショップを備え，マンチェスターを代表する観光スポットになっている．マンチェスター・ユナイテッドFCの歴史を担った選手，ユニフォーム，トロフィーなどが展示されたミュージアムは圧巻である．試合のない時は，インストラクターの案内でスタジアム内を見学することができる．また，マンチェスター・シティFCもプレミアリーグの強豪チームであり，2015-16シーズンにリーグ優勝したことはよく知られている．

第4は，産業文化遺産の保存である．マンチェスターは世界最初の鉄道が建設されたまちであるが，当時の駅舎を活用した産業博物館（Museum of Science & Industry）はマンチェスターの産業革命期の繁栄ぶりを偲ばせる．今日でも運転可能な状態で保存された紡績機械・織機・蒸気機関・機関車・自動車・飛行機等の大量の展示物は，産業革命期のマンチェスターとその周辺地域における産業集積を物語っている．

第5は，都市交通体系の再構築である．マンチェスターも産業革命期に発達した都市であり，交通体系は自動車中心に構成されている．しかし，ヨーロッパ大陸と同様に自動車中心の交通体系を見直し，軌道系の交通体系の再構築に取り組んでいる．マンチェスターはイギリスの地方都市の中では都市内の軌道系交通体系メトロ（Metrolink line）の整備が最も進んでいる都市の1つである．市内は既存の路線を活用した2ルートと新たに整備した1ルートとが整備され，郊外に7路線が整備されている[6]．

第6は，国際競争力をもった新産業を育成し，産業構造の多様化を図っていることである．その中心プログラムが，マンチェスター大学が中心となったマンチェスター・サイエンスパーク（Manchester Science Park, MSP）であり，大学の研究成果を活かした知識産業の育成である．

こうした都市再生と産業再生政策によってマンチェスターは活気を取り戻しつつある．とりわけ，シティセンターの再生事業が効果を発揮し，シティセンターが賑わいを取り戻しつつある．シティセンター再生の究極の目標はコミュニティの再生であり，シティセンターの多機能化を図るとともに，都

心型住宅を建設して市民の都心回帰を図っている.その結果,マンチェスターはイギリスの地方都市の中ではシティセンターの人口の回復率が最も高く,1991年に比べて2000年のシティセンターの人口は6倍近くに増加している[7]（図7-2参照）.

また,雇用状況も改善されつつある.1990年代初頭まで失業率が20%に達していたが,改善傾向にあり,2000年には8%を下回っている.こうした雇用情勢の是正は製造業ではなく,小売業,ホテル,飲食,金融・保険等のサービス産業の雇用の増大によってもたらされている.もちろん,マンチェスターの失業率の改善はイギリス全体やノースウェスト（North West）地域,さらに,マンチェスターを中心とする10の都市行政区であるグレーター・マンチェスター地域（総面積1,276km^2,総人口約262万人）[8]と比べると,失業率はまだ高い.また,男女別にみると,男性の失業率の方が高く,

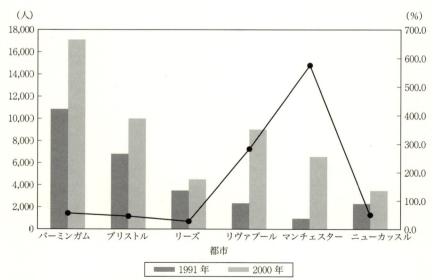

(出所) Manchester City Council [2001], Manchester Trends 2000, p. 3.

図7-2　シティセンターの人口増加状況

第7章 マンチェスター・サイエンスパーク　　189

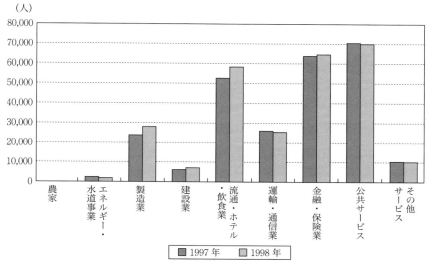

(出所) Ibid. p. 39.

図7-3　マンチェスター市の産業別雇用者数

表7-1　マンチェスターの失業率の推移　(単位：%)

年	イギリス	ノースウェスト地域	グレーター・マンチェスター	マンチェスター市
1991	8.5	10.0	9.7	16.1
1992	10.1	10.8	10.5	19.9
1993	10.3	10.8	10.7	20.0
1994	9.2	9.5	9.3	18.1
1995	8.2	8.5	8.3	16.2
1996	7.5	8.2	7.8	14.8
1997	5.4	5.9	5.7	11.9
1998	4.7	5.2	4.6	10.2
1999	4.3	4.9	4.6	9.4
2000	3.6	4.2	3.8	7.9

(出所) Ibid., p. 32.

　2002年では男性の失業率11.5%に対して女性のそれは3.6%にとどまっている[9]．サービス産業の発展はパートタイム形態の女性労働者の雇用を拡大しているが，男性労働者の雇用の改善が遅れている．安定した雇用を確保す

表 7-2 マンチェスター市の性別雇用者数（1999）

(単位：人，％)

区分	フルタイム		パートタイム		合計	
	人数	比率	人数	比率	人数	比率
男性	52,800	88.5	6,800	11.4	59,658	100.0
女性	38,100	65.5	20,000	34.4	58,142	100.0
合計	90,900	77.2	26,800	22.2	117,800	100.0

(出所) Manchester City Council [2002], Mancthester City Centre Data File, p. 5.

るには，サービス産業だけでなくハイテク産業やクリエイティブ産業の集積を図ることが重要であることを物語っている（図7-3，表7-1，2参照）．

第2節　マンチェスター・サイエンスパーク

2.1　マンチェスター・サイエンスパークの概要

マンチェスターも他の工業都市と同様に，1970年代後半から80年代初めにかけて深刻な不況に直面し，国際競争力を喪失した．このため，既存の金属加工業や重厚長大型産業から，知識に基礎を置いた多様な知識産業を創出することが求められ，大学がもつシーズの活用が追及された．

マンチェスターのハイテク産業の振興は，マンチェスター・サイエンスパーク（MSP）において推進されている．MSPは，マンチェスター大学とマンチェスター市とのパートナーシップで開始されたところに特徴がある[10]．

MSPは1984年に操業を開始し，既に30年以上を経過する．イギリスのサイエンスパークの中では古いパークの1つである．パークはマンチェスターのシティセンターから車で5分，マンチェスター国際空港から15分の交通の便利なところにある．MSPの建設場所は，マンチェスター大学のキャンパスの隣接地であり，学校の運動場として計画されていた土地であり，都心型サイエンスパークである．市は当該土地を貸し，都市開発基金が最初の建物を建設するための資金を提供した．

1984年の夏，パーク最初の施設エンタープライズハウス（Enterprise House）が完成した．その後，相次いで施設が建設され，2005年末現在，MSPには7棟[11]の施設が建設されている．MSPの管理運営は独立の管理会社マンチェスター・サイエンスパーク株式会社（Mancheter Science Park Ltd, MSPL）が行う．

また，MSPの隣接地，マンチェスターのシティセンターの南端にあたるところにテクノパーク（Technopark）が建設された．同パークには2001年に2棟（チューリングハウス，レイノルズハウス）が完成した[12]．さらに，マンチェスターの北東部に，新しい技術センターとしてワンセントラルパー

（注）①Manchester Science Park ②Technopark ③Incubator ④One Central Park
（出所）Manchester Science Park Ltd [2006], *Latest News, 03 August*.

図7-4　MSP, Technopark, OCPの位置

ク（One Central Park, OCP）が 2005
年に開設され，新たなインキュベー
ション・センターとしてスタートア
ップを支援している．この他，マン
チェスター大学の北部キャンパスに
もインキュベーターが開設されてい
る（図 7-4 参照）．これらのサイエ
ンスパークに建設された施設は，
2005 年末現在，全体で 30 万平方フィートにのぼる（表 7-3 参照）．

表 7-3　マンチェスター・サイエンスパークのパーク別施設面積

サイエンスパーク	面積 (平方フィート)	割合 (%)
Science Park	219,219	71.9
Technopark	76,495	25.1
One Central Park	9,234	3.0
計	304,948	100

(出所) Manchester Science Park Ltd. [2006], Annual Review 2005.

2.2　マンチェスター・サイエンスパークの特徴

　MSP 建設の目的は，知識集約型企業の育成と支援を通じて，マンチェスターにハイテク産業を集積させ，市経済を知識経済に転換して新たな成長軌道に乗せることである．

　MSP の施設とサービスは，①成長企業に適した柔軟な貸与期間をもった高品質の施設の提供，②建物内ブロードバンドなどの通信設備の整備，③大学との連携，④コンサルタントや専門的なビジネスサービスを通じた支援，⑤テナント入居企業相互の連携の支援，である．

　サイエンスパークは，大学・研究機関からのスピンアウトやスタートアップを支援したり，創業間もない中小企業を支援してハイテク産業の成長と集積を促し，地域の産業構造の知識集約化と多様化を実現することを目的としている．MSP も同様であり，不動産投資を目的に設立されたのではなく，知識産業の新規創業や成長を支援し，マンチェスター地域の産業構造を多様化し，地域経済の再生を主要な課題とするものである．したがって，MSPの主要業務はインキュベーション機能であり，大学・研究機関との連携や創業間もない中小企業の支援に不可欠な専門的なビジネスサポート機能をもっていることである．MSPL のスタッフは全体で 27 名であるが，そのうち 13 名は金融・営業などの経営の専門家である[13]．

第7章 マンチェスター・サイエンスパーク 193

表7-4 Manchester Science Park Ltdの出資額と出資構成

株　主	出資額(千ポンド)	出資割合(%)
Manchester Cuty Council	70	28.0
The University of Manchester	70	28.0
Manchester Metropolitan University	26	10.4
Ciba Specialty Chemicals plc	15	6.0
3i Group plc	15	6.0
National Westminster Bank plc	15	6.0
Pochin plc	24	9.6
Granada Television Ltd	15	6.0
合　計	250	100.0

(出所) *Ibid*.

　サイエンスパークの目的は知識産業の集積拠点を整備し，知識産業の育成と支援を通じて産業構造を多様化し，マンチェスター経済を活性化しようとするものであり，テナント料を獲得すること自体が目的ではない．入居企業については，パークの建設コンセプトに合致する企業であるかどうか審査される．

　MSPは，マンチェスター大学，マンチェスター市，それに民間企業とのパートナーシップによって建設・運営されているサイエンスパークである．上記の通り，MSPの管理運営会社であるMSPLは，マンチェスター大学とマンチェスター市を中心とするパートナーシップをベースとする管理会社であり，2005年末資本金は25万ポンド，マンチェスター市とマンチェスター大学，それにベンチャーキャピタルや民間企業が出資している．もちろん，最も出資割合の大きいのはマンチェスター大学・マンチェスターメトロポリタン大学とマンチェスター市であり，2005年末現在，3者で66.4%を占めている（表7-4参照）．

2.3　マンチェスター・サイエンスパークの開発効果

　MSPは，ハイテク企業の育成と産業構造の多様化を通じて衰退したマンチェスター経済の活性化を目的とするものである．

MSPの開発効果の第1は，テナント企業の順調な入居である．パークに入居しているテナント企業は1994年の20社から2005年末には91社を数えている（テクノパークの5社，セントラルパークの2社を含む）．2004年末の77社から，2005年1年間に，27社が新規入居し，13社が転出したから，差引き14社増加した．転出企業のうち廃業したのは3社のみであり，2社はサイエンスパーク内で拡張を希望したが，スペースを確保できなかったからである．テナント企業が順調に企業として成長しているといえる[14]（図7-5参照）．

　第2は，雇用の増加であり，テナント企業の雇用者数は1,000人を超える．このうちテナント企業が雇用しているマンチェスター大学の卒業生は概ね200人以上を数え，MSPはマンチェスター大学の卒業生にも就職機会を提供していることがわかる．さらに，テナント企業に雇用された人々のうち，

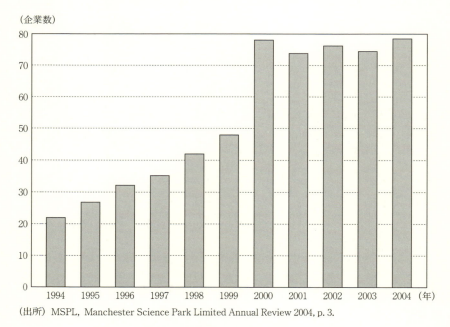

（出所）MSPL, Manchester Science Park Limited Annual Review 2004, p. 3.

図7-5　MSPの入居企業数の推移

約150人はパークから3マイル以内に住んでおり、シティセンターの再生にも貢献している[15]。

第3は、テナント企業を業種別にみると、最も多いのがコンピュータと情報通信であり、29社、33%を占める。次いで多いのは、バイオ・医療健康関係（19社、21%）、ビジネスサービス（19社、21%）、産業技術（13社、14%）である。コンピュータ・通信関係業種が多いのは情報化・ソフト化を反映した一般的傾向であるが、MSPにはバイオ・医療関係業種の入居が多いことが特徴である。また、民間テナント企業だけでなく、公的機関も入居している（図7-6参照）。

第4に、MSPのテナント企業の大半が零細企業である。入居企業のうち4社だけが50人以上の雇用者数を数えるが、雇用数が10名以下の企業がテナント企業の80%以上にのぼる[16]。MSPはハイテクベンチャー企業の創業支援・サポートをするものであり、創業間もないハイテクベンチャー企業が集積していることがわかる。

第5は、大学との強いリンクである[17]。テナント企業の中で、22社（24

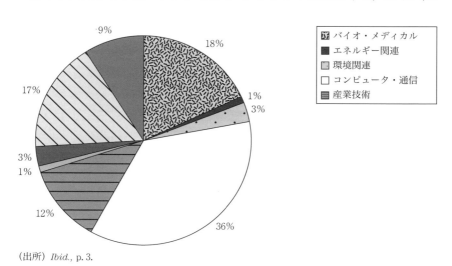

(出所) Ibid., p.3.

図7-6 MSPの業種別テナント企業比率

％）は大学との共同研究を行っている．また，36社は大学のサービスを活用したり，支援を受けている[18]．また，テナント企業の中には，大学からスピンアウトしたり，大学発ベンチャー企業が23社を数える．

第6は，MSPに入居しているテナント企業の業績が好調なことである．2005年のテナント企業の売上高は順調に拡大しており，前年と比べて，テナント企業の87％が同等あるいはより多くの売上高を記録している．

第7は，MSPは地域外からの投資を誘因していることである．テナント企業の11％はノースウェスト地域の外に起源を有する．MSPは，域内で新規創業するハイテクベンチャー企業だけでなく，域外からハイテク企業を吸引していることを意味し，マンチェスター地域の成長に貢献していることを物語っている[19]．

その結果として，第8に，MSPの管理会社であるMSPLの業績が順調に拡大していることである．レンタル可能な施設の入居率が高く，2004年

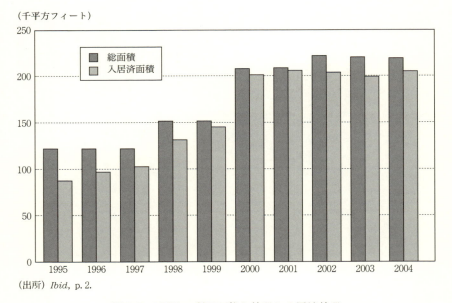

(出所) Ibid, p.2.

図7-7　MSPの利用可能な施設と入居済施設

には93%に達した（図7-7参照）．また，売上高は順調に拡大しており，2000年の約160万ポンドから2005年には270万ポンドを記録した（図7-8参照）．税引き後利益は年によって変動があるが，2005年には約56万11千ポンド，配当後の留保利潤が50万5千ポンドにのぼっている（図7-9参照）．パークの操業から得た利益は，テナント企業に対するより質の高いサービスや新しい建設プロジェクトに再投資されている．税引き後利益から配当したうえ，剰余金を蓄積し，それをベースとして新規投資資金を調達することが可能である．言い換えれば，ニーズがあれば持続的に施設を拡大することが可能である．その結果，MSPLは着実に資産を蓄積しており，2005年末現在，パークに建設された施設などの固定資産価値は，一部建設中の資

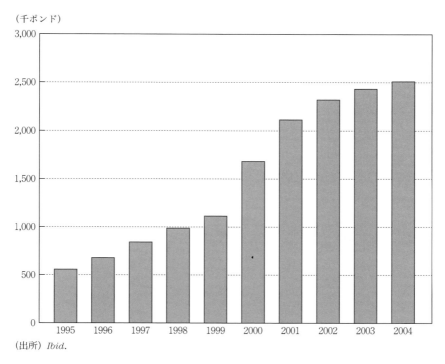

（出所）Ibid.

図7-8　MSPLの売上高の推移

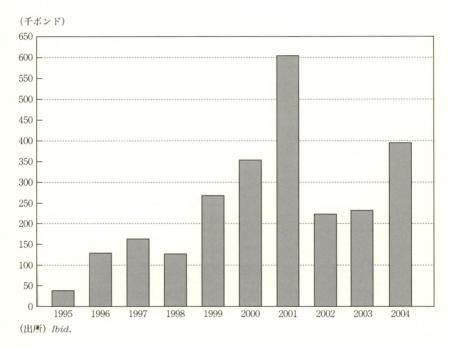

図 7-9　MSPL の税引き・配当後の利益

産も含めて，1,800万ポンドにのぼる．建設資金を調達するための借入金 650 万ポンドなどを除いて，パークは 900 万ポンド以上の純資産を保有している．

第3節　マンチェスター・サイエンスパークの新たな展開

3.1　マンチェスター・サイエンス・パートナーシップ

　MSP は，ノースウェスト地域のサイエンスパークを新たに統合し，パートナーシップのレベルを質量ともに大きく転換し，マンチェスター・サイエンス・パートナーシップス（Manchester Science Partnerships, MSP）に改組された．

大きな改革の第1は，パートナーシップのレベルが質量ともに強化されていることである．当初，MSP の建設はマンチェスター大学・マンチェスターメトロポリタン大学とマンチェスター市とのパートナーシップで開始され，サイエンスパークの管理運営は MSPL が担当したことは既に述べた通りである．新たなパートナーシップの参加者は，この3者に加えて，ブラントウッド不動産（Bruntwood Estate Ltd.），マンチェスター大学中央病院（Central Manchester NHS Foundation Trust, CMFT），さらに，サルフォード市（Salford City Council）とチェシャー市（Cheshire City Council）の地方政府が加わった．つまり，MSP は，ライフサイエンス・医薬部門を中心に科学者・イノベーター・投資家及び企業家のコミュニティであり，革新的な科学と技術に基礎を置く企業の成長を支援するパートナーシップである．MSP は，ノースウェスト地域に展開する4つのサイトを保有し，イノベーションのための最適環境を提供するイギリスにおける最大規模のサイエンスパークのオペレーターである．MSP は，スタートアップ間もないベンチャー企業から EU レベルの本社にも対応した施設を提供し，ライフサイエンス，デジタル技術，先端材料，産業技術，低カーボンセクターの企業の成長を支援するサイエンスパークである．

　第2は，MSP の株主は，ブラントウッド，マンチェスター大学，マンチェスターメトロポリタン大学，マンチェスター大学中央病院，それにマンチェスター・サルフォード・チェシャーイースト等の地方政府から構成される．とりわけ，注目されるのは民間不動産会社ブラントウッドの参加である．MSP 管理運営会社 MSPL はマンチェスター・サイエンス・パートナーシップ（MSP）に改組され，ブラントウッドが株式の65％を保有することになった．

　ブラントウッドは，1976年に設立された家族所有型の不動産会社であり，イギリス国内ではノースイングランド（The North of England）とバーミンガム等でオフィスやオフィスサービス，商業施設，バーチャル・オフィスを提供している．同社はマンチェスター市内32件，グレーターマンチェスタ

―17件，リヴァプール8件，リーズ6件，バーミンガム5件，チェシャー6件を中心に110の施設を所有している．とりわけ，同社はマンチェスターのシティセンターのオフィススペースの3分の1を所有し，年間利益の10％を芸術・文化・コミュニティチャリティに寄付するなど，メセナ活動を企業経営の中心に据えた企業である[20]．

　第3は，MSPを構成するサイエンスパークの名称変更と拡大である．マンチェスター大学の隣接地に建設されたマンチェスター・サイエンスパークは，セントラルキャンパス（Central Campus）に改称され，新たな施設が建設された．また，テクノパークはテクパーク（Tech Park），インキュベーター（Incubator）はシティラブズ1.0（Citylabs 1.0）に改称された．また，新たに，アルダリーパーク（Alderley Park），サルフォード・イノベーションパーク（Salford Innovation Park）がMSPに所属するサイエンスパークとして加わった．

3.2　セントラル・キャンパス

　セントラル・キャンパスは，マンチェスター大学のキャンパスに隣接して建設されたサイエンスパークであり，建設当初はマンチェスター・サイエンスパークと呼ばれた．マンチェスター市内のサイエンスパークとしては最も古くかつ大規模なものであった．2016年現在施設面積は35万平方フィートであるが，今後8年以内に施設面積は65万平方フィート拡大して100万平方フィートに拡大する予定である．その第1号として，2017年末までに竣工する新しい施設，No. 1 MSP Central は7万平方フィートのオフィスと研究施設を整備し，1階には新しいレストラン，フィットネス・スタジオ，会議施設を整備し，MSPのコミュニティにおける連携を促進し，勤務環境を改善する予定である．

3.3　シティラブズ1.0

　シティラブズ1.0は，オフィス床面積が10万平方フィートにのぼるバイ

オメディカルセンターであり，マンチェスター大学中央病院のキャンパスにあるサイエンスパークである．同キャンパスは，マンチェスターのイノベーション地区にあり，ヨーロッパで最大規模の医学系キャンパスである．本サイトは，MSPとブラントウッド，マンチェスター大学中央病院及びマンチェスター市とのパートナーシップによって開発し，ライフサイエンス企業のための研究施設とオフィス施設を備えた新しい建築物から構成されている．シティラブズ1.0の立地企業にとって，病院内の研究者，臨床医及び関連チームから得られる専門的知見と最先端の医療施設に直接アクセスすることができることを意味する．すなわち，実際の医療現場で新しい医療技術を開発したり，実験することができるとともに，患者や臨床医が何を必要としているかよりよく理解することを可能にする．また，シティラブズ1.0は，イギリスにおけるこの種の唯一の施設であり，NHS，大学，産業界とのより強い関係を形成するとともに，NHSの「イノベーション，健康そして豊かさ」行動計画と戦略的に連携していることを意味する[21]．

3.4 アルダリーパーク

アルダリーパークはノースイングランドにおける先導的ライフサイエンスに対応したサイエンスパークである．イギリスで最大規模の研究開発キャンパスであり，150万平方フィート以上の最高レベルの研究施設及びコンファレンス・スペースを備えている．本パークは，400エーカー（約160ha）の美しい公園のような用地の中に開設されており，キャンパスはすべての領域のバイオサイエンス研究開発のための国際的に重要なセンターである．世界の患者の利益に貢献する12の新しいメディカル・ブレークスルーを達成したという記録を持っている．過去10年以上にわたってアストラゼネカ社が5億5千万ポンド投資して建設したワールドクラスの施設とインフラである．世界で唯一の最先端領域のドラッグ開発・製造キャンパスであり，この領域の科学的専門家の世界トップレベルの集積拠点である．アルダリーパークの今後の整備方針は，オープンなイノベーション・キャンパスという環境

の中で超一流の特殊施設とあらゆる領域の支援サービスによって，全ての成長段階におけるバイオサイエンスのイノベーターとビジネスが連携するコミュニティを創造することである．

第4節　地域経済の知識経済への転換

マンチェスター・サイエンスパーク (MSP) は，マンチェスター・サイエンス・パートナーシップ (MSP) に改組され，マンチェスターを中心とするサイエンスパークの広域連携型のサイエンスパークに転換している．MSPは単にサイエンスパークの連携範囲が広域化しただけでなく，その性格を大きく変えつつある．その第1は，戦略的な産業がMSP時代のIT・情報関連産業を主とするものから，バイオ・医薬・医療産業を中心としたサイエンスパークに転換していることである．第2は，新たにパートナーシップに加わったアルダリーパークに典型的に示されるように，バイオ・医薬・医療分野のサイエンスパークとしてヨーロッパ地域においてもトップクラスのサイエンスパークがパートナーシップに加わったことである．マンチェスター地域におけるバイオ・医薬・メディカル産業の一大集積拠点が形成される可能性を秘めていることである．第3は，民間不動産企業であり，メセナ活動を積極的に取り組んでいるブラントウッドがパートナーシップに加わり，効率性と公益性とを調和させたサイエンスパークの建設管理運営が行われることが期待されることである．MSPによってノースウェスト地域全体の知識経済への転換の可能性が開かれているといえよう．

注
1) ランカシャー地域はイングランド西北部の地域であり，総面積3,075km^2，人口約145万人（センサス2011）にのぼる．綿工業が発展した地域である．
2) ブリタニアホテルのホームページ (http://www.britanniahotels.com/hotel_home.asp?page=108) より．
3) Alan Kido [2002], Manchester, p. 187.

4) MSP Limited [2004], 20th Anniversary, p. 4.
5) マンチェスター・ユナイテッド FC のスタジアムは，グレーター・マンチェスターを構成するトラフォード区，いわゆるオールド・トラフォードにあり，周囲は工場地帯である．
6) Metrolink のホームページ（http://www.metrolink.co.uk/Pages/default.aspx）より．
7) シティセンターの人口増加率では確かにマンチェスターが最も高いが，増加人口数ではバーミンガムが最も大きいことに留意しておく必要がある．
8) グレーター・マンチェスターは，マンチェスター市を中心にボルトン区・ベリー区・オーダム区・ロッチデール区・ストックポート区・テームサイド区・トラフォード区・ウインガン区・サルフォード市の 10 都市行政区からなる地域である．
9) Manchester City Council [2002], Update Manchester.
10) マンチェスター市とマンチェスター大学が連携の重要性に気付いたのは，マンチェスター市産業開発局の J. ハドウィン（Jack Hadwin）とマンチェスタービクトリア大学の研究コンサルタント担当の E. ダフ（Dr. Eddie Duff）である．2 人は，サイエンスパークに強い関心をもち，1979 年にケンブリッジ・サイエンスパークを訪れた．当時，ケンブリッジ・サイエンスパークの第 1 段階が完了した頃であったが，一般的にはまだサイエンスパークに対する関心があまり高くない時期であった．また，初期のサイエンスパークは地域経済の発展ではなく，大学の利益のために推進されていた．しかし，2 人はサイエンスパークが地域経済再生に重要な役割を果たすことを確認し，サイエンスパークの建設に取り組むことになった．
11) MSP に建設された 7 棟は，マンチェスター国際イノベーションセンター（Manchester International Innovation Centre, MIIC），ラザフォードハウス（Rutherford House），キルバンハウス（Kilburn House），ウィリアムハウス（Williams House），スケルトンハウス（Skelton House），エンタープライズハウス（Enterprise House），グリーンヘイズ（Greenheys），である（MSPLtd の資料より）．
12) Technopark は Pochin's PLC とのジョントベンチャーとして 1999 年に設立されたマンチェスターテクノパーク株式会社（Manchester Technopark Limited, MTLtd）が管理運営している．
13) 残りの 14 名のうち，10 名は秘書，4 名は警備員である（MSPLtd での聞き取り調査より）．
14) Manchester Science Park Limited [2006], Annual Review 2005, p. 4.
15) *Ibid*, p. 2.
16) Manchester Science Park Limited [2005], Annual Review 2004, p. 3.
17) *Ibid*.
18) Manchester Science Park Limited [2006], Annual Review 2005, p. 4.

19) *Ibid*, p. 8.
20) ブラントウッドが所有する110施設の資産価値は9億5千万ポンド，56万平方フィートにのぼる．年間総収入108百万ポンド，従業員538人を数える（http://bruntwood.co.uk/）．
21) Manchester Science Partnershipsのホームページ（http://mspl.co.uk/）より．

第8章
イギリスの都市再生とサイエンスパークの特徴
―日英比較―

第1節 アーバン・ルネッサンスと都市再生

　第1章で述べたように，バーミンガムの都市再生政策は日本の中心市街地活性化政策に対して貴重な示唆を与えている．バーミンガムは70年代不況による深刻な経済危機と都市の衰退に直面し，「希望のないまち」とまでいわれた．しかし，1990年代から本格的な都市再生事業に取り組み，都市再生に成功したまちとして国際的にも高く評価されている．バーミンガムの都市再生事業はハードなインフラ整備の面では計画通りに進捗し，ほぼ完成段階にあるといえる．しかし，基幹産業として位置づけられたサービス産業が必ずしも安定した雇用を保証するものではないこと，2000年代に顕著になる移民の増加によって，失業率はまだ相対的に高い状況にある．製造業に代わる新しい産業を育成して安定した雇用を確保し，人々が安心して暮らすことができる，持続可能なコミュニティを創出するという面ではまだ道半ばであるといえよう．加えて，イギリス政府の高速鉄道計画II（HS2）はバーミンガムを高速鉄道によってロンドンと49分で結ぶことになる．さらに，バーミンガムは，ヒースロー空港やユーロトンネルを通じて世界の諸都市と連結し，グローバル都市になることを期待している．HS2に対応したバーミンガムの新しい都市計画 Big City Plan は，多額のインフラ投資を予定している．バーミンガムの都市再生のスローガンであるアーバン・ルネッサンスは，コンパクトで持続可能な都市（サステイナブルシティ）を目指すとし

ていたが，HS2 に対応した Big City Plan は，アーバン・ルネッサンスとは異なる方向を目指している．

また，MG ローバー工場跡地のロングブリッジ再開発事業は，郊外に大規模なショッピングセンターを建設するものであり，シティセンターの再生に焦点をしぼった都市再生政策の方向と大きく異なる．こうしたバーミンガムの都市政策の新たな展開がシティセンターの再生にどのようなインパクトを及ぼすのか，継続して観察する必要があるが，日本の中心市街地活性化政策と対比しつつバーミンガムの都市再生政策の成功要因を挙げるとすれば，以下の諸要因を挙げることができよう．

第 1 は，都市再生戦略の明確性であり，シティセンターの再生に焦点をあわせ，多機能性を追求したことである．バーミンガムも 20 世紀型都市であり，シティセンターを取りまく形で工場地帯とスラム，その外側に住宅地が広がる都市構造が形成された．バーミンガムはシティセンターの再生に焦点をしぼり，シティセンターの多機能化を追求したところに特徴がある．商業・業務機能だけでなく，芸術文化，国際交流，エンターテインメント，教育研究，住機能等を整備し，シティセンターの多機能化を図った．20 世紀型都市政策がもたらしたインナーシティ問題を都市の構造的転換によって克服しようとするものである．

第 2 は，再生計画の総合性であり，「コンクリートの首輪」を解体してシティセンターを拡大し，シティセンター・コアとそれを取り巻く工場地帯に対してエリア毎の歴史的文化的特性を考慮したゾーン計画を策定して再開発したことである．特定エリアの再開発ではなく，シティセンターとそれを取り巻く工場地帯を，シティセンター・コア，伝統的な産業が存続しているジュエリー地区やガンスミス地区，コンベンション地区，アットウッド・グリーン地区，ブルリング商業地区，イーストサイド，アストン・トライアングルの 8 ゾーンについて，当該エリアの歴史文化を考慮しつつ再開発した．そして全体として，商業・業務機能を強化しつつ，拡大シティセンターに多様な機能を盛り込み，市民の都心回帰と民間投資の誘引に成功していることで

ある．

　第3は，都市の骨格をなす道路と公共交通の大胆な再編を行っていることであり，歩行者優先を基本に，軌道系都市交通手段を整備し，相互の連結を図って人々のモビリティを改善していることである．バーミンガムはモータリゼーションに対応した典型的な道路体系が建設され，自動車による移動に利便性の高い都市道路網が建設された．中央環状線，中環状線，外環状線，シティセンターから郊外に放射状に伸びる幹線道路9本，さらに，高速道路（M42, M5, M6）が市域を取り巻くように建設されている．また，ロンドン等との広域都市間移動は鉄道とバス，市内及び近隣都市との移動手段はバス路線が整備されてきた．都市再生計画では，中央環状線はシティセンター・コアとその周辺エリアへの人々の移動を妨げているとして解体し，シティセンターの拡大を図った．また，シティセンター内のモビリティは，鉄道ターミナルが3つあるものの，必ずしも円滑ではなかった．再生事業によって，バスセンターをムーア駅前のイーストサイドに移動するとともに，郊外のウォルヴァーハンプトンとバーミンガム・スノーヒル駅とを結ぶメトロをさらに，ニューストリート駅及びムーア駅と連結し，歩行者優先のモビリティの改善を図っている．ドイツ・フランス・オランダ等の大陸の諸都市と比べると，イギリスは都市交通としてのLRTやメトロ等のいわゆる路面電車の整備が遅れている．バーミンガムはシティセンター・コア内のメトロを整備して公共交通機関相互のネットワークを整備し，人々の利便性を高めている．

　第4は，衰退したキャナル周辺エリアを再開発し，歴史的遺産であるキャナルをシティセンターの魅力的な景観を提供するスポットに転換したことである．キャナルの景観を活かして，都心型住宅，ホテル，レストラン・カフェ・バーを整備して観光スポットとして整備していることである．かつての物資運搬船は観光遊覧船に衣替えし，キャナルの遊覧が人気のある観光になっている．

　第5は，シティセンターへの公共投資の集中と民間投資の誘引に成功したことである．ブルリング商業地区の再開発事業は民間事業であり，2核3モ

ール型のショッピングセンターがシティセンターに完成した．今日においても郊外型ショッピングセンターが開設されている日本の商業機能配置の実態と対照的である．ブリンドリープレイスの業務地域は，オフィス機能だけでなく，レストラン・カフェ・バー，スタジオ，コンサートホール等の多様な機能がミックスし，魅力的な業務センターが整備され，金融・保険・メディア等の都市型サービス産業が集積した．

　第6は，都市の再生に不可欠な産業政策を都市再生の重要なファクターとして位置づけていることである．「世界の工場」を担った製造業が国際競争力を喪失し，大量の失業者と犯罪を多発させ，深刻なインナーシティ問題を発生させた．バーミンガムの都市問題を解決するには，製造業に代わる新しい都市型産業を育成し，人々の雇用の場を確保することが不可避の課題であった．国家プロジェクトであるNECの建設が契機になって，ビジネスツーリズムの可能性が明らかになり，製造業から観光サービス産業への転換を図ること，観光サービス業のインフラであるシティセンターの再生が不可欠の課題であることが確認された．同時に，観光サービス業は多様な雇用機会を提供するものであるが，雇用の規模と安定性の観点からみると，金融・保険・メディア及びソフトウェア産業等を除いて，不安定で低賃金の業種が多く，製造業にとって代わることは難しい．サービス産業に加えてハイテク産業やクリエイティブ産業の育成がもう1つの課題になっており，サイエンスパークの整備がそれである．

　第7は，シティセンター再生事業によって，市民の都心回帰がみられることである．週末には大勢の市民がシティセンターのショッピングセンターに集まり，賑わいを見せている．また，都心型住宅の整備によってシティセンターのコミュニティも再生しつつある．

　日本においても，中心市街地の再生が都市政策の重要な課題になっている．1998年に制定されたいわゆるまちづくり三法（「改正都市計画法」，「大規模小売店舗立地法」，「中心市街地における市街地の整備改善及び商業等の活性化の一体的推進に関する法律」）[1]は，衰退した中心市街地の活性化を図るた

第8章　イギリスの都市再生とサイエンスパークの特徴—日英比較—　209

めるために制定されたものである．しかし，まちづくり三法は中心市街地の活性化に有効に機能していないとして，2010年には中心市街地活性化法が改正された（「中心市街地の活性化に関する法律」）[2]．中心市街地活性化の基本理念の創設，市町村が制定する活性化計画の内閣総理大臣による認定制度，支援措置の拡充，中心市街地活性化本部設置等の措置が行われた．また，都市計画法・建築基準法等が改正され，延べ店舗面積1万m²を超える大型小売店舗等の大規模集客施設の立地規制，延べ床面積1万m²を超える飲食店・映画館・スタジアム・娯楽施設も大規模集客施設して規制対象にするとともに，ゾーニングの強化，広域的な観点から適正立地の調整，生活空間の視点から多様な都市の構成要素を中心市街地に誘導すること，公共交通ネットワークの整備等が提起された[3]．しかし，2016年9月現在，内閣府地方創生推進事務局によれば，認定された中心市街地活性化基本計画は136市200計画にのぼるが，「中心市街地の活性化」に顕著な成果を挙げた自治体がないのが実情である．中心市街地活性化法認定第1号で全国的な注目を集めた青森市は，「コンパクトシティ」の建設を謳って，中心市街地活性化に取り組んだ．しかし，2011年を目標年次とする第1期計画のフォローアップでは，第1目標「多くの市民が賑わう中心市街地（街の楽しみづくり）」の指標として，中心市街地の歩行者通行量を基準年の2005年5万9,090人から2011年には7万6,000人に増大させる計画であったが，実績は逆に4万3,774人，1万5,000人余（26％）も減少した．観光施設入込客数，中心市街地夜間人口では増加したものの，目標に設定した水準に達していない．とりわけ深刻なことは，計画期間にわたって空き地・空き店舗率の改善計画が，逆に悪化していることである．すなわち，第4目標「中心市街地の商業の活性化（空き地・空き店舗率）」の指標として空き地・空き店舗率を基準年の10.7％から8.8％に引き下げる計画であったが，実績は逆に15.7％，6.9ポイントも上昇した．さらに，同指標「中心市街地小売業年間商品販売額」を基準年レベルに維持するとした目標販売額685億53百万円に対して，2010年の実績は565億41百万円，120億円余り，17.7ポイントも下回った[4]．

日本の中心市街地活性化政策が失敗に帰した大きな要因を，イギリスの都市再生と対比しつつ挙げると，第1は，政策の基調が新自由主義を基本とし，規制緩和，企業活動の自由化を促進することになっていることである．郊外型ショッピングセンターの開設は，伝統的な中心市街地の商業集積地と郊外に建設された新しい商業集積地との競争を激化させ，零細な個人商店が集積した中心商店街を衰退させているのである．しかも，小売店舗はオーバーストア状態といわれているにもかかわらず，新規店舗の開設が継続しており，商業資本の大規模化・独占化を背景に過当競争状態にある．新店舗を開設しても店舗面積当たり売上高がむしろ減少する状況にある．したがって，中心商店街を再生し，中心市街地の活性化を図ろうとすれば，生活者である市民の利便性を最大化することを目指す総合的な都市計画を策定し，それに基づいた商業資本の郊外立地については制限するとともに，中心市街地に投資を誘引する仕組みを構築する必要がある．しかし，大店立地法は小売業の振興を基本とし，法が定める基準を満たしている限り，届出によって開設が承認される仕組みになっている．つまり，日本の中心市街地活性化政策は政策目標とそれを実現するための個別法とが矛盾しており，政策効果の発揮を期待することが困難な状況にある．バーミンガムの事例が示すように，イギリスにおいてはシティセンターの再生に都市再生政策のターゲットが合わされ，公共投資を集中して市民の都心回帰を図り，それを梃に民間資本の投資を誘引している．もちろん，バーミンガムにあってもロングブリッジの再開発事業が示しているように，郊外に大規模な再開発事業が発生した場合には，それを放置することはできない．

　第2は，再開発計画にかかわる合意形成の欠如である．自治体は中心市街地活性化基本計画を定め，国土交通省が認定する仕組みになっている．しかし，計画策定過程への市民参加，全ての利害関係者の参加による多面的検討，合理的効率的な計画策定過程をサポートする行政職員の的確な情報提供が十分ではなく，計画策定は，多くの場合中央に拠点を置くコンサルタント会社に依存している．その結果，市民参加が形骸化し，いわゆるパブリックコメ

ント (public comment) はインターネットを通じて行われ，特別に関心を持つごく少数の市民は意見を表明するが，多くの市民の目にとまることなく計画が決定される[5]．

　第3は，計画の総合性の欠如である．再生計画を策定するには，当該都市の総合的な都市計画，それを実現するための具体的な政策体系と投資計画が必要である．とりわけ，コンパクトシティ，サステイナブルシティを追求するには，その基盤となるインフラ，都市交通体系の再構築が必要である．日本は大都市圏においては公共交通が整備され，地下鉄をはじめ軌道系交通体系の利便性を高める方向で対処できるし，大手私鉄資本が存在し，ビジネス活動として実施されている．しかし，地方都市においてはモータリゼーションが進行し，公共交通機関の経営基盤が脆弱である．公共交通の弱体化がマイカーへの依存を強め，マイカーへの依存が公共交通の経営難と路線の再編縮小の悪循環をもたらしている．マイカーへの依存が住宅地の郊外拡散を可能にし，人口規模の小さな自治体であっても，コンパクトシティと呼べる状況ではない．こうした状況を改善しようとすれば，市民意識の改革のレベルから，官民連携した公共交通再編強化を図る必要がある．新自由主義的政策を基調に，民間企業の自助努力を待つだけでは，事態の改善を期待することができない．

　第4は，日本の地方行政を担う専門的行政職員が育成されていないことである．計画策定過程における科学的合理的判断と合意形成を図るには，その基礎資料として関連情報を多角的に入手し，整理して提供する必要があり，専門的行政職員の存在が不可欠である．しかしながら，日本の地方行政の現場においては，行政全般を理解できるゼネラリスト養成を基本とし，数年単位で担当ポストを移動する．このため，行政職員の専門的知的能力が蓄積されず，大学や国際的な知的ネットワークにアクセスして専門的力量を高めることが困難である．欧米においては，行政職員の専門職制度が支配的であり，採用にあたっては都市政策や産業政策等の担当業務内容と当該専門分野の学位取得等の条件が明示される．担当者には責任と権限が付与され，事業実績

をもとに業績評価されるが，大学院の実践的講座を受講したり，国際的な政策担当者のネットワークに属して先進事例の視察や研究交流を行いつつ，専門性を高めることができる．他方，日本の行政組織は合議制を特徴とし，若手担当者は上司の決裁を仰ぎつつ業務を遂行する仕組みになっている．この仕組みは既定の事業について法令や制度を正しく適用するには適した仕組みであるが，時代の変化がもたらす新しい課題に対しては，「法制度がない」，「予算がない」，「前例がない」として，政策的対応が回避されることになる．新しい課題に対して創造的に対応し，どのような法制度を整備すればよいのか検討することが困難である．

　バーミンガムは都市再生事業を1990年代から本格的に開始し，計画の大半を既に完了した．市民の都心回帰に典型的にみられるように，70年代に直面した深刻なインナーシティ問題克服の展望を描くことができたのに対して，日本では中心市街地活性化のためのまちづくり三法を制定してから20年近く経過し，200件にものぼる「中心市街地活性化基本計画」が認定されているにもかかわらず，顕著な成果を挙げた自治体がみられない．両者の相違は土地所有関係等の国情の相違のみで片づけることができない．日本の都市政策がもつ大きな法制度と行財政機構上の課題を提起していると考えられる．

第2節　サイエンスパークとイギリスの国際競争力の再構築

　イギリスにおいてサイエンスパークの建設が開始されるのは，1970年代になってからである．サイエンスパークの建設を促した大きな要因は，イギリス産業の国際競争力の低下である．イギリスの産業は，植民地帝国による排他的市場圏を形成し，その大きな庇護のもとにあった．しかしながら，第2次世界大戦後の植民地独立運動の高揚と植民地の独立は，イギリス産業にとっては排他的市場圏を喪失し，国際競争の荒波にさらけ出されるものであり，先進諸国の産業と比べて生産性の低さを露呈することになった．

イギリスのサイエンスパーク建設構想は，大学の主体的な検討の中から提起されたものである．戦後イギリス産業の国際競争力が低下し，「世界の工場」を謳歌したイギリス産業の国際競争力の回復が愁眉の課題となっていた．1964年に政権を獲得した労働党政権は，大学に対して科学研究の成果を産業界に移転し，イギリス産業の国際競争力の強化に協力することを求めた．政府の要請を受けて，創造的に対応したのがケンブリッジ大学であり，モット委員会を組織して検討を開始した．モット委員会は1969年に報告書を発表し，大学は科学研究と教育の成果を活用して科学に基礎を置いた産業の育成に貢献すべきであるとした．

ケンブリッジ大学の中で，モット委員会の提言に対して積極的に対応したのは，トリニティ・カレッジである．1970年，トリニティ・カレッジは，市北東部に保有していた土地を活用してサイエンスパークを建設することを決定した．同じ時期，サイエンスパークの建設に取り組んだのはヘリオット-ワット大学であり，リサーチパークの建設に着手した．イギリスにおけるサイエンスパークの建設は大学の内発的自主的な取り組みによって開始されたのである．

他方，日本のテクノポリス開発政策の展開は，1980年代になってからであり，イギリスよりも約10年遅れて開始された．テクノポリス構想は，1980年3月に発表された通産省（現経済産業省）『80年代の通商産業政策の展望』において提示された．テクノポリス構想はアメリカのシリコンバレーをモデルにしたものであるが，テクノポリス開発政策が推進された経済的背景は，一方では，高度成長期における在来型重化学工業化を基調とする産業政策が70年代の2度にわたるオイルショックによって破綻し，産業政策の転換を迫られたことである．他方では，情報化・ME化の動きは，新しい産業素子である半導体集積回路の量産工場の地方立地が始まっており，在来型重化学工業である鉄鋼・石油・石油化学・合成繊維産業にかわる新たな成長産業として期待されたからである．

イギリスにおけるサイエンスパークの建設が内発的自主的に開始されたの

に対して，日本においては政府主導の下で推進された．通産省が80年代の地域経済活性化としてテクノポリス構想を提示すると，全国的な「テクノフィーバー」がひき起こされ，全国で30を超える道県がテクノポリス建設候補地域として立候補した．テクノポリスは1兆円規模の国家プロジェクトであるとささやかれたから，テクノポリスの誘致に成功すれば，多額の国家投資を期待できるという期待が先に立ち，「テクノポリス」誘致合戦が全国的に展開されたのである．最終的には第1次候補地域として19地域，さらに，追加承認地域を合わせて26地域が選定された．また，テクノポリスは国家プロジェクトではなく，道県が建設主体となる「地域プロジェクト」であることが後に明らかになる．

　テクノポリスは「産」・「学」・「住」を三位一体的に整備することを謳い，産業政策としてだけでなく，都市政策としての側面をもっていた．ハイテク産業の集積を促進するには，ハイテク産業が求める高速輸送手段として空港・高速道路の整備，ハイテク産業の従事者が求める質の高い住環境と子弟の教育環境の整備が重要であるといわれた．このため，イギリスのサイエンスパークは大学・研究機関の知的財産と知的ネットワークを活用したハイテクベンチャー企業の創業支援を政策の中心に置いたのに対して，日本のテクノポリス開発政策は都市政策と産業政策の両面を持ち，ハイテク産業政策としては曖昧で，焦点のはっきりしない政策であった．

　イギリスのサイエンスパークの整備が1970年代に開始され，50年近く経過した今日においても「サイエンスパーク運動（Science Park Movement）」が継続されているのに対して，日本においては20年足らずのうちに政策が中止された．テクノポリス開発政策は1980年に開始されるが，1985年のプラザ合意による円高・ドル安政策への転換は，日本産業のグローバル化を加速し，ハイテク産業は国内立地から国際展開へ大きく舵を切ることになったからである．加えて，1990年前後に始まるバブル経済の崩壊と長期の平成不況は，大都市圏のハイテク産業の分工場を地方圏に再配置・誘致することを基調とするテクノポリス開発政策の前提条件が大きく崩れることになった．

テクノポリス法は1998年に廃案となり，ハイテク産業政策は「産業クラスター計画」や「知的クラスター創成事業」・「都市エリア産学官連携事業」等に転換された．イギリスにおいてはサイエンスパーク運動が継続され，今後も拡大する見込みである．イギリスのハイテク産業政策と対照的に，日本のテクノポリス開発政策が20年程度で廃止された．ハイテク型開発政策において重要な役割を果たす大学・研究機関，政策推進者である官僚機構，産業政策の受け手である産業界のあり方が両国間において大きく異なるからである．

第3節　大学の知的財産の蓄積と自律性

　イギリスにおけるサイエンスパークの建設主体は多様であり，大学・研究機関が建設主体のもの，大学・研究機関と地方政府の連携によるもの，大学・研究機関・地方政府と民間企業との連携によるもの，民間企業単独のものまで多様である．日本のテクノポリス開発政策は中央政府が先導し，地方政府（道県）が推進したのと対照的である．日本のテクノポリス開発政策の立案過程においては，地方の自主性が強調されたが，税源の多くを国が独占しているうえ（約6割）[6]，開発計画の承認権を保有している．つまり，地方政府は財政的自立性を有しないのはもちろん，行政的自立性も有しないという日本固有の行財政構造が背景にある．

　イギリスのサイエンスパークの特徴の第1は，ワールドクラスの大学の存在と知的財産の蓄積である．サイエンスパークの建設において大学・研究機関が中心であることは，イギリス特有の大学の歴史と国際的地位がその背景にある．イギリスの大学は長い歴史を有し，12世紀に大学の基礎が築かれたといわれるオックスフォード大学は約900年の歴史を有する．また，13世紀初頭に創立されたといわれるケンブリッジ大学においても約800年の歴史を有する．イギリスの大学が長い歴史と固有の財産・安定収入源を有するだけでなく，多様な知的財産を蓄積し，その成果が実用化され，多くの近代

的な生活用品や産業用機器の開発をもたらす等，社会的貢献をしてきた．日本で最も長い歴史を持つ東京大学（1877年創立）でさえ140年足らずの歴史しか有せず，東京大学を頂点とし，ミニ東大ともいうべき地方国立大学が底辺を構成するピラミッド型の大学ヒエラルキーを構成しているのと対照的である．地方大学であっても，エディンバラ大学[7]（1583年）やグラスゴー大学（1451年）のように，日本の大学よりもはるかに長い歴史と知的財産を蓄積している．

したがって，第2の特徴は，サイエンスパークの多様性である．イギリスのサイエンスパークの多くは大学・研究機関が中心となって建設され，当該大学が得意とする学問分野と密接な関連をもったサイエンスパークが建設されていることである．今後成長することが期待されるハイテク産業分野としてバイオ産業があげられるが，エディンバラ大学を中心とするバイオサイエンスの蓄積が，エディンバラ市とその周辺地域にバイオ・メディカル産業の世界的な集積拠点を形成しつつある．その中心になっているのが，エディンバラ・バイオクォーター（Edinburgh BioQuater）であり，周辺の4つのバイオ・メディカル研究所と2つの病院とのパートナーシップである．すなわち，エディンバラ・バイオクォーターは，エディンバラ大学医学部（University of Edinburgh Medical School），クイーンズメディカル調査研究所（The Queens' Medical Research Institute, 2004），スコットランド再生医療センター（The Scottish Centre for Regenerative Medicine, SCRM），アンローリング神経再生診療所（Anne Rowling Regerative Neurology Clinic, ARRNC）が連携して支援し，2017年までに1,500ベッド，2,000人の研究者，6,000人の医師と医療補助者を備える予定である．さらに，当該地域には，クローン技術において世界トップの技術的蓄積を有するロスリン研究所がライフサイエンス産業の集積拠点の形成を目指すロスリン・バイオセンター，動物の健康と福祉のためのモレダン財団（The Moredun Foundation for Animal Health & Welfare）が開発したバイオ産業の集積拠点を目指すペントランズ・サイエンスパーク，西スコットランド・サイエンスパーク等，バイオ・ライフサイ

エンスに焦点を合わせたサイエンスパークが建設され，バイオ産業クラスターがスコットランド地域において形成されつつある．

イギリスのサイエンスパークが大学・研究機関主導型であり，多様性をその特徴とするのに対して，日本のテクノポリス開発政策の特徴は行政主導で推進され，開発計画の内容が画一的であった．清成忠男が指摘するように，日本の大学の多くは教育型大学であり，知的研究成果を実用化し，経済社会の発展に貢献した経験が少ない．加えて，大学固有の財産や独自収入が少なく，国から交付される運営交付金や研究費に大きく依存し，大学運営の自主性が乏しい．テクノポリス開発政策と連動して文部科学省が全国の国立大学に対して設置したのは「地域共同研究センター」であるが，センターの人的財政的基盤は脆弱であり，ベンチャー企業の創業支援活動は小さく，センターが実施した主要事業は産官学共同研究会や学術講演会の企画・実施であった[8]．

第3の特徴は，地域の大学・研究機関との広範なネットワークが構築されていることである．大学に設置されたビジネス支援センター，サイエンスパーク，地域の商工会議所，ベンチャーキャピタル等のハイテクベンチャー企業の創業支援に関わるビジネス・サポートセンターがネットワークを構築し，ハイテクベンチャー企業の創業を支援していることである．例えば，ケンブリッジ地域においてはケンブリッジ・サイエンスパークを中心に多様なサイエンスパークが建設されているが，グレーターケンブリッジ・パートナーシップが構築され，新規創業や創業間もないハイテクベンチャー企業の支援を行っている[9]．

第4節　開発主体の多様性

イギリスのサイエンスパークの特徴をさらに具体的に挙げると，その第4は，開発主体の多様性であり，パートナーシップである．日本のテクノポリスの開発主体は広域自治体である都道府県である．都道府県の中では，既存

の工業集積の高い都市圏の都府県を除く道県であり，地域プロジェクトとして推進された．テクノポリス開発政策を推進するために産官学の連携が組織されたが，政策の推進主体は地方団体であった．イギリスのサイエンスパークの開発主体は，大学・研究機関，大学・研究機関と地方政府との連携，大学・研究機関・地方政府・民間企業との連携，民間企業単独等，多様な主体から構成されている．イギリスのサイエンスパークの中でも歴史的にも規模の面で最大規模のケンブリッジ・サイエンスパークは，ケンブリッジ大学のトリニティ・カレッジが開発したものである．世界で最初にクローン技術を完成したロスリン研究所は，クローン技術を核としたライフサイエンス産業の集積拠点の建設に取り組んでいる．マンチェスター・サイエンスパークはマンチェスター大学とマンチェスター市との連携によって建設開始されたが，パートナーシップを拡大し，民間不動産会社でメセナ活動に取り組んでいるブラントウッド，マンチェスターメトロポリタン大学，マンチェスター大学中央病院，チェシャー市，サルフォード市等が参加し，マンチェスター市を中心とする広域の連携体制が構築されている．さらに，民間デベロッパーがビジネス目的でハイテク産業特有の施設・環境を備えたサイエンスパークの建設に乗り出すケースもみられる．この場合は，開発目的は不動産業として実施されているのであり，経営的に安定した企業をターゲットに，テナント料収入を獲得することを目的にしている．このように，イギリスのサイエンスパークの特徴は，多様な開発主体が単独であるいはパートナーシップを組んで取り組んでいることであり，全体としてはイギリスサイエンスパーク協会を通じて情報共有が行われていることである．

第5の特徴は，支援サービスの質の高さである．大学が中心となったサイエンスパークは，ハイテクベンチャー企業の新規創業支援を主要な開発目的とするものであり，新規創業と創業間もない零細企業が抱える技術的課題や，財務・法務問題等の支援を行っている．

第6の特徴は，こうした手厚いサポート体制が大学・研究機関や既存企業からのスピンアウトを促し，多様なハイテクベンチャー企業がサイエンスパ

ークに集積していることである．なかでもセントジョンズ・イノベーションセンターは新規創業やスタートアップの支援を主要課題とし，センターの入居企業の大半は創業間もないハイテクベンチャー企業である．

　第7の特徴は，テナント料はマーケットベースを基本にしていることであり，日本の公的インキュベート・ルームのレンタル料が市場相場の2分の1程度に抑えられたのと対照的である．もちろん，イギリスのサイエンスパークの場合，テナント料を一律に適用しているわけではない．スタートアップを支援するために，創業間もないベンチャー企業に対しては，一定期間に限りテナント料を無料にしたり，初期段階では低水準に設定したテナント料を事業の発展に対応して段階的に引き上げるなど，多様な料金制度が準備されている．日本のテクノポリス開発機構（テクノポリス財団）が開設したインキュベート・ルームは，テナント料を市場相場の半額程度に設定し，入居期間を5年に設定するケースが多くみられた．このため，入居企業が業績を上げて卒業（退去）を促すインセンティブが弱いうえ，部屋数が限られているから，機構にとって財政効果が弱った．

　第8の特徴は，イギリスサイエンスパークの持続可能性である．イギリスにおいて1970年代に建設が開始されたサイエンスパークはケンブリッジ・サイエンスパークとヘリオット-ワット大学リサーチパークであるが，UKSPAが組織されたのは1984年である．不動産事業としてのサイエンスパークを除いて，多くのサイエンスパークがUKSPAに加盟していると考えられる．2016年現在，UKSPA加盟のサイエンスパークは賛助会員を含めると178カ所（うち賛助会員50，海外会員7）を数える[10]．サイエンスパークの数・入居企業数・雇用者数は，2008年のリーマンショックとそれによるリセッションの影響を受けて一時的に減少したが，全体として増加傾向を維持している．サイエンスパークが増加しているだけでなく，個々のサイエンスパークは施設を拡張しているのであり，日本のテクノポリスが構想提示から20年足らずの間に政策が中止されたことと対照的である．イギリスのサイエンスパークが持続可能性を有する大きな要因は，大学・研究機関を

中心とする内発型発展であること，大学・研究機関が蓄積する知的財産を活用したハイテクベンチャー企業の新規創業支援に取り組んでいること，サイエンスパークのスタッフのトップは国際的なビジネス経験を持つ人材を確保し，技術・財務・法務等のビジネスに必要な専門的サポートは各々の専門的資格を有するスタッフが対応すること，テナント料はマーケットベースで設定され，サイエンスパークとしての事業が成功すれば，ニーズに応じて施設を拡大することができるからである．日本のテクノポリス圏域に建設されたインキュベート・ルームは部屋数自体が限定されているうえ，テナント料が市場価格の半額程度に抑えられたから，テナント料収入を財源として新たな事業を展開することができなかった．テナント料を抑制できるのは施設整備にあたって国からの補助金等に依存することができるからである．それ故に，一度補助金を得て施設を整備すると，第2，第3のインキュベート・ルームを建設することができず，施設あるいは事業を拡大することが困難な構造であった．

第5節　イギリスサイエンスパーク協会の自律性

　第9の特徴は，イギリスサイエンスパーク協会（UKSPA）の自律性である．イギリスのサイエンスパークは，UKSPAが中心になったネットワークを構築している．もちろん，イギリス政府，地方政府もサイエンスパークの建設に関与し，支援している．UKSPAはイギリスのサイエンスパークの整備事業を総括して，「サイエンスパーク運動」[11]と称している．

　UKSPAは本部をケンブリッジ郊外のチェスターフォード・リサーチパークに置いている．同パークは，アヴィヴァ投資（Aviva Investor）とチャートマナー不動産会社（The Churchmanor Estate Company）とのジョイントベンチャーで開発された民営型のサイエンスパークであり，全体面積は250エーカー（101ha）にものぼる．UKSPAは会員相互の情報交換，毎年持ち回りで開催するコンファレンス，サイエンスパーク運動の評価（ベストプラク

ティスの選考）等を行っている．

　日本のテクノポリス開発政策は行政主導で推進され，画一的で，20年足らずで中止されたのと対照的である．テクノポリス開発政策を推進する特別の機関としてテクノポリス財団が設置されたが，財団理事長は県庁OB，スタッフは県庁・地元地方銀行及びNTTからの出向社員，その他は一般事務を担当する非正規職員（臨時職員）で構成された．財団理事長は県庁OBとはいえ，ビジネス経験の全くない人材である．また，県庁職員や地方銀行の行員は，ハイテクベンチャー企業の創業支援に必要なビジネス経験やノウハウを持っていない．しかも，通常3年程度で県庁や銀行に人事異動で帰るから，テクノポリス財団での経験が蓄積されない．しかも，財団の運営資金は地元産業界からの出捐金によって形成された基金の運用収益（利子収入）を充てる予定であった．テクノポリス構想が打ち出された1980年代初期の公定歩合（基準金利）は高い時には9％[12]程度もあったから，基金運用収益で財団の運営経費を賄えると期待された．しかし，バブル経済が崩壊し，平成不況期に入ると市場金利が低迷し，基金運用収益では財団の運営経費を賄うことが困難となった．県庁本体からの事業委託によって財源確保をせざるをえない状況に陥るのである．

　第10の特徴は，イギリスにおけるベンチャーキャピタルの発達とサイエンスパークとの連携である．サイエンスパークにベンチャーキャピタルが入居し，日常的にビジネスとして創業支援や株式市場への上場支援を行っていることである．日本は戦後の高度成長期には資金需要が高く，資金は金融機関を通じて調達し，金融機関が企業に融資する間接金融方式が支配的であった．直接金融方式が普及し始めるのは低成長期に入り，資金過剰状態になってからである．日本最大のベンチャーキャピタルであり，野村證券㈱が設立したベンチャーキャピタル㈱ジャフコ（JAFCO）が設立されたのは1973年であり，2016年3月末現在資本金332億円，社員159人である[13]．日本のベンチャーキャピタルは企業としての歴史が浅く，投資行動は欧米系ベンチャーキャピタルと比較して保守的であり，投資リスクの高いアーリーステー

ジの投資が相対的に少ない[14]．テクノポリス地域に立地したのはハイテク産業の分工場であり，新規創業は多くない．2001年の「大学発ベンチャー企業1,000社構想」によって，大学発ベンチャー企業は目標の1,000社を上回り，2007年現在1,777社を数えたが，2004-05年をピークに大学発ベンチャー企業の設立件数が減少している．起業家精神が旺盛ではないことを示すとともに，創業支援を担うベンチャーキャピタルとしてのノウハウの蓄積が弱いことを物語っている（補論参照）．

注
1) 土地の利用規制（ゾーニング）を促進するための都市計画法改訂，大型店舗の出店調整の新しい仕組みを規定した大規模小売店舗立地法，衰退している中心市街地の活性化を支援する中心市街地活性化法のことをまちづくり三法と呼んでいる．
2) 自由民主党政務調査会中心市街地再活性化調査会・まちづくり三法見直し検討ワーキングチームは，まちづくり三法改正の背景として，「まちづくり三法は中心市街地活性化法及び各種の支援策により活性化を実現しようとするものであった．しかしながら，制定から7年を経て，中心市街地の活性化に取り組む地域は数多くあるものの，目に見える効果が挙がっているところは少なく，総じて言えば中心市街地の状況は必ずしも改善していない」ことを挙げている（同「まちづくり三法見直しに関する最終取りまとめ」2005年12月12日）．また，国土交通省は，「まちづくり三法の見直しについて」と題して，改正の理由について，まちづくり三法制定により中心市街地活性化に取り組んできたが，中心市街地の居住人口や販売額の減少傾向に歯止めがかかっていないことを挙げている（http://www.mlit.go.jp/houritsuan/164-7/01.pdf＃search='%E3%81%BE%E3%81%A1%E3%81%A5%E3%81%8F%E3%82%8A%EF%BC%93%E6%B3%95'）．
3) 2010年の法改正によって，同法の目的を「少子高齢化，消費生活等の状況変化に対応して，中心市街地における都市機能の増進及び経済の活力の向上を総合的かつ一体的に推進」に改めた．多様な関係者が集う中心市街地の活性化には関係者間の連携が必要不可欠であり，中心市街地に対する参加意識を促していく必要がある．そのため，基本理念においても「地域における社会的・経済的及び文化的活動の拠点となるにふさわしい魅力ある市街地の形成を図ることを基本とし，地方公共団体，地域住民及び関係事業者が相互に密接な連携を図りつつ主体的に取り組むことの重要性にかんがみ，その取組みに対して国が集中的かつ効果的に支援を行う」ことを掲げ，「連携」の重要性を指摘している（地域総合整備公団「まちなか再生ポータルサイト」http://www.furusato-zaidan.or.jp/machinaka/

4) 青森市のホームページ（https://www.city.aomori.aomori.jp/keizai-seisaku/shiseijouhou/matidukuri/toshidukuri/chuushin-shigaiti/16.html）より．
5) 例えば，2015年度末を目標に全国の市町村で策定を義務づけられた地方創生総合戦略の策定過程でパブリック・コメント（PC）が実施されたが，大半の自治体でPCによる住民の意見表明が低調であった．筆者が暮らす松山市でもPCに対して，「松山市まち・しごと創生人口ビジョン（案）」及び「人口減少対策推進条例（案）」に対しては意見ゼロ，「総合戦略（案）」に対しては個人から5件の意見表明があったにすぎなかった（https://www.city.matsuyama.ehime.jp/shisei/keikaku/chihososei/pabukomekekka.html）．
6) 2016年度予算では，租税総額99.8兆円のうち，国税61.1兆円（税収総額の61.3％），地方税38.7兆円（38.9％）の見込みである．
7) 例えば，代表的な事例として，エディンバラ大学教授で世界で最初に実用的な電話を発明したA.G. ベル（Alexander Graham Bell, 1847-1922）を挙げることができる．
8) 鈴木茂［2001］，『ハイテク型開発政策の研究』ミネルヴァ書房，第2章第4節参照．
9) St. John's Innovation Centre Ltd [2013], Cambridge Technopole Report, p. 8.
10) イギリスサイエンスパーク協会のホームページ（http://www.ukspa.org.uk/）より．
11) UKSPA [2003], Evaluation of the Past & Future economic Contribution of the UK Science Park Movement.
12) 例えば，1981年3月20日に設定された公定歩合（基準金利）は9％であった．
13) ㈱ジャフコの資本金全体のうち28.1％を野村グループが所有する．また，㈱ジャフコの2016年3月末投資上場企業は983社，1982に設立した投資事業組合（ファンド）は37ファンド，投資額4,329億円（そのうち㈱ジャフコ投資割合38.5％）にのぼる（http://www.jafco.co.jp/ir/）．
14) 日本のベンチャーキャピタルはまだまだ未成熟であり，投資対象は，アメリカのそれと比べると，リスクの高いシーズ段階やアーリーステージの投資の割合が少ない（鈴木茂［2004］，『ハイブリッド型ベンチャー企業』有斐閣，52-54ページ）．

補論
日本のハイテク型開発政策の展開

第1節　日本のハイテク型開発政策

1.1　1980年代：地域産業のハイテク化とテクノポリス開発政策

　日本の地域産業政策においてハイテク産業の振興政策が展開されるようになるのは1980年代になってからである．1970年代の2度にわたるオイル・ショックによる原油価格の高騰と低成長への移行は，日本の産業構造を大きく変えることになった．日本の基幹産業は，鉄鋼・非鉄金属・石油精製・化学等の基礎素材型産業を中心とするものから，自動車・電気機械・精密機械等を中心とする組立加工型産業にシフトすることになった．

　加工組立型産業の立地特性は，内陸立地であり，基礎素材型産業と大きく異なる．その典型は半導体産業である．半導体集積回路（Integrated Circuit, IC）は「産業の米」ともいわれ，エレクトロニクス産業の中枢を構成するものである．製造工程はクリーンな環境を要求し，空気中にナトリウムが多く含まれる臨海工業団地は立地に適さないといわれた．また，原材料や製品の搬出入はトラック便を活用することから，高速道路ICや空港周辺の内陸工業団地に立地する傾向が強い．このため80年代になると，地域産業政策の課題は基礎素材型産業の立地拠点である臨海工業団地の整備から組立加工型産業の立地拠点である内陸工業団地の整備に転換されることになった．その典型がテクノポリス（Technopolis，高度技術集積都市）開発政策である．

　テクノポリスは，ハイテク産業の世界的な集積拠点として知られるアメリ

カのシリコンバレーをモデルとしたハイテク産業の集積拠点を建設することを目的とした地域産業政策である．80年代から90年代において推進されたテクノポリスは，「産」・「学」・「住」を三位一体として開発し，ハイテク産業の集積と快適で安定した住環境を整備して定住環境を整備することを謳った．三菱電機・NEC（熊本県）や東芝（大分県）など，1970年代頃から九州地域には半導体産業が集積を開始したこと[1]，産業構造が基礎素材型産業から加工組立型産業にシフトしつつあったこと，列島改造論・新全総で構想された臨海コンビナートの建設計画が挫折していたこと，ハイテク産業に対する期待，筑波研究学園都市に次ぐ国家プロジェクトとしてテクノポリスの投資規模は1～2兆円にのぼると期待されたことから，テクノポリス開発構想に対する期待が全国で高まった．

テクノポリス開発政策では，ハイテク産業の集積を促進することを目的とし，空港・高速道路ICとのアクセス道路を中心とするインフラの整備，リサーチパークやソフトパークなどの内陸工業団地，テクノポリス開発機構（テクノ財団）の設立，公設試験研究機関の整備，産学官共同研究会の組織，さらに，文部省（当時）の事業として国立大学（当時）に「地域共同研究センター」が設置された．

しかし，テクノポリス開発政策は，ナショナル・プロジェクトではなく，地方政府が推進主体であるローカル・プロジェクトであった．また，テクノポリスは一種の「工場再配置計画」であり，大都市圏に集積したハイテク産業の一部を産業集積の低い地方圏に移転させるものであった[2]．産学連携が謳われたが，産学共同研究会の組織化や国立大学に「地域共同研究センター」が開設されるにとどまり，圏域に立地したのはハイテク産業の「分工場」であった．「分工場」に研究開発機能の一部が配置されたが，それは生産工程の管理とユーザー・ニーズに対応した製品の仕様変更のための設計機能（カスタマイズ化された製品開発）であり，基礎研究から応用・開発研究に至る研究開発機能の全体が移転するものではなかった[3]．

1.2　1990年代：バブル経済崩壊・グローバル化とベンチャー・創業支援

1985年のプラザ合意による急速な円高ドル安と日本経済のグローバル化，バブル経済の崩壊とそれに続く平成不況の長期化は，日本の地域産業政策を大きく転換させることになった．急速な円高の進行は，戦後日本の産業構造を特徴づける加工貿易型産業構造の限界を顕在化させ，大企業だけでなく中小企業も生産拠点を海外にシフトさせ，国内産業の空洞化が懸念されることになった．加えて，バブル経済の崩壊による平成不況の長期化は，全国的な景気の後退と新規創業を減退させた．このため，大都市圏から地方圏へのハイテク産業の再配置を図るテクノポリス開発政策は破綻し，日本列島全体を対象とした地域産業政策の再構築を迫られることになった．

新たに展開された地域産業政策の第1は，創業支援政策であり，中小企業庁を中心とするベンチャー企業支援政策である．80年代後半からの急激な円高と日本経済のグローバル化，89-91年を境とするバブル経済の崩壊と平成不況の長期化は，日本における廃業率を高めるとともに，新規創業を大きく減退させた．このため，日本の国際競争力を支えた製造業に典型的にみられるように，事業所総数が減少に転じた．新規創業の減少と廃業率の上昇は，中長期的に日本産業全体の衰退をもたらすものであり，中小企業庁を中心として新規創業支援政策が推進された[4]．

第2は，産学連携の推進である．大学・研究機関の研究成果の民間企業への移転や新規創業を促し，日本産業の活性化と国際競争力の強化を図ろうとするものである．いわゆるTLO法（「大学等における技術に関する研究成果の民間事業者への移転の促進に関する法律（1998年）」）の制定によって，大学教員の研究成果である知的財産権を活用した経済活性化が推奨された．

1.3　2000年代：産学官連携によるクラスター形成

2000年代になると，大学の研究成果を活用した国際競争力の強化とハイテク産業振興政策の制度的整備が行われ，それを基盤として経済産業省と文部科学省がハイテク産業政策を推進した．

大学の研究成果を活用したハイテク産業振興政策の法制度の整備として重要な位置を占めているのが，国立大学の独立行政法人化，すなわち，国立大学法人化である．従来，国立大学は文部省の管轄下にあって，大学教員は国家公務員であり，「全体の奉仕者」として働くことを義務づけられ，特定民間企業の利益に貢献するような産学共同研究や役員等の兼職が制限されていた．他方，中央政府全体の行政改革の一環として，2003年には国立大学法人法等関係6法が成立し，国立大学は国立大学独立行政法人に移行した．従来，大学教員は「全体の奉仕者」として特定民間企業との共同研究はタブー視されていたが，国立大学独立行政法人化を契機に大学教員の兼職規定が緩和され，産学共同研究が積極的に推進されるようになった．

　これより先，1998年の「中央省庁等改革基本法」により，中央省庁は従来の1府22省庁から1府12省庁に改編され，その一環として文部省と科学技術庁が統合され，文部科学省とされた．文部省は従来から産学連携による大学の研究成果を経済活性化に結合させる政策を推進していたが，産業技術の研究を担当する科学技術庁と統合された結果，ハイテク産業振興政策に強く関わるようになった．このため，2000年代のハイテク産業政策は経済産業省が推進する「産業クラスター計画」と文部科学省が推進する「知的クラスター創成事業」及び「都市エリア産学連携事業」として推進されることになった．

　産業クラスター計画は，経済産業省の各地方局が推進主体となって2000年代に推進した地域産業政策であり，「地域の中堅中小企業・ベンチャー企業が大学・研究機関等のシーズを活用して，産業クラスター（新事業が次々と生み出されるような事業環境を整備することにより，競争優位を持つ産業が核となって広域的な産業集積が進む状態）を形成し，国の競争力向上」[5]を図ろうとする政策である．クラスター計画は，第I期（2001-05年度）の「産業クラスター立ち上げ期」，第II期（2006-10年度）の「産業クラスター成長期」，第III期（2011-20年度）の「産業クラスターの自律的発展期」に分けられた．

なお，国主導の産業クラスター計画は第II期計画で実質的に終了し，地域主体の「自律的発展」に転換された．経済産業省を中心とする産業クラスター計画（地域再生・産業集積計画）は，産学官ネットワークの強化によってイノベーション創出環境を整備し，新事業・新産業の創出を図る「地域イノベーション創出研究開発事業」に転換された．しかし，「新成長戦略（2011年6月18日閣議決定）」において，「産学連携など大学・研究機関における研究成果を地域の活性化につなげる取組を進める」方針が打ち出され，「地域イノベーションの創出に向けた地域の主体的かつ優れた構想に対して，関係府省の施策を総動員して支援」することとされ，文部科学省を中心とする「地域イノベーションシステム整備事業」に実質的に統合された．このため，経済産業省は2011年度には「地域イノベーション創出研究開発事業」の新規公募を取り止めた[6]．

知的クラスター創成事業と都市エリア産学官連携促進事業は，文部科学省が推進している地域科学技術振興政策であり，科学技術基本法（1995年11月）に基づく地域における科学技術振興政策として推進された．知的クラスター創成事業は大学・研究機関と民間企業及び行政機関とのネットワークを構築すること，都市エリア産学連携促進事業は文字通り産学連携を組織しようとするものであり，類似の政策である．類似の政策プログラムが同じ文部科学省から2つ展開されている大きな要因は，中央省庁統合前の文部省と科学技術庁との2系列の政策ルートが並存しているからであり，日本の行政機構の特徴がよく現れている．

第2節　産業クラスター計画

2.1　産業クラスター計画

産業クラスター計画は，経済産業省の各地方局が推進主体となって2000年代に推進した地域産業政策である．すなわち，産業クラスター計画は日本の国際競争力を一般的に強化するための産業政策ではなく，地域産業政策で

あり，地域の大学・研究機関のシーズを活用して，その応用・実用化を図り，その成果を地域産業に技術移転して産業クラスターを形成し，産業連関的なイノベーションが持続的におこり，国際競争力をもった地域の基幹産業を核として広域的に産業集積が進行する状況を構築しようとするものである．しかしながら，日本の大学や国立研究機関の研究は，経済社会の中長期的発展の基礎となる研究（いわゆる基礎研究）を担っており，必ずしも当該地域の産業が直面する技術的課題を解決するために実施されているわけでない．大学・研究機関の研究シーズや研究成果を地域企業に技術移転して，産業集積を図るには多面的な応用・実用化のための研究の積み上げが必要である．ポスト工業化，知識経済の段階において地域産業の国際競争力を強化するには大学・研究機関と連携し，その研究成果を融合する必要があることは間違いないが，基礎研究から実用化段階に一挙に飛躍することは困難である．また，地域産業におけるイノベーションは，最先端の科学技術の成果を活用するだけでなく，在来型産業がもたらす要素技術を融合することによって新製品・技術を開発することが可能である．産業クラスター計画は，こうした基礎研究と応用・実用研究との関係，地域産業のイノベーションの契機について体系的な検討を欠いたまま，実施されたところに無理があったといえる．

　経済産業省は，産業クラスター計画について，第Ⅰ期計画（2001-05 年度）を「産業クラスター立ち上げ期」，第Ⅱ期計画（2006-10 年度）を「産業クラスター成長期」，第Ⅲ期計画（2011-20 年度）を「産業クラスターの自律的発展期」と位置づけて推進しようとしたが，第Ⅲ期計画は民主党政権（2009 年 9 月～2012 年 12 月）下での「事業仕分け」によって事実上文部科学省が推進する「地域イノベーションシステム整備事業」に統合された．

2.2　第Ⅰ期産業クラスター計画

　第Ⅰ期産業クラスター計画は，産業クラスターの基礎となる「顔の見えるネットワーク」の形成を目標とし，経済産業省地方局が中心となって，民間推進組織と連携して 19 のプロジェクトが推進された[7]．戦略産業別にみる

と，最も多いのはものづくりであり，13プロジェクト，次いでIT 8プロジェクト，バイオ7プロジェクト，環境・エネルギー6プロジェクトである．プロジェクトは，地域の中堅中小企業やベンチャー企業と大学・研究機関との「顔の見えるネットワーク」を構築することが目的であり，経済産業省地方局を通じて配布された補助金を活用して都道府県がコーディネーターとして推進された（表A-1参照）．

プロジェクトにおいて実施された事業は，①地域における産学官のネットワークの形成，②地域の特性を活かした技術開発支援，③起業家育成施設（インキュベータ）の整備等，④商社等との連携による販路開拓支援，⑤金融機関との連携等の資金供給，⑥高度専門人材等の人材育成，である．そして，当面世界市場を目指す中堅・中小企業約3,800社，約200大学の参加を得て，全国で19プロジェクトを推進する．これら約3,800社（上場企業を除く）の売上高は推計約12兆円，全製造業の約4%，同従業員数は推計約40万人，同じく全製造業の4%を占めると期待された[8]．

経済産業省は，これらの事業を推進するために，2005年度には関連予算として568億円を計上した．事業別にみると，その第1は，地域における産学官のネットワーク形成事業であり，約103億円が計上された．これは，地域経済産業局と民間の推進組織が連携して企業訪問，研究会・交流会・セミナー等の開催，コーディネーターによる産学官・企業間の交流・連携の支援等を行うものである．第2は，地域の特性を活かした技術開発支援に対して約413億円が計上された．これは「地域新生コンソーシアム研究開発事業」や「地域産業創造支援技術開発補助事業」等として推進されたものである．第3は，企業家育成施設の整備等のインキュベーション機能の強化に対して約52億円が計上された．これは，大学連携型インキュベータ施設を整備するものであり，年間数カ所が整備された．またインキュベーション・マネジャーを養成するために，研修事業も行った[9]．

第Ⅰ期産業クラスター計画の成果について，経済産業省経済産業政策局地域経済産業グループは，次のように総括している．第1は，地域における産

表 A-1 第Ⅰ期産業クラスター計画の概要

対象地域	プロジェクト名		戦略 ものづくり	戦略 IT
北海道	北海道 IT イノベーション戦略 北海道バイオ産業成長戦略			○
東　北	東北ものづくりコリドール		○	
関　東	地域産業活性化プロジェクト	首都圏西部ネットワーク支援活動（TAMA）	○	
		中央自動車道沿線ネットワーク支援活動	○	
		東葛・川口つくば（TX 沿線）ネットワーク支援活動	○	
		三遠南信ネットワーク支援活動	○	
		首都圏北部ネットワーク支援活動		
		京浜ネットワーク支援活動	○	
	バイオベンチャーの育成 情報ベンチャーの育成			○
中　部	東海ものづくり創生プロジェクト 東海バイオものづくり創生プロジェクト		○	○
北　陸	北陸ものづくり創生プロジェクト			
近　畿	関西バイオクラスタープロジェクト 関西フロントランナープロジェクト 環境ビジネス KANSAI プロジェクト		○	○
中　国	次世代中核産業形成プロジェクト 環境・循環型社会形成プロジェクト			○
四　国	四国テクノブリッジ計画		○	
九　州	九州地域環境・リサイクル産業支援プラザ 九州シリコン・クラスター計画 九州地域バイオクラスター計画			○
沖　縄	OKINAWA 型産業振興プロジェクト		○	○
	計			

（出所）産業クラスター研究会［2005］,『産業クラスター研究会報告書』, 22 ページより作成.

学官ネットワークが形成されたことである．具体的には，「各経済産業局等 10 支分部局の職員及びコーディネーターが，地域で事業活動を行う様々な業種の中堅・中小企業，ベンチャー企業，大企業，大学，公的研究機関，工業高等専門学校，自治体，産業支援機関，工業技術試験所，商工会議所その他の経済団体，NPO 法人等を訪問して，行政ニーズを把握するとともに，

産業		参加団体	
バイオ	環境・エネルギー	企業	大学
○		340	3
		160	26
		780	48
		2,210	134
○		580	11
		1,720	28
○		130	52
		410	18
○		340	52
	○	1,200	60
	○	140	20
	○	430	26
		290	22
○		500	10
	○	540	21
		270	22
○		40	6
○	○	120	7
		10,200	566

産業クラスターの形成に向けたネットワーク活動を展開」した．その結果，期間中に10支分部局が行った訪問件数は約1.8万件（企業の重複あり），研究者への訪問件数は約6,800件，セミナー約1,200回（延べ参加人数約20万名），産学交流会約1,400回（同じく約12万名），マッチングセッションを約400回（同約16.3万名）開催した．その結果，全国で19の産業クラスター・プロジェクトが立ち上がり，6,100社の中堅・中小企業，約250大学が参加する広域的な産学官のネットワークが形成された，と指摘している．さらに，2005年度からは広域的なネットワークを拡充するために産業クラスター形成の新たな核となりうる産業支援機関・大学等を「拠点組織」として位置づけ，支援を開始し，クラスター形成人材（クラスター・マネジャー）を全国で105名配置した．

第2は，新産業・新事業の創出支援である．産業クラスター計画のネットワーク参画企業が行った新事業の開始（新製品の生産，加工，市場投入，新しいプロセス技術導入，試作品の作成等）は，2001年度から2003年度の3カ年で約1万7千件，第Ⅰ期計画が終了する2005年度までに約4万件程度生み出される見込みである．さらに，708件のマッチングの成立，145件の技術移転，地域産業連携型実用化技術開発事業約1,130件のプロジェクトが完了し（125件継続中），そのうち約6割が産業

クラスターのネットワーク参画企業であり，27%に当たる約300件が事業化に成功した，と指摘している．その他，知的クラスターとの連携推進，中小企業支援策との連携，大学発ベンチャー創出支援，資金供給・販路開拓及びビジネス・インキュベーションとの連携を行ったとして，第I期産業クラスター計画の成果を挙げている[10]．

その結果，プロジェクト参画企業は2001年度当初の約3,000社から2004年度4月時点で5,800社に，参画大学は同じ期間に150大学から約220大学に増加した．

また，産業クラスター計画に参画企業6,000社及び参加研究者等に対するアンケート調査によれば，情報収集・ネットワーク形成面で効果が大きかったこと，研究開発や製品開発面では一定の効果があったと，概ね良好な反応を示している．

また，「産業クラスター計画」への参画を契機に，新たな連携が始まった企業は38.5%，新事業を開始した企業が58.7%，第二創業を行った企業は18.9%，大学発ベンチャーは累計133件にのぼったと答えている．上場企業を除く参加企業の売上高は推計約12兆円，従業者数は推計約40万人（いずれも全製造業の約4%に相当）にのぼった[11]．

2.3 第II期産業クラスター計画

第II期産業クラスター計画は，ネットワークの形成を進めつつ，具体的な事業を展開し，「企業の経営革新，ベンチャーの創出」を推進するとした．また，必要に応じて既存プロジェクトを見直し，新たなプロジェクトを立ち上げる，とした．その結果，第II期産業クラスター計画は，第I期における19プロジェクトを再編統合し（廃止5，新設4，重点・拡充等9，継続5），17プロジェクトを策定した（表A-2参照）．

第II期産業クラスター計画の数値目標として，2006年度から2010年度までの5年間に，全国で累計約4万5千件の新事業を開始させることが掲げられた．新事業開始件数とは，新商品・新製品の製造，市場投入や新サービ

表 A-2 第Ⅰ期産業クラスター・プロジェクトの再編成

再編内容	プロジェクト	地方局	プロジェクト
既存プロジェクトを廃止・統合したもの	5	東北局 同 近畿局 同 同	情報・生命・未来型ものづくり産業プロジェクト 循環型社会対応産業振興プロジェクト ものづくり元気企業支援プロジェクト 情報系クラスター振興プロジェクト 近畿エネルギー・環境高度化推進プロジェクト
新たにプロジェクトを新設したもの	3	東北局 近畿局 同	TOHOKUものづくりコリドール 関西フロントランナープロジェクト Neo Clusuter 環境ビジネスKANSAIプロジェクト Green Cluster
既存の枠組みを再編したもの	1	関東局	関東甲信越全域を対象化して,京浜地域,つくば地域を追加
既存の対象分野等を重点化したもの	3	中部局 北陸支局 四国局	ロボット,情報家電,燃料電池,新セラミックス等の分野に重点化 健康・医療・福祉,ナノ加工,複合材料等のものづくり分野に重点化 ものづくり,健康・バイオの2分野に重点化
既存の対象分野等を拡充したもの	5	関東局・情報 近畿局・バイオ 中国局・次世代 同・環境 沖縄局	ITと他の分野の融合 バイオプロセス,バイオ食品等の分野を追加 電子デバイス,バイオ,FDP等の分野を追加 エネルギー分野を追加 保養を含むサービス分野を追加
既存のプロジェクトを継続したもの	5	北海道局 関東局 中部局 九州局 同	北海道スーパークラスター振興戦略Ⅱ 首都圏バイオゲノムベンチャーネットワーク 東海バイオものづくり創生プロジェクト 九州地域環境・リサイクル産業交流プラザ (K-RIP) 九州シリコン・クラスター計画

(出所) 経済産業省［2006］,『産業クラスター第Ⅱ期中期計画』, 14-15ページより作成.

スの創出,供与の件数である[12]（表 A-3 参照）.

　これを「新産業創造戦略」において掲げられた戦略分野と対比させると,燃料電池(3),情報家電(6),ロボット(3),コンテンツ(4),健康・福祉・機器・サービス(9),環境エネルギー・機器・サービス(5) である（プロジェ

表 A-3 第 II 期産業クラスター計画の数値目標（5 年間）

対象地域	プロジェクト名		新事業開始件数（件数）	追加目標
北海道	北海道スーパークラスター振興戦略 II		3,000	売上高 4,400 億円（情報産業 4,000 億円．バイオ 400 億円） 新規株式公開企業 15 社 情報産業売上高 10 億円超企業 60 社 バイオ産業新規企業創出数 15 社
東　北	東北ものづくりコリドール		2,400	―
関　東	地域産業活性化プロジェクト	首都圏西部ネットワーク支援活動（TAMA）	2,000	―
		中央自動車道沿線ネットワーク支援活動	1,000	―
		東葛・川口つくば（TX 沿線）ネットワーク支援活動	1,000	―
		三遠南信ネットワーク支援活動	2,000	―
		首都圏北部ネットワーク支援活動	1,500	―
		京浜ネットワーク支援活動	3,000	―
	バイオベンチャーの育成		250	―
	情報ベンチャーの育成		250	自立的なコアネットワーク創出 5 件
中　部	東海ものづくり創生プロジェクト		5,000	
	東海バイオものづくり創生プロジェクト		60	新規企業創出件数 30 件/5 年
近　畿	関西バイオクラスタープロジェクト		1,000	クラスター組成件数 75 件/5 年 クラスターコア企業の売上高伸び率 25%/5 年
	関西フロントランナープロジェクト		8,000	クラスターコア組成数 175 件 クラスターコア企業の売上高伸び率 25%/5 年
	環境ビジネス KANSAI プロジェクト		1,000	クラスターコア組成数 100 件/5 年 クラスターコア企業の売上高伸び率 25%/5 年
中　国	次世代中核産業形成プロジェクト		3,000	―
	環境・循環型社会形成プロジェクト		800	―

表 A-3 （つづき）

対象地域	プロジェクト名	新事業開始件数（件数）	追加目標
四 国	四国テクノブリッジ計画	2,000	第二創業企業数 60 社/5 年 大学発ベンチャー IPO 企業数 5 社/5 年
九 州	九州地域環境・リサイクル産業支援プラザ	1,500	海外ビジネス創出件数 20 件/4 年 新規起業件数 25 件/5 年
	九州シリコン・クラスター計画	1,500	新規起業件数 50 件/5 年 世界シェアトップ企業数 10 社/5 年 新規上場 IPO）企業数 10 社/5 年
沖 縄	OKINAWA 型産業振興プロジェクト	4,500	企業立地件数 341 件/5 年間 プロジェクト関係業界全体の売上高 1 兆円規模（2010 年）
	計	45,760	

（出所）経済産業省［2006］,『産業クラスター計画2009』, 13-14 ページより作成.

クト内で複数のプロジェクトが計画されているため，合計は 17 を超える）（表 A-4 参照）．

　第 II 期産業クラスター計画の成果は，経済産業省地域経済産業グループが行った総括によれば，ネットワークの拡充については，第 I 期計画よりもさらに広域的なネットワークが形成されたと評価している．すなわち，ネットワークに参加した中堅・中小企業は約 1 万 200 社，第 I 期末約 6,100 社に対して約 67% 増加した．また，ネットワークに参加した大学は約 290 校，第 I 期末約 250 校に対して約 16% 増加し，より広域的な産学官連携ネットワークが形成された．さらに，新事業開始件数は 2009 年度には 9 万件近い件数にのぼったとみられ，目標の 4 万件を大きく上回った．そして，「第 I 期と第 II 期を通じて，「顔の見えるネットワーク」の形成や事業化のための取組を継続的に実施し，かつ情報共有を行い，関係者におけるそれらのクラスター的手法の蓄積とブラッシュアップが進むことで，クラスター的手法による地域イノベーション創出の取組の有効性が認識され，その結果，約 400 を超えるクラスター的取組が全国各地で自発的に行われている」と評価して

表 A-4　第II期産業クラスター計画の戦略産業と「新経済成長戦略」との対応関係

計(17)	燃料電池	情報家電	ロボット	コンテンツ	健康・福祉・機器・サービス	県境エネルギー・機器・サービス
北海道(1)	—	—	—	○	○	—
東北(1)	—	○	—	—	(○)	—
関東(3)	(○)	○	(○)	○	○	—
中部(2)	(○)	○	(○)	—	○	(○)
北陸(1)	—	—	—	—	○	—
近畿(3)	(○)	○	(○)	○	○	○
中国(2)	—	○	—	—	(○)	—
四国(1)	—	—	—	—	○	—
九州(2)	—	○	—	—	—	○
沖縄(1)	—	—	—	—	○	—

(注)（○）は同一プロジェクトに含まれている分野.
(出所) 同上, 9ページ.

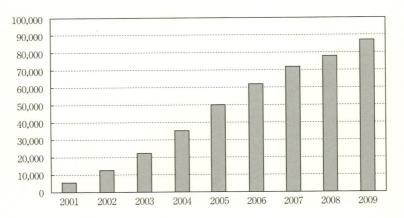

(注) 21年度の数値は直近3年間の実績からの推計値
(出所) 経済産業省地域経済産業グループ [2009]『産業クラスター計画第II期中期計画活動総括』, 5ページ.

図 A-1　新事業開始件数の推移

いる[13]（図 A-1 参照）.

　また，産業クラスター研究会が産業クラスター計画参画企業を対象に行ったアンケート調査[14]の結果によれば，回答した企業の多くが情報収集・ネットワーク形成の面で効果が高いこと，研究開発・製品開発面では一定の効果があったと答えている[15]（図 A-2 参照）.

　しかし，同時に，「産業クラスター計画では新事業・新産業の創出を目的として掲げているが，これまでネットワーク整備等のソフト支援に偏重しており，大規模研究開発プロジェクト等のハード支援との計画的な連動性が希薄だったことから十分な政策的インパクトを導き出せておらず，また，産業クラスターのアンカー的企業となるべき大企業の巻き込みが不十分であった

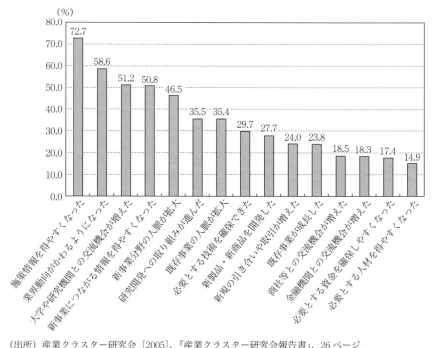

(出所) 産業クラスター研究会 [2005]，『産業クラスター研究会報告書』，26 ページ．

図 A-2　ネットワーク参画前と比べた効果

ことから，クラスターのブランド化や新製品・新事業の市場への誘導等の機能を欠く等の課題」があると指摘している[16]．

なお，文部科学省が推進している知的クラスター創成事業との連携等，地域科学技術政策との連携，関連施策・関係府省・関係機関・自治体との連携強化，クラスター間の交流強化，国際交流の強化，産業クラスター・プロジェクトの自立化，産業クラスター計画の普及・浸透度の向上が進んだと評価している．

ところで，経済産業省地方局主導の産業クラスター計画は，第II期計画で実質的に終了した．経済産業省を中心とする産業クラスター計画（地域再生・産業集積計画）は，産学官ネットワークの強化によってイノベーション創出環境を整備し，新事業・新産業の創出を図る「地域イノベーション創出研究開発事業」に転換される予定であった．しかし，「新成長戦略（2011年6月18日閣議決定）」は「産学連携など大学・研究機関における研究成果を地域の活性化につなげる取組を進める」方針を打ち出し，「地域イノベーションの創出に向けた地域の主体的かつ優れた構想に対して，関係府省の施策を総動員して支援」することとされ，文部科学省を中心とする「地域イノベーションシステム整備事業」に実質的に統合された．さらに，民主党政権誕生と新政権の下で行われた「仕分け作業」によって産業クラスター計画の継続が困難となった．このため，経済産業省は2011年度には「地域イノベーション創出研究開発事業」の新規公募を取り止めた．つまり，経済産業省が先導する地域イノベーション創出事業は終了した[17]．

第3節　知的クラスター創成事業

3.1　地域科学技術振興政策としての知的クラスター創成事業

知的クラスター創成事業は，都市エリア産学官連携促進事業とともに，文部科学省が推進している地域科学技術振興政策であり，科学技術基本法（1995年11月）に基づく地域における科学技術振興政策として推進された．

知的クラスター創成事業を推進するにあたって地域科学技術施策推進委員会がまとめた報告書[18]によれば，本事業は，「地方自治体が行う科学技術振興に対する支援を中心」としたものであり，その推進にあたっては「自治体の主体性，積極性を十分に考慮する」として，知的クラスター政策の性格と政策推進における基本的姿勢を明らかにしている．そして，本事業は「国際的な産業競争力を確保・維持する『人』と『知恵』の集積による『知的クラスター』の創成を目指すものであり，国際的な『優位性』の確保」を目指すとして，政策目標を明らかにしている．さらに，知的クラスター構想のモデルは米国のシリコンバレーを例とする『技術革新型クラスター』であるとしている[19]．

　技術革新型クラスターとは，「国際競争の優位性を維持する集積」であり，その特徴や育成過程について，次のように指摘している．

①大学等の知的創造拠点が核となり，国際的な優位性を確保しうる特定の技術領域に特化し（以下「特定領域」という），特定領域に関連する研究機関，関連企業等が集積し，地理的な「葡萄の房」が徐々に形成され，結果として集積効果が発揮され，巨大なクラスターに成長する．

②研究機関等の「知恵」を核とする「人」の集積から始まり，ベンチャー設立等が起爆剤となり，地元企業の活性化，R&D型企業等の立地が始まり，クラスターとして成長する．

③特定領域に分野特化することにより，関連するインフラ事業（通信等），サプライヤー（原料供給等），流通販路（製品販売支援等）やベンチャーキャピタル等の企業の育成，立地が促進され，その結果，クラスター内のベンチャー企業等は集積メリットとして，これらの関連企業の支援を享受できる．

④同種分野の企業による激しい「競争」により，企業化，市場化が加速される．また，「協力」関係として同種企業等の集団学習が可能となりクラスター全体が知的にレベルアップする．

⑤産学官連携の研究開発等により新技術シーズが生み出され，企業化，市

場化を経て，新製品，新規事業等が創出される．更に，クラスター内の企業は，マーケットギャップ（失敗）や新たなマーケットニーズ等を直接把握でき，それらを新たな研究シーズとして次の研究開発に着手し，更なる技術革新を目指す．

⑥こうした連続的な技術革新により，国際競争力が発揮，維持され，クラスターとして更に進化，発展していく[20]．

同報告書は，知的クラスターは単一ではなく，「世界最先端の研究開発分野の技術シーズを核とする国際的にも開かれた大規模なクラスター」や「独自の技術シーズを核とし中規模のクラスターとして優位性の確保を目指すクラスター」等のタイプが考えられるとしている．また，クラスター政策を推進するに当たって，育成段階における行政の積極的支援，類型や成長段階に応じた支援，世界的レベルの国際拠点として中核となる研究機関等の育成，知的財産権の保護，地元事業のレベルアップ，都市づくりとしての知的クラスター構想への配慮，クラスターの形成には10年から30年程度の期間が必要であり，長期的な展望に基づく取り組みの必要性等を指摘した．

候補地域については，2段階の審査を経て，18地域が選定された．まず第1次評価として，大学等の公的研究機関を中心に，新産業創造拠点が形成されつつある45地域を抽出した[21]．第2次評価では，中核研究機関の新技術創出研究ポテンシャルや有望技術シーズの存在等に着目して45地域から30地域を選定した[22]．そして，30地域を対象としてFS調査を経て，最終的に18地域が選定された．候補地域が基本的に具備すべき必要条件として，①地域特性が明確な重点化，②中核的支援機関の存在，③活用可能な既存施設の存在が挙げられた．さらに，知的クラスター創成事業として選定（認定）の際の評価項目として，①技術シーズの存在，②産業的基盤及び特定領域の関連企業の存在，③事業の推進体制（中核機関の事務能力や産学官連携事業の実績等），④地域取り組み，が挙げられた[23]．

また，本報告は知的クラスター創成事業における具体的な取り組みについて，①共同研究等の実施，②産学官連携機能の強化，③人中心のシステムの

確立，④各種専門家，ベンチャーキャピタルの参画，⑤関係者の濃密な（face to face の）コミュニケーション環境の構築，⑥知的財産権の取り扱いを挙げた．

知的クラスター創成事業の基本計画となる第Ⅰ期科学技術基本計画（1996-2000年度）においては，「地域科学技術振興の基盤作り」を目標とし，①科学技術に対する理解の増進，基盤的・先導的な研究開発の推進，科学技術関連施策の整備に関する支援の拡充，②産学官の研究開発機関が参加する制度の整備・拡充，コーディネート活動の強化，③公設試験研究機関の支援，を行うとした．

第Ⅱ期科学技術基本計画（2001-05年度）においては，「地域における知的クラスター」の形成，第Ⅲ期科学技術基本計画（2006-10年度）においては，「クラスター政策の発展」を目標とし，「地域におけるイノベーション・システムの構築と活力ある地域づくり」を目標とした[24]．

このような科学技術基本計画に基づいて，知的クラスター事業として次のような事業が行われた．第1は，産学官共同研究等の実施である．「大学の共同研究センター等における企業ニーズを踏まえた，新技術シーズを生み出す産学官共同研究の実施，研究成果の特許化及び育成に係わる研究開発の実施」，である．

第2は，地方公共団体や関係府省の関連施策等の活用である．すなわち，「地方公共団体の関連施策や経済産業省をはじめとした関係府省が所轄する研究開発制度を活用し，研究開発から事業化までの一貫した事業を実施」することである．

第3は，その他，「事業実施の司令塔となる知的クラスター本部の設置（本部長，事業総括，研究統括等の配置）」，「専門性を重視した科学技術コーディネータ（目利き）の配置や弁理士等のアドバイザーの活用」，「研究成果の発表等のためのフォーラム等の開催」である．

3.2 第Ⅰ期知的クラスター創成事業

第Ⅰ期知的クラスター創成事業（計画期間2002-06年度）は，第2期科学技術基本計画（2001-05年度）の一環として2002年度から推進された．知的クラスターは「地域のイニシアティブの下で，地域において独自の研究開発テーマとポテンシャルを有する公的研究機関等を核とし，地域内外から企業等も参画して構成される技術革新システム」である[25]．すなわち，「人的ネットワークや共同研究体制が形成されることにより，核をなす公的研究機関等の有する独創的な技術シーズと企業の実用化ニーズが相互に刺激しつつ連鎖的に技術革新とこれに伴う新産業創出が起こるシステムである．すなわち，各地域の独創的な研究シーズを有する大学・研究機関が中核研究機関として位置づけられ，それを核とした産学官共同研究体制が構築された．このようなシステムを有する拠点を発展させることにより，世界水準での技術革新の展開が可能」であると考えられた[26]．文科省は，本事業の特徴として，①地域のクラスター構造に基づく戦略的な事業実施，②知の集積の活用（大学・公的研究機関等を核としたイノベーションの創出），③世界レベルの技術革新（地域外からヒト・モノ・カネが集積），を挙げている．1地域当たり年間5億円程度，5年間にわたって，地方自治体が指定する本事業の実施主体である中核機関（科学技術開発財団等）に対して補助金が交付される（表A-5参照）．

第Ⅰ期計画として，知的クラスター創成事業の対象地域は，札幌，仙台，富山・高山，金沢，長野・上田，岐阜・大垣，愛知・名古屋，京都，関西文化学術研究都市，大阪北部（彩都），神戸，広島，宇部，徳島，高松，福岡，北九州学術研究都市の18地域が選定された．これらの知的クラスター創成事業対象地域の戦略産業は，地域によって異なるが，最も多いのはライフサイエンスであり，11地域が戦略産業として挙げている．次いで多いのは情報通信7地域，環境3地域，ナノテク・材料3地域である．一地域において複数の戦略産業を掲げている地域があるので，合わせると18件を上回る．また，核となる研究機関の大半は当該地域にある大学と公設試験研究機関で

ある．知的クラスター創成事業は地域の大学・研究機関が持つ研究シーズをテーマとして産学官共同研究の体制を構築し，応用・開発研究を重点的に推進して実用化を図るとともに，地域産業へ技術移転して地域産業の国際競争力を高めようとするものであったといえる．しかしながら，ライフサイエンスを11地域が戦略産業として挙げているが，地域産業としてライフサイエンス産業が集積しているわけではなく，仮に研究シーズが実用化されても，地域産業がその研究成果を享受して地域全体の国際競争力が高まることを期待することはできない．当該研究シーズが応用範囲の広い画期的な研究であればあるほど，当該シーズの実用化には高度な技術と資金力・人材を擁する大企業でなければ困難であろう（表A-6参照）．

知的クラスター創成事業は，地域における知の集積としての大学・公的研究機関の研究シーズを活用することを謳っているから，ライフサイエンスや情報通信，ナノテク・材料，環境分野が戦略産業となるのであろうが，「地域のクラスター構造に基づく戦略的な事業」といえるのかどうか疑問である．また，「世界レベルの技術革新」の拠点を構築し，地域外からヒト・モノ・カネが集積する仕組みを構築することを謳っているが，世界的な研究拠点となりうるのかはなはだ疑問である．

知的クラスター創成事業を通じて「世界レベルの技術革新」を行う，すなわち，世界に通用する研究開発拠点を構築するのであれば，まさに「選択と集中」を行い，資金・人材を集中投入する仕組みを構築することがまず必要であろう．各大学が有する研究シーズに対して研究資金を配分し，産学共同研究を組織して応用研究をさせ，その結果を見て「選択と集中」を行おうとするものであるといえる[27]．

3.3 第II期知的クラスター創成事業

2000年代後半になると，第2期科学技術基本計画から第3期科学技術基本計画（2006-10年度）への展開に対応して，知的クラスター創成事業（第I期）は第II期知的クラスー創成事業（2007-11年度）に引き継がれた．第

表 A-5 知的クラスター

地域	中核機関	産
札幌地域	(財)北海道科学技術総合振興センター	(株)ビー・ユー・ジー, (株)マイクロネット (株)日立製作所機械研究所 (株)富士通九州システムエンジニアリング
仙台地域	(株)インテリジェント・コスモス研究機構	(株)アドバンテスト研究所 (株)パナソニックモバイル仙台研究所 東日本電信電話(株)
富山・高岡地域	(財)富山県新世紀産業機構	北斗科学産業(株), (株)スギノマシン 立山科学工業(株) (株)ニッポンジーン, 富山化学工業(株)
金沢地域	(財)石川県産業創出支援機構	澁谷工業(株), 横河電機(株) イーグルテクノロジー(株) (株)石川製作所
長野・上田地域	(財)長野県テクノ財団	オリオン機械(株), サン工業(株) (株)アルゴル, (株)エスエヌ精機 シナノケンシ(株), セイコーエプソン(株)
岐阜・大垣地域	(財)岐阜県研究開発財団	(株)日立製作所, タック(株) 東芝メディカルシステムズ(株) キヤノン(株), (株)セガ
浜松地域	(財)浜松地域テクノポリス推進機構	浜松ホトニクス(株), 池上通信機(株) NECビューテクノロジー(株) ヤマハ(株), スズキ(株)
名古屋地域	(財)科学技術交流財団	(株)豊田中央研究所, 日本レーザ電子(株) (株)日本酸素, 田中貴金属工業(株) 日本ガイシ(株), アイシン精機(株)
京都地域	(財)京都高度技術研究所	(株)村田製作所, (株)島津製作所 京セラ(株), オムロン(株), ローム(株) (株)堀場製作所, (株)高分子研究所
関西文化学術研究都市地域	(株)けいはんな	(株)萩原農場生産研究所 (株)中電シーティーアイ オムロン(株), (株)キュービック
大阪北部(彩都)地域	(財)千里ライフサイエンス振興財団	アンジェスエムジー(株) 日東電工(株), 日本電子(株) 東洋紡績(株), (株)ニコン
神戸地域	(財)先端医療振興財団	ステムセルサイエンス(株) 住友製薬(株)

補論　日本のハイテク型開発政策の展開

創成事業の中核機関

学	官	戦略産業
北海道大学 東京大学 公立はこだて未来大学	北海道立工業試験場 (独)メディア教育開発センター	情報通信
東北大学，東北工業大学 東北学院大学，弘前大学 仙台電波工業高等専門学校		情報通信
北陸先端科学技術大学院大学 富山医科薬科大学 富山大学，富山県立大学	富山県工業技術センター 富山県薬事研究所 富山県衛生研究所	ライフサイエンス ナノテク・材料 情報通信
金沢大学，金沢工業大学 北陸先端科学技術大学院大学 金沢医科大学	石川県工業試験場 (財)先端医学薬学研究センター	ライフサイエンス
信州大学，山形大学， 長野工業高等専門学校	長野県工業試験場 長野県精密工業試験場 長野県情報技術試験場	ナノテク・材料
岐阜大学，早稲田大学 慶応義塾大学 岐阜工業高等専門学校	岐阜県生産情報技術研究所 岐阜県セラミックス技術研究所	ライフサイエンス
静岡大学電子工学研究所 イノベーション共同研究センター 浜松医科大学		情報通信 ライフサイエンス
名古屋大学 名古屋工業大学 名城大学	産業技術総合研究所 愛知県産業技術研究所 名古屋市工業研究所	ナノテク・材料 環境
京都大学 京都工芸繊維大学 立命館大学	京都市産業技術研究所	ナノテク・材料
奈良先端科学技術大学院大学 同志社大学，大阪電気通信大学 地球環境産業技術研究機構	奈良県農業技術センター 奈良県保健環境研究センター 京都府農業資源研究センター	ライフサイエンス 環境 情報通信
大阪大学 (財)阪大微生物病研究会	国立循環器病センター 大阪府立成人病センター	ライフサイエンス
京都大学，大阪大学 神戸大学 京都府立医科大学	先端医療センター 理化学研究所 国立循環器病センター研究所	ライフサイエンス

表 A-5 （つづき）

地域	中核機関	産
広島地域	(財)ひろしま産業振興機構	(株)高研，(株)フェニックスバイオ (株)住化分析センター，清水化学(株) 中国醸造(株)，天野実業(株)
宇部地域	(財)やまぐち産業振興財団	(株)アルモウルド，アロカ(株)，宇部興産(株) NTTアドバンステクノロジー(株) 松下電工(株)，三菱電線工業(株)
徳島地域	(財)とくしま産業振興機構	(株)アプロサイエンス，アロカ(株) NECソフト(株)，富士通(株) 大塚製薬(株)，住友精密工業(株)
高松地域	(財)かがわ産業支援財団	(株)伏見製薬所，帝國製薬(株) (株)四国総合研究所，隆祥産業(株) (株)林原生物化学研究所，オルガノ(株)
福岡地域	(財)福岡県産業・科学技術振興財団	三洋電機(株)，(株)富士通研究所 NECマイクロシステム(株) 富士通ネットワークテクノロジーズ(株)
北九州学術研究都市地域	(財)北九州産業学術推進機構	新日鐵化学(株)，(株)ゼンリン，日本電気(株) (株)東芝，(株)日立超LSIシステムズ 松下電器産業(株)

(出所) 文部科学省資料より作成．

II期計画が第I期計画と大きく異なるのは，第I期計画の成果等を踏まえ，「世界レベルのクラスター形成を強力に推進」することを目的とし，対象地域が18地域から道央，広域仙台，長野県，浜松，関西広域，福岡・北九州・飯塚の6地域に「選択と集中」されたことである（表A-7参照）．このため，2007年度政府予算額は55億円，原則5年間の補助金が中核機関に対して交付される．つまり，1地域当たり年間10億円近い補助金が交付される大型プロジェクトである．

①札幌周辺を核とする道央地域

　北海道大学を核となる研究機関とし，ライフサイエンスと情報通信を戦略産業とするものである．「北海道産素材に科学的分析・評価を加え，機能性

学	官	戦略産業
広島大学 広島県立大学 自治医科大学	広島県産業科学技術研究所	ライフサイエンス
山口大学 九州大学 名古屋大学	(独)産業技術総合研究所	ライフサイエンス
徳島大学 北海道大学		ライフサイエンス
香川大学	(独)産業技術総合研究所四国センター (独)農業技術研究機構 香川県農業試験場	ライフサイエンス
九州大学 福岡大学	(財)九州システム情報技術研究所 福岡県工業技術センター (財)福岡県産業・科学技術振興財団	情報通信
九州工業大学 北九州市立大学 早稲田大学，九州大学 産業医科大学		情報通信，環境

成分・栄養成分製品を生み出すシステムを構築」し，実用化・事業化を進め，機能性食品等の健康食品市場での道産品のブランド力向上を目指すことを謳っている．具体的には，①「免疫・アレルギー改善」，②「認知機能改善」，③「代謝機能改善」に資するバイオマーカーの探索及びその機能評価システムを構築するための研究開発を行う[28]．

②広域仙台地域

東北大学を核となる研究機関とし，情報通信，ライフサイエンスを戦略産業とするものである．東北大学，東北福祉大学等の先端的な研究資源を活用し，先進的な予防の実現に資する研究開発・実証を行うことで，「先進予防型健康社会創成クラスター」の形成を図り，市民の健康の質の向上，行政コ

表 A-6 知的クラスター創成事業実施地域の概要（第Ⅰ期）

地域	テーマ	戦略産業	核となる研究機関
札幌地域	札幌ITカロッツェリアクラスター	情報通信	北海道大学
仙台地域	仙台サイバーフォレストクラスター	情報通信	東北大学
富山・高岡地域	とやま医薬バイオクラスター	ライフサイエンス 情報通信 ナノテク・材料	北陸先端科学技術大学院大学, 富山医科薬科大学, 富山大学, 富山県立大学 富山県工業技術センター
金沢地域	石川ハイテク・センシング・クラスター	ライフサイエンス	金沢大学, 金沢工業大学, 北陸先端科学技術大学院大学
長野・上田地域	長野・上田スマートデバイスクラスター	ナノテク・材料	信州大学
岐阜・大垣地域	岐阜・大垣ロボティック先端医療クラスター	ライフサイエンス	岐阜大学, 早稲田大学
浜松地域	浜松オプトロニクスクラスター	ライフサイエンス, 情報通信	静岡大学, 浜松医科大学
名古屋地域	名古屋ナノテクものづくりクラスター	環境, ナノテク・材料	名古屋大学, 名古屋工業大学
京都地域	京都ナノテククラスター	ナノテク・材料	京都大学
関西文化学術研究都市地域	けいはんなヒューマン・エルキューブクラスター	ライフサイエンス, 環境, 情報通信	奈良先端科学技術大学院大学, 同志社大学, 大阪電気通信大学, 地球環境産業技術研究機構
大阪北部(彩都)地域	大阪北部（彩都）バイオメディカルクラスター	ライフサイエンス	大阪大学
神戸地域	神戸トランスレーショナルリサーチクラスター	ライフサイエンス	京都大学, 大阪大学, 神戸大学, 先端医療センター, 理化学研究所
広島地域	広島バイオクラスター	ライフサイエンス	広島産業科学技術研究所
宇部地域	やまぐち・うべ・メディカル・イノベーション・クラスター	ライフサイエンス	山口大学
徳島地域	徳島健康・医療クラスター	ライフサイエンス	徳島大学
高松地域	高松稀少糖バイオクラスター	ライフサイエンス	香川大学
福岡地域	福岡システムLSI設計開発クラスター	情報通信	九州大学, 福岡大学
北九州学術研究都市地域	北九州ヒューマンテクノクラスター	情報通信, 環境	九州工業大学, 北九州市立大学, 早稲田大学

（出所）文部科学省資料より作成．

表 A-7　知的クラスター創成事業（第 II 期）

地域	テーマ	戦略産業	核となる研究機関
札幌周辺を核とする道央地域	さっぽろバイオクラスター構想 "Bio-S"	ライフサイエンス，情報通信	北海道大学
広域仙台地域	先進予防型健康社会創成仙台クラスター	情報通信，ライフサイエンス	東北大学
長野県全域	信州スマートデバイスクラスター	ナノテク・材料	信州大学 東京理科大学 長野県工業技術総合センター
浜松地域	浜松オプトロニクスクラスター	情報通信 ナノテク・材料 ライフサイエンス	静岡大学 豊橋技術科学大学 浜松医科大学
関西広域地域	関西広域バイオメディカルクラスター	ライフサイオンス	京都大学 大阪大学 神戸大学 大阪府立大学 医薬基盤研究所 理化学研究所
福岡・北九州・飯塚地域	福岡先端システムLSI開発クラスター	情報通信	九州大学 九州工業大学 北九州市立大学 福岡大学 早稲田大学

（出所）同上．

ストの効率化，地域経済の活性化をバランスよく成立させることを目指すことを謳っている[29]）．

③長野県全域

　信州大学，東京理科大学と長野県工業技術総合センターを核となる研究機関とし，ナノテク・材料を戦略産業とするものである．知的クラスター創成事業（第 I 期）の成果を核として，「長野県の強みである精密加工技術，精密成形技術，デバイス技術等と信州大学等が持つナノテクノロジーを結合し，さらに広域・国際連携による産学官共同研究開発を強力に推進し，世界的に優位なスマートデバイスやワンランクアップしたスーパーモジュールの商品

化・事業化を促進」し,「広域的体制による産学官共同研究開発を推進し,世界的に優位なスマートデバイス・スーパーモジュールの創出」を謳っている.具体的には,①県内におけるナノテクノロジー・材料供給企業等の育成・充実,②ナノテク・材料活用支援センターを開設し,ナノテクノロジー・材料に関する情報の一元管理・提供等により,研究開発を効率化,③大学等研究機関での共同研究を通じた企業研究者の育成,企業でのインターンシップを通じた大学院生の実践力向上等により,研究成果の実用化を促進する,としている[30].

④浜松地域

静岡大学・豊橋技術科学大学・浜松医科大学を核となる研究機関とし,情報通信,ナノテク・材料,ライフサイエンスを戦略産業とするものである.

浜松地域を中心に,愛知県豊橋市を核とする東三河地域及び国内外先進地域と連携し,①光電子工学(オプトロニクス)技術における企業・研究機関・研究者のさらなる集積化を図り,②「知」と「技」の一大集積拠点「オプトロニクスクラスター」を創成することを謳っている[31].

⑤関西広域地域

京都大学・大阪大学・神戸大学・大阪府立大学・医薬基盤研究所及び理化学研究所発生再生科学総合研究センターを核となる研究機関とするものである.本地域においては,①大阪北部(彩都)地域を中心とした「創薬」,②神戸地域を中心とした「先端医療」を重点テーマとして,「世界最高水準のライフサイエンスの研究基盤」と「日本最大のバイオ産業の集積」を生かし,「日本NO.1バイオクラスター」から,大阪・神戸の強固な連携で「国際的競争力を有するバイオクラスター(世界NO.1バイオクラスターへの挑戦)」を目指そうとするものである[32].

⑥福岡・北九州・飯塚地域

　九州大学・九州工業大学・北九州市立大学・福岡大学・早稲田大学を核となる研究機関とし，情報通信を戦略産業とするものである．第Ⅰ期知的クラスターでは福岡地域が「福岡システムLSI設計開発クラスター（情報通信）」，北九州学術研究都市地域は「北九州ヒューマンテクノクラスター（情報通人・環境）」をテーマにして推進していたが，第Ⅱ期計画において両者を統合した．本事業においては，研究開発と人材育成を2本柱とし，クラスター形成を加速する計画である．研究開発では，①システムLSIの基盤技術分野（組込みソフトウェア，情報通信），②アプリケーション技術分野（自動車，バイオ，ロボット）及びLSI実装技術等分野（実装，設計，先端材料），③これら重点戦略分野における先端システムLSIの研究開発を行う．また，人材育成では，システムLSIのキーテクノロジーである組込みソフトウェア技術者養成に関し，重点的に取り組み，新たな人材育成体制を構築する．また，本事業は広域化プログラム（アジア等国際連携促進プログラム）であり，「国際・広域展開促進チームを結成し，海外から数多くの研究者等を招聘して地域内での国際共同研究の実施や相互の直接投資の促進，世界最先端の情報交換などを実施することによって，国際的なリーダーシップや優位性を確保した福岡先端システムLSI開発拠点形成を加速する」と謳っている．なお，「シリコンシーベルト福岡構想（SSB構想）」は「世界の半導体生産の一大拠点であるアジア地域（韓国，九州，上海，台湾，香港，シンガポール等を結ぶ半導体生産のベルト地帯「シリコンシーベルト」）におけるシステムLSI開発の拠点化を目指す構想」である[33]．

　他方，第Ⅰ期計画のうち，富山・高岡地域，金沢地域，岐阜・大垣地域，愛知・名古屋地域，徳島地域，高松地域，広島地域，宇部地域は，知的クラスター創成事業としては終了した．第Ⅰ期計画においては，1地域当たり年5億円が地方自治体が指定する事業実施主体となる中核機関（科学技術関係財団等）に対する補助金として交付された．つまり，1地域当たり，5年間

合わせると25億円の資金が投入されたにもかかわらず，次の段階へ発展しなかった事業は18事業のうち8事業，全体の約3割にも及ぶことになる．

第4節　都市エリア産学官連携事業

4.1　都市エリア産学官連携促進事業

都市エリア産学官連携促進事業は文部科学省が2003年度から推進している事業であり，①地域の個性を発揮できる分野・技術に特化，②「学」のもつ「知恵」を活用し，新技術シーズを創出，③事業創出・産業育成を図り，自立的・継続的な産学官連携基盤の構築を目的としたものである．

事業は，都道府県または政令指定都市の指定する中核機関を事業の実施主体とし，産学官連携基盤整備から研究成果の発展的展開まで幅広い事業を対象とする（表A-8参照）．事業目標及び産学官連携実績等に応じて，①基盤整備型，②一般型（1地域あたり年間1億円程度×3年），③特に優れた成果をあげ，かつ，今後の発展が見込まれる発展型（同2億円×3又は5年）があり，地域の自立性を高めることを目的に，一般型は国費の1/2以上，発展型は同額以上に相当する事業を地域が実施することを求めている．

4.2　都市エリア産学官連携事業の実施

都市エリア産学官連携促進事業は，文部科学省の説明によれば，「地域の個性発揮を重視し，大学等の『知恵』を活用して新技術シーズを生み出し，新規事業等の創出，研究開発型の地域産業の育成等を図るとともに，自律的かつ継続的な産学官連携基盤の構築を目指す」ものである．

本事業は，①個性発揮，地域特性を重視し，特定領域への分野特化，②都道府県及び政令指定都市の指定する中核機関を事業の実施主体として補助，③各都市エリアの事業目標，産学官連携実績等に応じて，産学官の連携基盤整備から研究成果の発展的展開まで幅広いメニューで対応することを謳った．2007年度予算として45億円計上され，1エリア当たり5,000万円〜2億円が

表 A-8 都市エリア産学官連携促進事業の中核機関

地　域	中核機関名
弘前	国立大学法人弘前大学
秋田県央	(財)あきた企業活性化センター
埼玉・圏央	(財)埼玉県中小企業振興公社
横浜内陸部	(株)知財マネジメント支援機構
大阪中央	(財)大阪市都市型産業振興センター
いわて県央・釜石	(財)いわて産業振興センター
長岡	(財)にいがた産業創造機構
富士山麓	(財)しずおか産業創造機構
びわこ南部	(財)滋賀県産業支援プラザ
和歌山県北部	(財)わかやま産業振興財団
むつ小川原・八戸	(財)21あおもり産業総合支援センター
ふくい若狭	(財)若狭湾エネルギー研究センター
みやざき臨海	(財)宮崎県産業支援財団
沖縄沿岸海域	(財)沖縄科学技術振興センター
千葉・東葛	(財)千葉県産業振興センター
東濃西部	(財)岐阜県研究開発財団
三重・伊勢湾岸	(財)三重県産業支援センター
関西文化学術研究都市及びその周辺	(財)関西文化学術研究都市推進機構
広島圏域	(財)ひろしま産業振興機構
高松	(財)かがわ産業支援財団
長崎	(財)長崎県産業振興財団
鶴岡庄内	(財)庄内地域産業振興センター
石川県央・北部	(財)石川県産業創出支援機構
和歌山県紀北紀中	(財)わかやま産業振興財団
宍道湖・中海	(財)しまね産業振興財団
愛媛県南予	(財)えひめ産業振興財団
ふくおか筑紫	(財)福岡県産業・科学技術振興財団
十勝	(財)十勝圏振興機構
かずさ・千葉	(財)かずさディー・エヌ・エー研究所
岐阜県南部	(財)岐阜県研究開発財団

(出所) 文部科学省資料より作成.

交付された.

　都市エリアの要件は，①研究開発ポテンシャルを有する都道府県等（政令指定都市を含む）の中核的な都市とその周辺地域，②大学（国公立大学，理工系私立大学，高専を含む）等の公的研究機関が存在すること，③事業の実施主体となる中核機関の活用が可能であること，とされた.

そして，事業は次の3つのタイプの事業を実施するとした．①連携基盤整備型であり，産学官連携基盤の整備を目標とし，課題探索や研究交流等を中心とした事業展開で，年間5,000万円程度，3年間，②一般型であり，ある程度産学官連携事業実績のある地域において，分野特化を前提に，新技術シーズ創出を図るため，共同研究を中心とする事業を展開するものであり，事業規模は年間1億円，3年間，③発展型であり，都市エリア産学官連携促進事業（一般型，成果育成型）の終了地域のうち，特に優れた成果を上げ，かつ，今後の発展が見込まれる地域で，これまでの成果を活かした産学官連携活動を展開することにより，地域のイノベーションシステムを発展させ，継続的な事業の創出等を目指した事業展開を行うもので，事業規模は年間2億円程度，3年間に渡すものである．

そして，事業実施に当たっては，①研究交流事業であり，研究交流会等の開催．科学技術コーディネーター（目利き）の雇用等，②産官学による共同研究事業，③研究成果育成事業であり，可能性試験や共同研究等で得られた研究成果について新技術・新産業創出に向けた共同育成研究等を組み合わせて実施することとされた[34]．

本事業は，2003-09年度の7年間に，基盤整備型5件，一般型40件，発展型25件を合わせて70件にのぼるが，概ね1件当たり3年の継続事業であるから，累計181件にのぼる（表A-9参照）．また，本事業には2009年度については45億円の財政資金が投入されている．これに加えて文部科学省は，本事業について，地域の負担（事業実施）を求めているから，実質的には70～80億円の事業規模にのぼったものと推測される．

4.3 都市エリア産学官連携事業の成果

文部科学省は，事業実施によって，①各地域において産学官共同研究や交流会等のネットワーク形成活動が活発化している，②産学官連携基盤の構築が進んでいる，③研究成果の技術移転や実用化などの多くの成果が得られている，と評価している[35]．

表 A-9　都市エリア産学官連携促進事業年度別件数

開始年度	基盤整備型	一般型	発展型	計	累計
2003	1	7	1	9	9
2004	2	7		9	10
2005	2	6	5	13	31
2006		5	4	9	31
2007		5	5	10	32
2008		6	3	9	30
2009		6	3	9	30
計	5	40	25	70	181

(注)「成果育成型」は 2004 年度から「発展型」として推進された．
(出所) 文部科学省「地域科学技術振興施策」
　　　(http://www.mext.go.jp/a_menu/kagaky/chiiki/city.area/index.htm).

しかしながら，「平成 20 年度の事後評価報告書」は，産官学のネットワーク構築や産学連携基盤の構築については相対的に高い評価を与えているものの，研究成果の事業化については「より一層の成果を期待する意見が多く，今回構築された連携基盤をベースにした事業化への新たな取組が求められている．……技術の実用化面ではまだまだ波及効果にはつながっていないという指摘も多い」[36]と，課題を指摘している．本事業は，国の補助金交付によって推進されているものであり，3 年間あるいは 5 年間の交付期間終了後にも事業が継続されているのか，自立的に事業を継続できる経済的人的基盤が形成されているのか検証する必要があろう．

4.4　地域イノベーションシステム

文部科学省は，2010 年度から「知的クラスター創成事業」・「都市エリア産学官連携促進事業」及び「産学官連携戦略展開事業」を統合して「地域イノベーションシステム整備事業」を推進している．「地域イノベーションシステム整備事業（地域イノベーションクラスタープログラム）」は，「優れた研究開発ポテンシャルを有する地域の大学等を核とした産学官共同研究等を実施し，産学官の網の目のようなネットワークの構築により，イノベーショ

ンを持続的に創出するクラスターの形成を図」り，地域経済を活性化しようとするものである．知的クラスター形成によって，国際優位性をもつクラスターについては世界レベルのクラスターとして発展可能な地域を重点的に支援するとともに，小規模であっても地域の特色を活かした強みを持つクラスターを各地に育成する方針であった．しかし，その後成立した民主党政権の下で行われたいわゆる「事業仕分け」によって中止されることになった[37]．

第5節 大学発ベンチャー企業

5.1 大学発ベンチャー企業1,000社構想

大学発ベンチャー企業創出事業は，大学教員のもつ研究シーズ・研究成果を活用してベンチャー企業を育成しようとするものである．国立大学の独立行政法人化による大学教員の兼業規制の緩和，産学連携の推進，TLO等の大学教員の研究成果である知的財産権を活用した経済活性化策の一環として大学発ベンチャー企業が推奨されている．従来，「全体の奉仕者」として大学教員は特定民間企業との共同研究に対してタブー視されていたが，国立大学法人化を契機に大学教員の兼職規定が緩和され，大学の社会貢献の1つとして大学発ベンチャー企業の設立や産学共同研究が積極的に推進されるようになった．

大学発ベンチャー企業は，経済産業省技術環境局大学連携推進課が中心になって推進している事業である．経済産業省は2001年度に「大学発ベンチャー企業1,000社創設計画」を打ち出し，2001年度から2003年度までの3年間に，大学発ベンチャー企業を1,000社設立する構想を打ち上げた．当時の経済産業大臣が平沼赳夫であったことから「平沼プラン」とも称された．

大学発ベンチャー企業の設立数は，2003年度末には目標の1,000社(1,015社)を上回り，計画期間経過後も大学発ベンチャー企業が設立されている．株式会社価値創造研究所の調査によれば，2000年度末現在435社であったが，2003年度末には目標の1,000社を超え，その後も設立が相次ぎ，

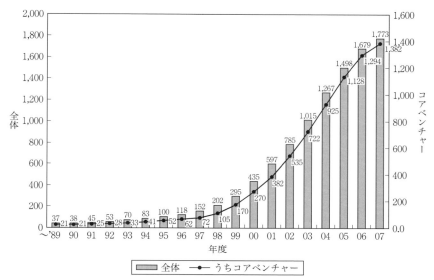

(注) コアベンチャーとは「大学で生まれた研究成果を基に起業したベンチャー企業」と「大学と深い関連のある学生ベンチャー」を合わせたものである．
(出所) ㈱価値総合研究所［2008］，『(平成 19 年度産業技術調査) 大学発ベンチャーに関する基礎調査」実施報告書』，6 ページ．

図 A-3　大学発ベンチャーの年度別設立企業数（累計，社）

2007 年度末には 1,773 社，目標の 1.7 倍に達した（図 A-3 参照）[38]．

5.2　大学発ベンチャー企業の特徴

ところで，大学発ベンチャーとは何か．筑波大学先端学際領域研究センターの報告書（研究代表菊本虔）によれば，大学の技術シーズを企業に移転する方式とベンチャー企業を起こして移転したものであるが，それには①大学等の教員や技術系職員，学生等がベンチャー企業の設立者となったり，その設立に深く関与したりして起業する「人材移転型」，②大学等で達成された研究成果または習得した技術等に基づいて起業する「特許以外による技術移転（または研究成果活用）型」，③大学等または大学等の教員が所有する特

許を基に起業する「特許による技術移転型」，④大学やTLOがベンチャー企業の設立に際して出資または出資の斡旋をする「出資型」とがある[39]．

また，経済産業省は，大学発ベンチャー企業を分類して，①大学で生まれた研究成果を基に起業したベンチャー（大学で達成された研究成果に基づく特許や新たな技術・ビジネス手法を事業化する目的で新規に設立された企業）と，②大学との関連の深いベンチャーとに大きく分けている．前者は，2006年度末現在，大学発ベンチャー1,590社のうち971社，61.1%を占める．後者は619社，38.9%を占める．また，後者のうち，①創業者の持つ特許やノウハウを事業化するために設立5年以内に大学と共同研究等を行ったベンチャー（209社，13.1%），②既存事業を維持・発展させるために，設立5年以内に大学から技術移転等を受けたベンチャー（73社，4.6%），③大学と深い関連のある学生ベンチャー（262社，16.5%），④大学から出資がある等大学と深い関連のあるベンチャー（75社，4.7%）に分けることができる[40]．

㈱価値総合研究所の調査によれば，2007年度末現在，大学発ベンチャー企業の事業分野別で最も多いのはバイオ分野であり，全体の28%を占めている．次いで，ソフトウェア（22%），機械・装置（12%）が多い．ITソフトウェア8%を加えるとIT関係が30%を占め，最も多いことになる（図A-4参照）．また，大学発ベンチャーの特徴は，対象とする市場が中小企業一般のそれと大きく異なることであり，「新規に創出した市場」をターゲットとするベンチャー企業（中小企業9.9%に対して大学発ベンチャー企業37.2%）や「市場として認知されて間もない市場」をターゲットする企業（35.0%）が多いことである（図A-5参照）．大学発ベンチャー企業の製品のうち約8割強がビジネス向けの製品であり，一般企業・研究機関・大学・自治体及び医療機関向けの製品が多い．すなわち，大学や病院等での研究のための検査機器等（34.5%），製造工程の効率化のための製品や大企業向け部品等（36.1%），行政向け製品・土木用・介護製品等（12.9%）が多く，大衆消費財の占める割合が少ない[41]．

事業ステージ段階別にみると，約半分が研究開発段階（46.2%），約半分

補論　日本のハイテク型開発政策の展開　　261

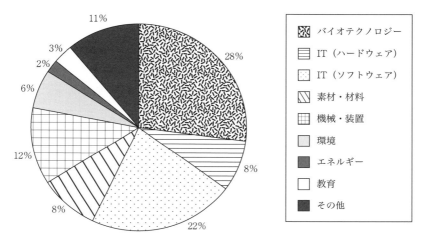

（注）1社で複数事業に関連する企業があるため，各事業分野の合計は100%を上回るが，100%に換算した．
（出所）同上．

図 A-4　大学発ベンチャー企業の事業分野別割合（2007年度末現在）

が事業段階（販売中）である．研究開発の初期段階と研究開発途中の段階が24.4%，全体の4分の1を占めている．研究開発段階の半分が試作品を完成または試験販売中と製品化の目途が立った段階である．他方，後者の事業段階（販売中）のうち，約半分は単年度赤字（26.3%）である．単年度黒字になっているものは27.6%占めるが，その半分はまだ累積損失をかかえている（12.2%）．回答のあったベンチャー企業312社の中で，累積損失がなく，単年度黒字に転換して経営的に一定の目途のたったベンチャー企業は48社，15.4%にとどまっている．その半分，23社が上場を達成しているが，全体としてみれば上場までこぎつけた企業の割合は7.3%にとどまっており，大学発ベンチャー企業構想は成功しているとは到底いえない（図 A-6参照）．

大学発ベンチャー企業の所在地別では，関東経済局管内が最も多く，全体の半分近く（221社，41.6%）を占めている．これに近畿経済産業局管内（100社，18.8%）を合わせると，全体の約6割が首都圏と関西圏の大都市圏に所在していることが分かる．日本の大学の地域分布は一極集中型であり，

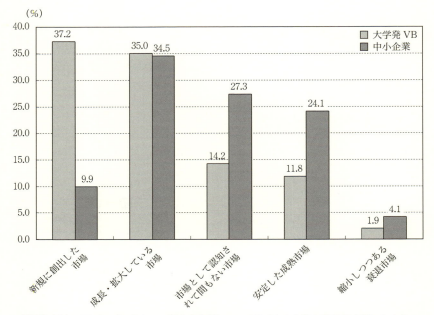

(出所) 同上, 36ページ. なお, 一般中小企業については『中小企業白書2005年版』による.

図 A-5　大学発 VB のターゲットとする市場 (割合)

大学発ベンチャー企業が首都圏と関西圏に集中しているのは当然の結果である (図 A-7 参照).

これは, 大学別ベンチャー企業でも, 国立大学では東京大学 (123社), 大阪大学 (78社), 京都大学 (66社), 筑波大学 (65社), 私立大学では早稲田大学 (74社), 慶応義塾大学 (57社) が上位を占めていることからも分かる. なお, 旧帝大系大学の研究環境は, 同じ地方国立大学と比べても優先的に整備されている. 地方大学の中でも東北大学 (56社) や九州大学 (53社) 発のベンチャー企業が多いのはこのためである (図 A-8 参照).

5.3　大学発ベンチャー企業の経済効果

大学発ベンチャー企業は, 大学の研究シーズを実用化し, ビジネス活動を

補論　日本のハイテク型開発政策の展開　　263

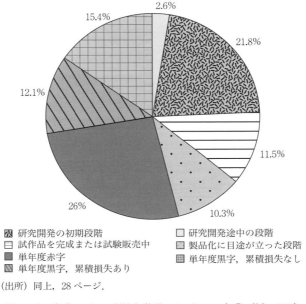

凡例：
- 研究開発の初期段階
- 研究開発途中の段階
- 試作品を完成または試験販売中
- 製品化に目途が立った段階
- 単年度赤字
- 単年度黒字，累積損失なし
- 単年度黒字，累積損失あり

（出所）同上，28ページ．

図 A-6　事業ステージ別大学発ベンチャー企業（N＝312）

通じて社会的に還元することを目的としたものである．その意味で大学発ベンチャー企業の設立件数だけでなく，その経済効果が問われることになる．㈱価値総合研究所の推計によれば，大学発ベンチャーの経済効果は，1社あたり売上高（157百万円）と雇用者数（12.8人）をもとに，市場規模は28百億円，雇用者数は約2万3千人にのぼると推計している[42]．また，経済波及効果は約51百億円，雇用誘発効果は約3万6千人と推計している（表A-10参照）．

「大学発ベンチャー企業1,000社創出計画」は目標を上回る設立件数を達成したが，今後大学発ベンチャー企業が事業体として経営を維持し，事業規模を拡大できるかどうかは別問題である．事業ステージ別にみると，研究開発の初期段階（3％），研究開発途中の段階（22％），試作品を完成または試験販売中（12％），製品化に目途が立ったもの（10％）が全体の約半分を占

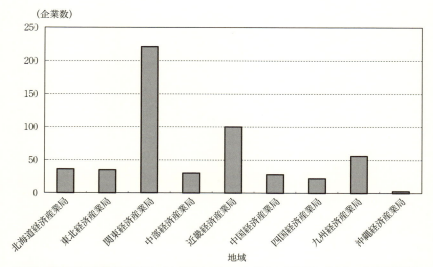

（出所）㈱日本総合研究所［2003］,『大学発ベンチャーに関する基礎調査（平成14年度産業技術調査）』.

図 A-7　大学発ベンチャー企業―所在地別一覧

めており，製品開発が当面の課題であるベンチャー企業も存在する．また，製品の販売を開始しているが，累積損失があるものも含めて単年度黒字に転換しているものが27％にとどまり，単年度赤字であるものが26％もある．大学発ベンチャー企業のうち，ビジネスとして持続可能で，雇用を維持できる見通しのある企業は全体の約4分の1程度であり，それ以外はまだ安定した経営状況にないことがわかる．

　ところで，ベンチャー企業は単に革新的な中小企業を指すのではない．従来にない新しい技術・商品やビジネス・モデルによって創業し，証券市場への上場を目指す創業間もない中小企業を指す．その意味で大学発ベンチャー企業1,000社構想の成否は創業したベンチャー企業のうちどの程度株式公開に成功するかが1つの判断基準となろう．㈱価値総合研究所のレポートによれば，2007年度末までに新規株式公開したのは23社であり，2005年度には

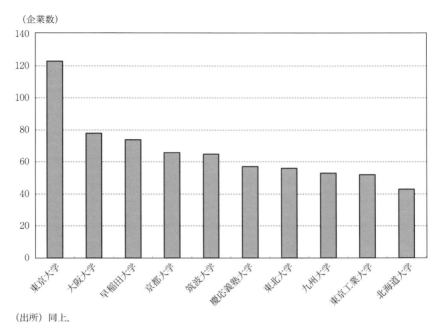

図 A-8　大学発ベンチャー企業数上位 10 大学

約 10 社株式公開の予定である．さらに，約 180 社が株式公開を予定しているとして，楽観的に評価している[43]．しかし，2007 年度までに創業した大学発ベンチャー 1,773 社のうち，新規株式公開した

表 A-10　大学発ベンチャーの経済効果（推計）

	直接効果	波及効果
市場規模 （対 2008 年度比）	約 28 百億円 （約 6 百億円）	約 51 百億円 （約 11 百億円）
雇用者（従業者）数 （対 2008 年度比）	約 23 千人 （約 3 千人増）	約 36 千人 （約 8 千人増）

（出所）同上，9 ページ．

のは 23 社，全体の 1.2% にとどまっている．また，株式公開企業 23 社のうち，12 社が関東，7 社が近畿で設立され，地方圏で設立された大学発ベンチャー企業が株式公開にこぎ付けた事例は少ない（表 A-11 参照）．さらに，株式公開企業の業種をみると，最も多いのがバイオ系であり，16 社，全体

表 A-11 大学発ベンチャーの新規株式公開（2007 年度末）

地域	社数	割合
関東	12	52.2
近畿	7	30.4
北海道	1	4.3
中部	2	8.7
九州	1	4.3
計	23	100.0

（注）2007 年度末現在．
（出所）同上．

表 A-12 大学発ベンチャー企業業種別新規株式公開割合（2007 年度末）

業種	社数	割合
バイオ系	16	69.6
IT（ソフト）	6	26.1
その他	1	4.3
計	23	100.0

（注）2007 年度末現在．
（出所）同上．

の 7 割近くを占めている（表 A-12 参照）．先に経済産業省が公開を見込んだ 180 社に対して株式公開できたのは 12.7% にとどまり，大学発ベンチャー企業が持続的に発展できるかどうかはまだまだ予断を許さない状況にある．また，調査時点で既に倒産・清算し，活動を停止した大学発ベンチャー企業は 121 社，全体の 6.8% に該当する．さらに他社と合併し，消滅した大学発ベンチャー企業も 29 社を数える[44]．

株式公開した 23 社の平均売上高は約 19 億 5 千万円，従業員数は約 60 人であり，大学発ベンチャー全体の平均値よりも従業員数で約 5 倍，売上高で約 12 倍を記録している[45]．しかし，上場したもののまだまだ中小企業であることがわかる．また，業種別では，バイオ系が 16 社，上場企業の約 7 割（69.5%）を占めている（表 A-12 参照）．

大学発ベンチャー企業の設立件数は目標を大きく上回ったが，雇用や所得の増加，地域経済全体の活性化になると，まだまだ課題が多い．㈱価値総合研究所の『「大学発ベンチャーに関する基礎調査」実施報告書（2007 年度経済産業省委託調査）』は，「大学による大学発ベンチャーを支援する取組の円滑な実施にあたって制度的な障壁の緩和や環境の整備を図る」ことが重要であるとして，次のような事項を指摘している．すなわち，(1) 大学発ベンチャーの経営者に大学教員が就くケースが多いために高度な技術を有するものの，企業経営の経験に乏しく，事業化の過程での経営面の不安があり，人材

面や経営面での支援が必要であること，(2)大学の名称を活用した販売面での支援や大学による出資等の資金面での支援，(3)地域と連携した大学発ベンチャーの支援として，地域の支援機関との連携の拡充，地域におけるインキュベーション施設の質的向上，等を挙げている．とりわけ，インキュベーション施設について，「大学発ベンチャーをはじめとする研究開発型ベンチャー等の地域における集積を促進し，地域経済の活性化を図るため，地方自治体や地域経済界との連携のもと，大学を核としたインキュベーション施設の設立促進を図ることが重要」である，と指摘している．イギリスのサイエンスパークがイノベーション機能をハード，ソフトにわたって充実しているのと対照的である[46]．

同様の指摘は，社団法人中小企業診断協会京都支部が2004年度に行った『京都の大学発ベンチャーに関する調査研究報告書』においても指摘している．本調査は大学発ベンチャー企業の経営者に対するインタビューを中心として，大学発ベンチャー企業が抱えている経営上の問題点を明らかにしようとしたものであり，アンケート調査による他の調査よりも実態がより如実に把握されていると思われる．本調査対象企業は学生ベンチャーのウエイトが相対的に高く，また，学生ベンチャーは文系・情報系が中心であり，成長追及型よりも「社会企業家」を目指すタイプが多いことに留意する必要があるが，大学発ベンチャー企業が当面する経営課題について実態をよく把握していると思われる．すなわち，大学発ベンチャーが不足している経営資源の第1は，経営管理力の不足である．社長1人または数人以下のスタッフの企業が多く，アルバイトは有償でも，社長はじめ役員は無償というケースが多い．このため，大学発ベンチャーが求めている人材は「専門能力を備えた即戦力のある人材」であり，研究開発要員，すなわち，「経営が出来て，技術が解って，営業力のある人材」を必要としているが，財務体質が脆弱であるため確保が難しい．第2は，資金調達問題であり，シーズを事業化して市場展開するまでの試験研究・開発段階の資金調達である．資金調達は公的機関からの助成金・補助金，協力企業からの資金供与，出資・増資，借入がある．ス

タートアップ段階の大学発ベンチャーにとって補助金は重要な資金源であるが，3年間の期間限定の制約がある．協力企業からの資金援助は事業化段階において参画企業の意向が強く働き，事業展開の自由度が制約される．出資・増資による資金確保はリスクが高いため研究開発段階の調達は難しい．出資割合によっては会社の支配権に影響を与える．借入による資金調達は個人保証，個人資産の担保設定など借りる側がリスクを負う[47]．

5.4 大学発ベンチャー企業の限界と課題

大学発ベンチャー企業は2007年末現在，1,773社にのぼり，その直接的経済効果が，売上高で28百億円，雇用者数で約23千人にのぼると推計されている．また，間接効果を加えた経済波及効果は約51億円，雇用誘発効果は約36千人にのぼると推計されている．さらに，証券市場に上場した企業は23社を数えている[48]．2001年度に開始された「大学発ベンチャー企業1,000社創設計画」は，量的には目標を上回る大学発ベンチャー企業が創設されており，その限りでは成功であったといえるかもしれない．

しかし，大学発ベンチャー企業が文字通りベンチャー企業として成長するかどうかについては，上場企業が期待されるほど誕生していないことが物語っているように，まだまだ予断を許さない．また，大学発ベンチャー企業は2004，05年に最高の252件設立されたが，それ以降急速に設立件数は減少し，2009年には74件，ピーク時の3割以下に減少している．また，科学技術政策研究所の調査によれば，日米欧の大学発ベンチャー企業の設立数を比べると，日本の場合年間多くて100件程度であり，近年減少傾向であるのに対して，アメリカは200件前後，イギリスは400〜500件を記録し，増加基調を維持している[49]．

大学発ベンチャー企業が期待通りに成長していない要因の第1は，経営者が大学教員や研究者が兼任しているケースが多く，財務やマーケティング等を担う人材に不足していることである．これまでの研究成果を活用して商品開発に成功しても，販売チャネルの構築やそのための人材確保，事業拡大に

伴う資金調達ができなければ、ビジネスとして成功させることは困難である。

　第2は、財務基盤が弱く、必要な人材を確保することが難しいことである。大学発ベンチャーは教員・研究者や学生が創業する場合が多く、資金調達や販売について知識やノウハウが乏しく、専門能力を持った人材の確保が必要であるが、財務基盤が脆弱であるために人材を確保できないのが実情である。

　第3は、大学発ベンチャー企業の事業分野は大学・研究機関を対象とした研究機器や分析機器をテーマとしたものが多いことである。創業者が大学教員や研究者であることから、彼らにとって身近なテーマを取り上げたビジネスが多いことから、このような傾向が生じたと考えられる。しかし、大学・研究機関をターゲットとした市場は限界があり、文字通りニッチ市場である。大学・研究機関をターゲットとしたビジネスは成功すれば堅実な経営基盤を構築できる可能性が高いが、大衆消費財をターゲットとした商品やサービスと比べて市場規模が小さく、業績を飛躍的に拡大することが困難であろう。

　第4は、証券市場の低迷である。1989年から91年にかけてバブル経済の崩壊とその後の長期不況、1990年代末のアジア通貨危機、2008年のリーマンショックがもたらしたアメリカ発の金融危機、2010年春に顕在化するギリシャ・ショック、さらに2011年にはスペイン・イタリア等のEU加盟国の財政赤字に起因する金融危機、3月11日の東日本大震災と東京電力㈱福島原発事故等により、株式市場の低迷が続いた。アベノミクスによる一時的な円安・株高現象がみられたが、中国経済の減速、イギリスの国民投票によるEU離脱決定、世界経済の不確実性の増大による株式市場の低迷は、大学発ベンチャー企業にとって株式公開による資金調達を大きく制約している。

　また、大学発ベンチャー企業を新規創業から支援するハード、ソフトの支援体制の整備が遅れている。アメリカだけでなく、フランスのテクノポール、イギリスのサイエンスパーク、中国の高新技術開発園区等、多くの国において大学・研究機関の先端的な研究シーズの実用化を支援する体制が整備されている。新規創業を支援するインキュベーション機能がハード・ソフト両面にわたって整備されている。日本においても1980年代にテクノポリス開発

政策として推進されたが，それは産業道路や内陸工業団地の整備を中心としたハード中心の政策であり，結局は1990年代末に廃止された．1990年代になると急激な円高と日本企業のグローバル化に対応して，創業・ベンチャー企業支援，大学発ベンチャー企業，産業クラスター計画，知的クラスター創成事業，都市エリア産学官連携事業が推進されたが，それらは主として産学連携を促進するソフト事業であった．補助金の投入によるネットワークの構築であり，補助期間は通常3年，長くて5年である．政策の持続性の面でも中途半端なものであった．大学発ベンチャー企業を持続的な政策として推進するには，政策体系そのものの再検討が必要であろう[50]．

第6節　京都リサーチパーク

6.1　成功事例としての京都リサーチパーク

京都リサーチパーク（Kyoto Research Park, KRP）は，民間企業の不動産事業として開発されたものであり，日本のサイエンスパークの中でも数少ない成功事例である．川崎サイエンスパーク（Kawasaki Science Park, KSP）とともに成功例として取り上げられることが多い．成功例と指摘されるのは，入居企業・団体が持続的に増大していること，入居企業・団体から安定的なテナント料収入によって管理運営会社である㈱京都リサーチパークが事業体として安定した経営基盤を構築しているからである．

KRPは，大阪ガス㈱[51]が実質上の事業主体として，京都市下京区の同社ガス工場跡地（下京区五条七本松，5.6ha）の再開発事業として開発されたものである．都市型リサーチパークであり，大阪ガスの不動産事業である．石炭を原料とするガス工場は，原料が石油液化ガスや天然ガスに転換されたことから不要になったものであり，工場跡地利用型プロジェクトである．

大阪ガスでは，ガス事業の構造転換を踏まえて，事業の多角化を検討し，その一環として保有するガス工場跡地を活用した不動産事業を経営の柱の1つとすることを決定した．京都ガス工場跡地利用について，1980年代に入

ると大阪ガスに加えて産業界，国・地元自治体，大学関係者によって次世代型産業振興拠点とする構想が検討された．その結果，公的支援機関を誘致するとともに，大学の研究成果を産業界に移転する仕組みや場を作ることが重要であるとして，産学公連携を中心とした研究開発型企業やベンチャー企業を輩出するリサーチパークを建設することが決定された．テクノポリス圏域で建設されたリサーチパークは地方自治体が開発した公的リサーチパークであったのに対して，KRP は民間の建設・運営による全国初の「都市型リサーチパーク」であった[52]．

　KRP の建設にあたって，アメリカ・フィラデルフィアにある UCSC (University City Science Center) を参考にした．UCSC はペンシルバニア大学・ドレクセル大学に隣接するインキュベーション施設であり，1963 年から建設が開始されたものである．京都は 40 にのぼる大学がある大学都市であり，立地条件が似ていることから，UCSC がモデルとされた．

　ガス工場跡地利用プロジェクトとして，①次世代型産業振興拠点であること，②公的産業支援機関を誘致し，大学の技術を産業界へ応用するための仕組みや場を作る，③産学公連携を軸として研究開発企業やベンチャー企業を輩出するリサーチパークを建設することが確認された．

6.2　京都リサーチパーク株式会社

　京都リサーチパーク㈱は，1987 年 10 月に，大阪ガス㈱の全額出資により設立された（資本金 4.5 億円）．その後，1999 年 7 月，大阪ガスグループの企業再編により同グループの㈱アーバネックスと合併解散し，新たに資本金 1 億円で現京都リサーチパーク㈱を設立した．2016 年 4 月現在，従業員 89 名，業務内容はリサーチパークの開発・運営が主要な業務である．

　㈱アーバネックスは大阪ガス㈱の都市ビジネス分野を担当するグループ企業で，賃貸・分譲住宅，オフィスビル，商業施設開発等の不動産事業を展開している．資本金 15 億 7,000 万円（2010 年 3 月現在），従業員数 101 名（2011 年 4 月 1 日現在），売上高 160 億円（2010 年 3 月期）にのぼる．㈱ア

ーバネックスは大阪ガス㈱100％出資の不動産会社である．

　京都リサーチパーク㈱の主要な業務の1つは，快適な事業環境を提供することである．すなわち，オフィス・実験研究スペースの提供，ITネットワーク環境の提供，会議室・ホールの貸与である．KRPは「京都の『地』と『知』を集積し，人と情報が交差するスペース」であり，「人々が集い，交流し，そして新たな価値を創出する場」として高度な情報環境や音響環境を備えた多様な用途に対応できるホールや会議室を備えている．東地区1号館には最大230人収容可能なサイエンスホールやAV会議室，西地区4号館には最大350人収容可能な大ホールと5つの会議室が設置されている．もちろんホールや会議室は有料であり，利用料金に10％のサービス料が課せられる．

　京都リサーチパーク㈱のもう1つの業務は，インキュベーション機能を提供することである．同パークに入居企業間のコラボレーションを組織したり，産学公連携のコーディネート，大学発ベンチャー企業支援，新事業創出支援，研究プロジェクト支援，インキュベーション支援等を行う．

　このような業務を遂行するために，京都リサーチパーク㈱は岐阜ソフトパークや横須賀サイエンスパーク等のリサーチパークと事業協力協定（「SKYリサーチパーク・アライアンアス」）を締結している．

6.3　京都リサーチパークと公的産業支援機関

　KRP内には，5つの公的産業支援機関がパーク開設の初期から立地している．その第1は，京都府中小企業技術センターである．同センターは府内の中小企業を技術・研究開発・産業デザイン分野で支援するものである．

　第2は，京都市産業技術研究所工業技術センターである．京都市は1200年を超える都として発達したことから，固有の伝統産業が集積している．陶磁器や漆器工芸等の伝統工芸から微細加工技術などの先端技術まで幅広い分野に対応した産学公連携による中小企業の経営革新，新事業展開，新産業育成，創業，企業のIT化推進など支援している．

第3は，財団法人京都産業21であり，中小企業の立場に立った支援サービスのワンストップ体制を構築している．

第4は，財団法人京都高度技術研究所（ASTEM）である．ソフトウェア・メカトロニクス・ナノテク・バイオまで幅広い分野での研究開発，技術サポート，新事業創出支援，産学連携交流を実施する

第5は，社団法人発明協会京都支部京都発明協会である．全国組織で知的財産権に関わる各種相談に無料で対応できる．

KRPはこれら公的産業支援機関と連携して中小企業やベンチャー企業の新規創業やイノベーションを支援することを謳っている．

ところで，これらの公的産業支援機関はKRPに入居している中小・ベンチャー企業のみの支援を業務としているのではない．KRP内企業の支援や産学公連携も支援しているが，それだけではない．京都府産業支援センターの場合には，支援対象の中小企業は京都府下の中小企業全てが対象となっている．他の公的支援機関についても同様である．KRP入居企業も入居に際して直接KRPの窓口で協議するケースが多く，公的支援機関を通じてKRPに入居しているわけではない．

6.4 京都リサーチパークの特徴

KRPは，京都市内に開設された民営型リサーチパークであり，成功事例として評価されている．

既に述べたように，KRPは大阪ガスが1989年に開設したサイエンスパークであり，2007年1月現在，敷地面積5.6ha，15棟，床面積12.2haにのぼる．その後，京都市産業技術研究所9号館（2010年），KISTIC（2011年）が建設された（表A-13参照）．

KRPの第1の特徴は，日本で初めての民営型サイエンスパークである．したがって，土地はもちろん，リサーチパークの建設運営会社である京都リサーチパーク㈱は，親会社である大阪ガス㈱の全額出資によって設立された（資本金4.5億円）．

表 A-13　KRP 施設概要　　　　　　　　　　　　（単位：m²）

地区	施設名	竣工年月	床面積	用途・仕様
東地区 敷地面積 1.7ha 床面積 48,000m²	1号館	1988年11月	14,400	実験研究・オフィス
	2号館	1989年8月	7,900	実験研究・オフィス
	アトリウム		2,200	
	地下駐車場		3,500	
	京都府産業支援センター		7,100	
	京都市産業技術研究所工業技術センター		5,800	
	京都高度技術研究所		7,100	
	小計		48,000	
西地区 敷地面積 3.9ha 床面積 74,300m²	3号館	1993年3月	13,300	実験研究
	4号館	1996年4月	11,500	オフィス（一部ブース形式）
	5号館		8,200	
	6号館	2001年6月	8,300	オフィス
	7号館		6,000	
	8号館		1,600	オフィス
	スタジオ棟	1997年6月	1,500	オフィス
	KRP ガスビル		23,000	
	KRP アメニティプラザ		900	
	小計		74,300	
	合計		122,300	

（出所）京都リサーチパーク株式会社資料より作成．

　第2は，都市型リサーチパークであり，京都市内に立地している．テクノポリス開発政策はハイテク産業の地方分散の基盤整備を目的とし，地方圏に指定地域が限定された．京都リサーチパークは既存の工業集積が高く，テクノポリス開発政策の対象とならなかった都市圏に建設されたところに特徴がある．公設型テクノポリスの対象地域外に民営型リサーチパークが建設されたといえる．

　第3は，産学公連携を重視したことである．同パークは大阪ガスが建設した民営型リサーチパークであるが，同パーク内には京都府中小企業技術センター，京都市産業技術研究所工業技術センター，(財)京都高度技術研究所(ASTEM)，(財)京都産業21，(社)発明協会京都支部京都発明協会が立地し

ている．しかし，公的支援機関は京都リサーチパーク内に立地しているが，KRP及びKRPに入居している企業の支援業務のみを行っているのではない．京都府の中小企業支援機関である京都府中小企業センター及び(財)京都産業21は，府下の中小企業の技術及び経営面における支援を業務としており，KRP入居企業のみを業務対象としているのではない．また，京都市の中小企業支援機関である京都市産業技術研究所工業技術センター及び(財)京都高度技術研究所（ASTEM）も，同様に，京都市内の中小企業を支援しているのであり，KRP入居希望のみを支援しているのではない．

第4は，入居企業が250社，全従業員数2,700人にものぼり，不動産事業としては成功していることである．1・2号棟が完成した89年に34社が入居したのを皮切りに，施設の完成とともに入居企業が増加し，8号館が完成した2006年には250社にのぼった．また，入居企業が雇用している従業員数は2,700人にのぼる．入居企業の約4割が創業3年未満の若い企業である（図A-9参照）．

第5は，業種別ではIT系企業（77社，35.0％）が最も多く，次いで多いのは企画・営業・サービス（22社，10.0％），コンサルティング（22社，10.0％），医療・健康・化学・バイオ（21社，10.0％）である．また，入居企業250社のうち，約45％がKRPで創業したベンチャー企業であり，創造法認定件数は24件（1995-2004年度累計）にのぼる（図A-10参照）．

第6に，事業体としての業績がよいことである．KRPは大阪ガスの遊休地の活用を目的とし，不動産事業の一種として開発されたものであり，テナント料収入が基本的事業収入である．

KRPの入居率は95～96％であり，ほぼ満室状況である．KRPの収入は①テナント料，②駐車場料金，③施設・機器レンタル料，④エネルギーであり，主要なものはテナント料である．料金水準は施設によって若干異なるが，京都市内一等地（京都駅前及び烏丸・河原町など）と同じ水準に設定されている．年間売上高46～7億円，経常利益約3億円を計上している．KRPの主要事業はオフィス・実験研究スペースの賃貸であり，ITネットワーク環

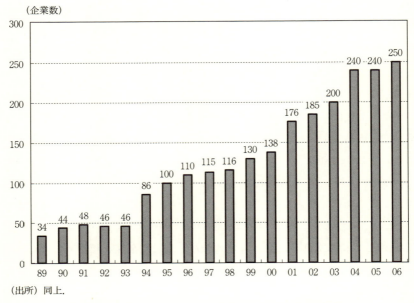

図 A-9 京都リサーチパーク入居企業・団体数の推移

境，会議室・ホールの賃貸である．もう1つは，インキュベーション機能であり，入居企業相互の交流（コラボレーション），産学公連携のコーディネート，大学発ベンチャー企業の支援，新事業創出支援，研究プロジェクト支援，インキュベーション施設支援である．レンタル用オフィス・実験研究室は多様であり，$4m^2$ から $1,200m^2$ まであり，入居企業のニーズに対応することができる．会議室・ホールは大小約20の会議室・ホールを保有し，年間1,000件，6万人の集客実績がある．

補論　日本のハイテク型開発政策の展開　　　277

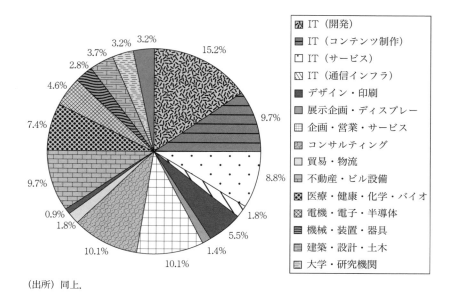

(出所) 同上.

図 A-10　KRP 入居企業・団体一覧

注

1) 伊東維年 [2003],『日本の IC 産業―シリコン列島の変容―』ミネルヴァ書房.
2) テクノポリス法(「高度技術工業集積地域開発促進法」)では,ハイテク産業が集積している大都市圏で高度に工業集積がみられる地域は開発対象地域から除外することとされた.すなわち,第3条は「この法律による高度技術に立脚した工業開発を促進する措置」を講じる地域は第1号として「工業の集積の程度が著しく高い地域及びその周辺の地域…以外の地域」であると規定し,大都市圏域はテクノポリス開発政策の対象から除外された.
3) テクノポリスについては,鈴木茂 [2001],『ハイテク型開発政策の研究』ミネルヴァ書房,伊東維年 [1998],『テクノポリス政策の研究』日本評論社,田中利彦 [1996],『テクノポリスと地域経済』晃洋書房,伊東維年・中野元・田中俊彦・鈴木茂 [1995],『検証・日本のテクノポリス』日本評論社,井上吉男・伊東維年 [1989],『先端産業と地域経済』ミネルヴァ書房,上原信博編著 [1988],『先端技術産業と地域経済』御茶の水書房,日本科学者会議 [1985],『テクノポリスと地域経済』大月書店等を参照されたい.
4) 創業・ベンチャー支援政策については伊東維年・鈴木茂・荒井勝彦・田中俊彦 [2002],『ベンチャー支援制度の研究』文眞堂を参照されたい.また,ベンチャー

企業・ベンチャーキャピタルについては，浜田康行［1996］，『日本のベンチャーキャピタル—未来への戦略投資—』日本経済新聞社，松田修一監修・早稲田大学アントレプレヌール研究会編［1994］，『ベンチャー企業の経営と支援』日本経済新聞社等参照．
5) 経済産業省「産業クラスター政策について」(http://www.meti.go.jp/policy/local_economy/tiikiinnovation/index.ver4.html)．
6) 経済産業省地域経済産業グループ地域技術課「地域イノベーションの推進」(http://www.meti.go.jp/policy/local_economy/tiikiinnovation/index.html)．
7) 経済産業省地域経済産業グループ［2011］，『産業クラスター計画—第Ⅱ期中期計画活動総括』．
8) 経済産業省［2003］，「産業クラスター計画（地域再生・産業集積計画）について」．
9) 「地域新生コンソーシアム研究開発事業」は各大学等の技術シーズや知見を活用して産学官共同研究を支援するものである．「地域産業創造支援技術開発補助事業」は中堅・中小企業による新分野進出およびベンチャー企業による新規創業のためのリスクの高い技術開発等を補助するものである．
10) 経済産業省経済産業政策局地域経済産業グループ［2006］，『産業クラスター第Ⅱ期中期計画』，5-8ページ．
11) 産業クラスター研究会［2005］，『産業クラスター研究会報告書』．
12) 同上．
13) 経済産業省地域経済産業グループ［2011］．
14) 本アンケートは産業クラスター計画参画企業約6,000社及び参加研究者を対象に，2004年12月から2005年1月に実施．
15) 産業クラスター研究会［2005］，26ページ．
16) 経済産業省地域経済産業グループ［2011］．
17) 経済産業省地域経済産業グループ地域技術課「地域イノベーションの推進」(http://www.meti.go.jp/policy/local_economy/tiikiinnovation/index.html)．なお，産業クラスター計画は，80年代から推進されてきた日本のハイテク産業政策，つまり，80年代のテクノポリス政策，90年代の創業・ベンチャー支援政策について科学的な総括を欠いたまま，新たな装いでもって推進されているところに特徴がある．
18) 地域科学技術施策推進委員会［2002］，『知的クラスター創成事業の具体的推進方策について』．本委員会は末松安晴（国立情報学研究所長，当時，以下同じ）を座長とし，清成忠男（法政大学総長）を副座長とする15名の委員で構成されている．
19) 同上，1ページ．
20) 同上，5-6ページ．
21) 第1次評価の基準として，中核となる研究拠点が存在すること，新産業を創出

するための産業的基盤があること，中心都市の主要産業の規模が3,000億円以上（出荷額），または，機械系の主要産業の規模が1,000億円以上ある地域が対象（同上，13ページ）．
22) 第2次評価の項目は，①優れた中核研究機関の存在と有望な技術シーズ，②産学官連携の有効な機能，③優れた研究人材と支援専門家の存在，④豊富なベンチャーキャピタルの存在，⑤産業，自治体，大学，市民等との協働体制の存在，⑥インキュベータ等の創業インフラの存在，⑦充実した交通インフラ（空港，ハイウェイ，新幹線等の有無）である．また，FS実施の30地域は，札幌，八戸，仙台，山形，郡山・会津，水戸・日立，筑波研究学園都市，桐生・太田，富山・高岡，金沢，長野・上田，岐阜・大垣，浜松，豊橋，名古屋，京都，関西文化学術研究都市，大阪（彩都），大阪（和泉），神戸，播磨科学公園都市，岡山，広島，宇部，徳島，高松，北九州研究都市，福岡，熊本，鹿児島地域である（同上，14ページ）．
23) 同上，4ページ．
24) 文部科学省「知的クラスター創成事業」(http://www.mext.go.jp/a_menu/kagaku/chiiki/cluster/index.htm)．
25) 同上．
26) 同上．
27) 2007年度の知的クラスター創成事業に関わる予算規模は34億円（2006年度予算額100億円）である．
28) 札幌を中心とする道央地域 (http://www.mext.go.jp/component/a_menu/science/micro_detail/__icsFiles/afieldfile/2009/12/10/1287305_9.pdf)．
29) 文部科学省「第II期知的クラスター創成事業」(http://www.mext.go.jp/component/a_menu/science/micro_detail/__icsFiles/afieldfile/2009/12/10/1287305_10.pdf)．
30) 長野地域 (http://www.mext.go.jp/component/a_menu/science/micro_detail/__icsFiles/afieldfile/2009/12/10/1287305_12.pdf)．
31) 知的クラスター浜松地域 (http://www.mext.go.jp/component/a_menu/science/micro_detail/__icsFiles/afieldfile/2009/12/10/1287305_13.pdf)．
32) 知的クラスター関西広域地域 (http://www.mext.go.jp/component/a_menu/science/micro_detail/__icsFiles/afieldfile/2009/12/10/1287305_16.pdf)．
33) 福岡先端システムLSI開発クラスター（福岡・北九州・飯塚地域）(http://www.mext.go.jp/component/a_menu/science/micro_detail/__icsFiles/afieldfile/2009/12/10/1287305_17.pdf)．福岡県を中心とする先端システムLSI開発クラスターについては，田中利彦［2014］，『先端産業クラスターによる地域活性化』ミネルヴァ書房；第2章参照．
34) 文部科学省「都市エリア産学官連携促進事業」(http://www.i-port.or.jp/area/about.html)．

35) 文部科学省科学技術・学術政策局［2010］,『平成20年度都市エリア産学官連携促進事業事後評価報告書』, 9ページ.
36) 同上.
37) 2009年11月13日に行われた事業仕分け（第3WG評価コメント事業番号3-23 地域科学技術振興・産学官連携）において，①知的クラスター創成事業，都市エリア産学官連携促進事業，産学官民連携による地域イノベーションクラスター創成事業，②産学官連携戦略展開事業，③地域イノベーション創出総合支援事業は,「基本的な政策の戦略を練り直すべき．クラスター，集積はこのレベルの事業規模では成果が生まれない」,「文部科学省が地域活性化策をする必要はない．地方大学救済のためなら別途予算を要求すべき」,「経済産業省や中小企業庁が考える分野」,「他省庁，文部科学省，JSTのクラスター，イノベーションの事業が未整理の現状では，一旦すべて廃止してから，見直した上で再構築したほうがよい」,「地域の自発的な取組みがなければできない事業であり，それを成功させるためには地域の創意工夫が広がるよう交付税等の使いやすい財源にすべき」,「各自治体の状況に違いがあり，現場に近い組織に判断させる事で効率が上がるのではないか」,「全体的整理をすべき．その上で統合し，予算を考えるべき．国立大学は地域振興のためだけにあるわけではないはず．その他の部分の切り捨てにつながる恐れあり」,「複数の事業が多く含まれている．わかりにくいし，恐らく使いにくい．各地の中に企業からみても，ざっとわかるようなメニューにしていないので，地方には重荷になる．今年度は全体をすっきりさせ，来年度から地方移管すべき．地域の中小企業が利用しやすいことを最優先すべき．文化系研究はクラスターに入れないようにみえる．むしろ文部科学省的な知的資産の活用が必要」,といった意見がだされ，行政刷新会議「事業仕分け」WGとしては「地域科学技術振興・産学官連携」は廃止することとされた．（廃止5名，自治体3名，予算計上見送り1名，予算要求の縮減2名）．これをうけて,「地域科学技術振興・産学官連携については，そのこと自体の必要性を認めていないわけではないが，予算要求の縮減2名（半額縮減1名，その他1名），予算計上見送り1名，自治体の判断に任せる3名，廃止5名となっており，国としてはやる必要がないということで廃止とする」と，された（事業番号3-23，地域科学技術振興・産学連携9）.
38) ㈱価値総合研究所［2008］,「大学発ベンチャーに関する基礎調査（平成19年度産業技術調査）」, 2ページ．なお，他社との合併や消滅した企業29社，倒産・清算等活動を停止した大学発ベンチャー121社を加えた創出企業数は1,923社にのぼる．
39) 筑波大学先端学際領域研究センター［2001］,『大学等発ベンチャーの現状と課題に関する調査研究（平成12年度文部科学省21世紀型産学連携手法の構築に係るモデル事業成果報告書)』.
40) 経済産業省［2007］,『平成18年度大学発ベンチャーに関する基礎調査報告書の概要』.

41) ㈱価値総合研究所［2008］，36ページ．
42) 同上，8ページ．
43) 日経 BP［2005］,「経産省，大学発ベンチャー企業 1,099 社達成」(http://nikkeibp.jp/wcs/leaf/cid/onair/jp/jp_print/72372).
44) ㈱価値総合研究所［2008］，5ページ．
45) 同上，26ページ．
46) 同上，96-97ページ．なお，大学発ベンチャーの育成・支援施設としては，研究成果活用プラザ（科学技術振興機構，JST）が運営する産学官連携の拠点が8カ所（北海道，宮城，東海，石川，京都，大阪，広島，福岡）ある．また，大学の知的財産を事業化に繋げるための共同開発・試験研究等を推進する「大学連携型インキュベータ」は，中小企業基盤整備機構が大学や地方自治体と連携してインキュベーション整備及び運営，インキュベーション施設の整備・賃貸事業に対する出資も行なう．大学発ベンチャーを主目的とした大学連携型インキュベータとしては，インキュベーション・オン・キャンパス本庄早稲田，東大柏ベンチャープラザ，立命館大学 BKC インキュベーション，京大桂ベンチャープラザ，彩都バイオインキュベータ，福岡システム LSI 総合開発センター（九州大学連携型企業家育成施設）がある．
47) 社団法人中小企業診断協会京都支部［2005］,『京都の大学発ベンチャーに関する調査研究報告書』，56-57ページ．
48) ㈱価値総合研究所［2008］．
49) 科学技術政策研究所［2009］,『(調査資料173) 大学等発ベンチャーの現状と課題に関する調査2007-08』．
50) 松田修一は，大学発ベンチャー育成事業について，「日本では2,000社のうちIPOした企業が24社に達している．通常の株式会社設立件数からするとIPO達成率は極めて高い．しかし，米国のように短期間で急成長を遂げた大学発ベンチャーはない．また，このうち過半はリビングデッド状況である．米国では3年で50％倒産すると言われているが，日本の大学発ベンチャーの異常な倒産率の低さは，研究者を中心とした経営チームが，通常ベンチャーがたどる成長努力を行っていないからである．そもそも，大学発ベンチャーが政策目標に上がった時点で，大学研究者が研究成果を事業化するという大学文化がなく，大学のベンチャー支援の3点セットである TLO やインキュベーション施設が少なく，ベンチャーキャピタルが1社しかなかった．研究成果の事業化に対するベンチャー投資が禁止されているという不完全な仕組みであった．」，と指摘している（松田修一「大学発ベンチャーの可能性を引き出す―その現状，課題，戦略―」［2014］,『産学官連携ジャーナル』2014年4月号).
51) 大阪ガス株式会社は，ガスの製造・供給及び販売事業を主要な目的として，1897年4月設立，1905年10月事業開始した．2011年12月現在，資本金1,321億円，従業員数5,800名，連結1万9,684人，ガスの供給区域は近畿2府4県の78

市，29町に及ぶ．2010年の売上高は単体で9,180億円，連結で1兆1,871億円にのぼる大企業である．同社グループ企業は，エネルギービジネス分野3社，都市ビジネス分野6社から構成されるが，アーバネックスグループは不動産の開発・管理・賃貸事業を行う．同社ホームページ（http://www.osakagas.co.jp/company/about/profile/index.html）より．

52) 京都リサーチパークと同様に民間建設・運営型のリサーチパークとしては川崎サイエンスパークがある．

参考文献

石倉洋子・藤田昌久・前田昇・金井一頼・山崎朗［2003］,『日本の産業クラスター戦略』有斐閣.
伊東維年編著［2003］,『日本のIC産業―シリコン列島の変容―』ミネルヴァ書房.
伊東維年［1998］,『テクノポリス政策の研究』日本評論社.
伊東維年・鈴木茂・荒井勝彦・田中俊彦［2002］,『ベンチャー支援制度の研究』文眞堂.
伊東維年・中野元・田中俊彦・鈴木茂［1995］,『検証・日本のテクノポリス』日本評論社.
井上吉男・伊東維年［1989］,『先端産業と地域経済』ミネルヴァ書房.
上原信博編著［1988］,『先端技術産業と地域経済』御茶の水書房.
岡部明子・矢作弘・福川裕一［2005］,『持続可能な都市―欧米の試みから何を学ぶか―』岩波書店.
岡部明子［2003a］,「公共空間を人の手に取り戻す―欧州都市再生の原点―」宇沢弘文・薄井充裕・前田正尚編『都市のルネッサンスを求めて』東京大学出版会.
岡部明子［2003b］,『サステイナブルシティ―EUの地域・環境戦略―』学芸出版社.
奥田宏司［2014］,「2013年の世界の外国為替市場における取引（BISと各国中央銀行の調査）―ユーロと人民元に注目しながら―」『立命館国際地域研究』第39号.
海道清信［2001］,『コンパクトシティ―持続可能な社会の都市像を求めて―』学芸出版社.
学園都市問題研究会［1985］,『筑波研究学園都市』大月書店.
㈱価値総合研究所［2008］,『「大学発ベンチャーに関する基礎調査（平成19年度産業技術調査）』.
清成忠男［1996］,『ベンチャー・中小企業優位の時代』東洋経済新報社.
清成忠男［1986］,『地域産業政策』東京大学出版会.
工藤正子［2011］,「移民女性の働き方にみるジェンダーとエスニシティ」竹沢尚一郎編著『移民のヨーロッパ』明石書店.
久保孝雄・原田誠司・新産業政策研究所編著［2001］,『知識経済とサイエンスパーク』日本評論社.
経済産業省地域経済産業グループ［2011］,『産業クラスター計画―第II期中期計画活動総括』.
経済産業省［2007］,『平成18年度大学発ベンチャーに関する基礎調査報告書の概要』.

経済産業省経済産業政策局地域経済産業グループ［2006］,『産業クラスター第 II 期中期計画』.
後藤和子［2013］,『クリエイティブ産業の経済学』有斐閣.
佐々木雅幸［2001］,『創造都市への挑戦：産業と文化の息づく街へ』岩波書店.
佐々木雅幸［1997］,『創造都市の経済学』勁草書房.
鈴木茂［2016］,「ケンブリッジ・テクノポール」『松山大学論集』第 28 巻第 4 号.
鈴木茂［2014］,「ロングブリッジ再開発計画」『松山大学論集』第 26 巻第 2 号.
鈴木茂［2008］,「ポスト工業化時代の都市再生と地域経済―イギリス・バーミンガムを事例として―」中村剛治郎編『基本ケースで学ぶ地域経済学』有斐閣.
鈴木茂［2007a］,「アストンサイエンスパーク(1)」『松山大学論集』第 19 巻第 2 号.
鈴木茂［2007b］,「アストンサイエンスパーク(2)」『松山大学論集』第 19 巻第 3 号.
鈴木茂［2006］,「イギリスにおける地方工業都市の再生」山崎怜・多田憲一郎編著『新しい公共性と地域の再生』昭和堂.
鈴木茂［2004a］,「イギリスのサイエンスパーク」『松山大学論集』第 16 巻第 1 号.
鈴木茂［2004b］,『ハイブリッド型ベンチャー企業』有斐閣.
鈴木茂［2001］,『ハイテク型開発政策の研究』ミネルヴァ書房
関満博・関幸子編著［2005］,『インキュベータと SOHO』新評論.
関満博・大野二朗編［1999］,『サイエンスパークと地域経済』新評論.
田中利彦［2014］,『先端産業クラスターによる地域活性化―産学官連携とハイテクイノベーション―』ミネルヴァ書房.
田中利彦［1996］,『テクノポリスと地域経済』晃洋書房
地域科学技術施策推進委員会［2002］,『知的クラスター創成事業の具体的推進方策について』.
社団法人中小企業診断協会京都支部［2005］,『京都の大学発ベンチャーに関する調査研究報告書』.
筑波大学先端学際領域研究センター［2001］,『大学等発ベンチャーの現状と課題に関する調査研究（平成 12 年度文部科学省 21 世紀型産学連携手法の構築に係るモデル事業成果報告書）』.
辻悟一［2001］,『イギリスの地域政策』世界思想社.
日本科学者会議［1985］『テクノポリスと地域経済』大月書店.
日本経済新聞社［2007］,『イギリス経済再生の真実』日本経済新聞出版社.
㈱日本総合研究所［2003］,『大学発ベンチャーに関する基礎調査（平成 14 年度産業技術調査）』.
日本長期信用銀行［1988］,「アメリカのリサーチ・パーク（研究開発団地）―研究経営に活用するアメリカの大学―」『調査月報』No. 246.
根田克彦編［2016］,『まちづくりのための中心市街地活性化―イギリスと日本の実証研究―』古今書院.
馬場美智子［2010］,「居住者の多様性を考慮した居住環境に関する調査」『国土交通

政策研究所報』第36号春季.
浜田康行[1996],『日本のベンチャーキャピタル―未来への戦略投資―』日本経済新聞社.
浜松信用金庫・信金中央金庫総合研究所編[2004]『産業クラスターと地域活性化』同友館.
早田宰[2003],「イギリスの都市再生」『都市問題』第94巻第6号.
二神恭一・西川太一郎編著[2005],『産業クラスターと地域経済』八千代出版.
舟場正富[1998],『ブレアのイギリス』PHP新書.
堀場祐三子[2009],「ビジネス・ツーリズムと都市再生」『和歌山大学観光学部設置記念論集』.
正村公宏[1971],『知識産業論』中央経済社.
松田修一監修・早稲田大学アントレプルヌール研究会編[1994],『ベンチャー企業の経営と支援』日本経済新聞社.
松原宏編[2013],『日本のクラスター政策と地域イノベーション』東京大学出版会.
三井逸友編著[2005],地域インキュベーションと産業集積・企業間連携』御茶の水書房.
三菱UFJリサーチ&コンサルティング[2011],『クラスター連携の促進に関する調査研究(平成22年度地域経済産業活性化対策調査)』.
三富紀敬[1997],「バーミンガム市のウォーター・エッジ計画」『静岡大学経済研究』第2巻第2号.
文部科学省科学技術・学術政策局[2010],『平成20年度都市エリア産学官連携促進事業事後評価報告書』.
山崎朗編[2002],『クラスター戦略』有斐閣.
山崎朗[1990],「テクノポリス」を採点する」『週刊東洋経済』5月12日.
山田晴通[2006],「英国バーミンガム市の都市経営にみる『欧州』と『文化』」東京経済大学『人文社会科学論集』第121号.

Bailey, D. and S. Kobayashi [2006], *Life After Longbridge? : Crisis and Restructuring in the West Midlands Auto Cluster*, Institute for Economic Development Policy Discussion Paper Series, Paper Number 2006-06.
Barber, A. and H. Stephen [2008], *Birmingham : Whose Urban Renaissance? Regeneration as a response to economic restructuring*, policy Studies, Vol. 29, No. 3.
Barber, A. [2002], Brindleyplace and the Regeneration of Birmingham's Convention Quarter.
Birmingham City Council [2014], Unemployment Briefing.
Birmingham City Council [2013], Population and Migration Topic Report,
Birmingham City Council [2011a], Birmingham Big City Plan :City Centre Master-

plan.
Birmingham City Council [2011b], Local Economic Assessment for Birmingham.
Birmingham City Council [2004], Regeneration of City Centre.
Birmingham City Council [2002], Jewellery Quarter Conservation Area.
Birmingham City Council and British Waterways [2002], City Centre Canal Corridor.
Birmingham City Council and Bromsgrove District Council [2009], Longbrigde Area Action Plan.
Castells, M. and P. Hall [1994], Technopoles of the World : The Making of 21st Century Industrial Complex, Routledge.
De Propris, L. and P. Wei [2006], The Birmingham Jewellery Quarter : Rethinking its Development Agenda.
DETR [2000], Planning for Clusters : A Research Report.
DfE [2003], The Future of Higher Education.
Dorgham, M.A. ed. [2004], International Journal of Technology Management, Volume 28, Nos. 3/4/5/6, Inderscience Enteprises Ltd..
DTI [2002a], Investing in Innovation : A Strategy for Science, Engineering and Technology.
DTI [2002b], The Government's Manufacturing Strategy.
DTI [2001], Science and Innovation Strategy 2001.
DTI [2000], The Government's Manufacturing Strategy.
DTI [1999], Biotechnology Clusters-Report of a Team Led by Lord Sainsbury, Minister for Science.
DTI [1998], The 1998 Competitiveness White Paper : Our Competitiveness Future, Building the Knowledge Driven Economy.
Gerrard, A.J. and T.R. Slater [1996], Managing A Conurbation : Birmingham and its Region, Brewin Books.
Hadfield, Charles [1968], The Canal Age.
Hopkins, Eric [1989], Birmingham : The First Manufacturing Town in the World 1760-1840, George Weidenfeld & Nicolson.
Kidd, Alan [2002], Manchester, Edinburgh University Press.
Maxcy, G. and A. Silberston, [1959], The Motor Industry, George Allen & Unwin Ltd., London.
Manchester City Council [2002], Update Manchester.
Manchester Science Park Ltd. [2006], Annual Review 2005.
Manchester Science Park Ltd. [2005], Annual Review 2004.
Manchester Science Park Ltd. [2004], 20th Anniversary.
OECD [2002], OECD Science, Technology and Industry Outlook.

PACEC [2003], The Cambridge Phenomenon : Fulfilling the Potential.
Parker, George [1996], The Origin & Development of Aston University 1895-1996, Heron Press.
Porter, Michael E. [1998], On Competition, Harvard Business School press.
Segal Quince Wickstreed [2000], The Cambridge Phenomenon Revisited, Segal Quince Wicksteed Limited.
Segal Quince & Partners [1985], The Cambridge Phenomenon : The Growth of High Technology Industry in a University Town, Brand Brothers and Co.
St. John's Innovation Centre [2013], Cambridge Technopole Report.
St. John's Innovation Centre [2002], Cambridge Technopole Report.
St. Modwen [2013a], Longbridge.
St. Modwen [2013b], Longbridge Technology Park.
The Urban Task Force [1999], Towards an Urban Renaissance.
UKSPA [2014], 30th Anniversary Year : The Annual Directory of UKSPA Members.
UKSPA [2011], Annual Statistics 2010-11.
UKSPA [2009], Annual Statistics 2009.
UKSPA [2008], Annual Statistics 2008.
UKSPA [2007], Annual Statistics 2007.
UKSPA [2006], Annual Statistics 2006.
UKSPA [2005], Annual Statistics 2005.
UKSPA [2004], Annual Statistics 2004.
UKSPA [2003], Annual Statistics 2003.
UKSPA [2003], Evaluation of the past & future economic contribution of the UK Science Park Movement.
UKSPA [2002], Annual Statistics 2002.
UKSPA [2002], UK Science Park Directory Tenth Edition.

◇参照したホームページ一覧
http://www.anglia.ac.uk/
http://www.astonsciencepark.co.uk
http://www.biomedrealty.com/
http://www.birmingham.ac.uk/
http://www.birmingham.gov.uk/
http://www.brighthorizons.com/
htt://www.bristol.gov.uk/
http://www.britanniahotels.com/
http://www.bournville.ac.uk/

http://bruntwood.co.uk/
http://www.cambridgesciencepark.co.uk/
http://www.chesterfordresearchpark.com/
https://www.city.aomori.aomori.jp/
https://www.city.matsuyama.ehime.jp/
http://corporate.marksandspencer.com/
http://www.edinburghsciencetriangle.com/
http://www.furusato-zaidan.or.jp/
https://www.innovationbham.com/
http://www.jafco.co.jp/
http://www.kusbp.co.uk/
http://www.merlinventure.co.uk/
http://www.metrolink.co.uk/
http://www.mlit.go.jp/
http://www.mspl.co.uk/
http://www.napp.co.uk/
http://www.St.Modwen.co.uk/
https://www.trin.cam.ac.uk/
https://www.trinhall.cam.ac.uk/
http://www.3i.com/
http://www.wolverhamptonsp.co.uk/
http://www.ukspa.org.uk/
http://www.vsm-ncgm.co.uk/.

索引

[あ行]

(株)アーバネックス 272
アーバン・ルネッサンス 5, 6, 33, 43
アーリーステージ 124, 128
アストン・サイエンスパーク 85, 155, 157
アストン大学 157, 159, 180, 181
アットウッド・グリーン地区 39
アルダリーパーク 201
アングリア・ポリテクニック大学 123
イーストサイド 37
イギリスサイエンスパーク協会 16, 82, 88, 220
イギリス帝国主義 1
イノベーション・バーミンガム株式会社 166
イノベーション 230
移民 49
移民の失業率 50
移民の増加 185
インキュベーション機能 74, 165, 168, 268
インキュベーター 125
インキュベート施設 118
インナーシティ問題 2, 6, 208, 212
ウェストミッドランズ開発公社 160, 173
ウォーリック大学 175
ウォーリック大学サイエンスパーク 175
ウォルヴァーハンプトン・サイエンスパーク 171
ウォルヴァーハンプトン-テルフォード・コリドール 174
運河改善計画 29
岡部明子 18, 57
オープン大学 123

[か行]

海道清信 18
科学に基礎をおいた産業 80
学生ベンチャー 267
貴金属加工業 24
技術革新型クラスター 241
キッドサンナーサリー 154
希望のないまち 26
希望のまち 52
キャナル 8, 40, 44, 206
キャナルサイド 41
キャナルの再生事業 28
教育予算のカット 85
京都リサーチパーク 270
京都リサーチパーク株式会社 271
清成忠男 137
クラスター 10
グランタパーク 129, 130
グローバル化 227
クローン羊 102
研究開発型企業 141
研究型大学 17, 170
ケンブリッジ・イノベーションセンター 144
ケンブリッジ・サイエンスパーク 84, 127, 137
ケンブリッジ・テクノポール 109, 112, 121, 131, 132
ケンブリッジ-MIT研究所 123
ケンブリッジ現象 86, 115, 137,
ケンブリッジ大学 100, 120, 123, 141, 213
広域地方制度 178
広域中枢都市 3
コヴェントリー 26
コヴェントリー大学 175

郊外型ショッピングセンター 7
工場跡地の再生事業 36
構造総合研究所 130
高速鉄道計画II 31, 51, 205
交通体系の再編成 44
国際競争力 2, 14
国際金融センター 40
国立大学の独立行政法人化 228
国立展示場 13, 26, 28, 45
コットン・シティ 183
コンクリートの首輪 205
コンパクトシティ 18, 209
コンベンション地区 34, 35

[さ行]

サービス産業 156, 188
サイエンスパーク 16, 81, 83, 100, 179, 214
サイエンスパークの多様性 216
佐々木雅幸 19
サステイナブルシティ 18
産業遺産 186
産業クラスター計画 228, 231, 240
産業構造のサービス化 65
産業構造の転換 6
産業文化遺産 187
シーガルクインス・ウィックスティード 118
シーガルクインス・パートナーズ 86, 112, 143
事業仕分け 280
失業率 42
シティセンター 29
シティセンター・コア 4, 27, 29
シティセンター再生計画 33
シティセンター戦略 29
シティラブズ 1.0 200
シティ・リビング 29
(株)ジャフコ 221, 223
上海汽車有限公司 61
商業機能の再生 43
証券市場の低迷 268
植民地帝国 1
シリコンバレー 226

新規株式公開 265
新産業創造戦略 235
新自由主義 210
スタートアップ 149
スタートアップ企業 104
スピンアウト 149, 192
スラムクリアランス地域 39
世界都市 32
世界の工場 155
セインズベリー 74
セントジョンズ・イノベーションセンター 110, 119, 120, 122, 127, 140
セントモードウェン 67, 74
セントラスキャンパス 200
セントラル・テクノベルト 173, 176
セントラル・テクノベルト構想 179
専門的行政職員 211
専門的ビジネスサービス 126
創造都市論 19
ソーシャルハウス 40

[た行]

第I期産業クラスター計画 230, 231
第I期知的クタスター創成事業 244
第II期科学技術基本計画 241
第II期産業クラスター計画 234, 237
第II期知的クラスター創成事業 245
第3期科学技術基本計画 245
大学の自律性 132
大学発ベンチャー企業 258, 260, 263, 266, 268
大学発ベンチャー企業1,000社創出計画 263
大店立地法 210
多機能化 73
武田製薬 141
ダフ, E. 203
多民族都市 9
多様性 43
地域イノベーションシステム整備事業 240, 257
地域イノベーション創出研究開発事業 240
知識経済 13, 15, 105, 182

知識労働者　14
知的クラスター創成事業　240, 243
知的財産　152, 215, 220
知的財産権　143
地方工業都市型サイエンスパーク　102
中心市街地活性化法　209
テクノポリス　12, 18, 154, 180
テクノポリス開発政策　225, 226
テクノポリス財団　221
テクノポリス法　277
テナント企業　98, 141, 195, 196
テナント企業数　88
テナント料　140
東芝　141
特注ユニット　140
都市エリア産学官連携促進事業　229, 254
都市エリア産学連携事業　228
都市型サービス産業　45, 54, 186
都市型リサーチパーク　274
都市交通体系の再構築　187
都市産業政策　8, 15, 27
都市政策の転換　7
都心回帰　208
都心型住宅　44, 208
トリイティ・カレッジ　80, 139, 213
トリニティホール　144, 154

[な行]

内発型発展　220
ナップ　141, 149
ニュー・レイバー　87
入居企業　164
入居率　275
ニューストリート　30, 34
ネットワーク　133, 217
農村型サイエンスパーク　102

[は行]

パートナーシップ　104, 158, 193, 199, 217
バーミンガム　4, 23, 27, 156, 168
バーミンガム・サイエンスパーク・アストン　166, 167
バーミンガム大学　170

バーミンガムテクノロジー株式会社　159
バーミンガム・リサーチパーク　170
バーミンガム・リサーチパーク株式会社　170
バイオメディカル関係企業　149
バイオメディカル企業　145
バイオメドリアリティ　129, 130
ハイテク・コリドール　173, 176
ハイテク・コリドール構想　178, 179
ハイテク企業　113, 118, 156
ハイテク産業　93
ハイテク産業政策　228
ハイテクベンチャー企業　96, 124, 219
ハドウィン, J.　203
パブリックコメント　210
バブル経済の崩壊　227
ハリス, D.　181
半導体集積回路　225
ビジネス支援サービスの専門性　163
福岡先端システムLSI開発拠点　253
不動産業　134, 165, 275
船場正富　19
プラザ合意　227
ブラックカントリー　25
プラントウッド　199
ブリンドリープレイス　37
ブルリング屋内市場　35
ブルリング商業地区　30, 35
ヘリオット-ワット大学　106
ヘリオット-ワット大学リサーチパーク　84
ヘレウス・ノーベルライト　141
ベンチャー企業　264
ベンチャー企業支援政策　227
ベンチャーキャピタル　125, 150, 221
ポーター, M.　10
ボーンヴィル・カレッジ　73
歩行者優先　206

[ま行]

マーク&セペンサーズ　74
マーケットベース　163, 172, 219
マーシャル, A.　10
マーリンベンチャーズ　144

まちづくり三法　208, 222
松田修一　281
マルバーンヒルズ・サイエンスパーク　176
マンチェスター・サイエンスパーク　187, 190
マンチェスター・サイエンス・パートナーシップス　198
ミレニアムポイント　38
民営型サイエンスパーク　220
民営型リサーチパーク　273
民間デベロッパー　104, 134
綿工業　184
モット, S. N.　105, 152
モット委員会　80, 111, 213

[や行]

溶接研究所　129

[ら行]

ランカシャー　184
リーマンショック　46

労働生産性　15
ローカル・プロジェクト　226
ロスリン研究所　92, 101
ロングブリッジ　59
ロングブリッジ工場　63, 76
ロングブリッジ再開発計画　60, 205
ロングブリッジ・テクノロジーパーク　69, 176

[わ行]

ワールドクラスの大学　101, 215
ワールドクラスの大学・研究機関　103

[数字・欧文]

20世紀型都市政策　7
3i　150
Big City　31, 52, 53, 205
EU地域構造資金　159, 160, 172
MGモーター　68
MGローバー　24, 46, 60

[著者紹介]
鈴木　茂（すずき　しげる）

松山大学経済学部教授．1949年愛媛県生まれ．76年京都大学大学院経済学研究科博士課程．京都大学経済学博士．鹿児島経済大学，熊本商科大学を経て88年松山商科大学（現松山大学）経済学部教授．この間英国バーミンガム大学都市地域研究センター客員教授．

著書
『日本のエネルギー開発政策』ミネルヴァ書房，1985年（博士論文）
『産業文化都市の創造』大明堂，1998年
『ハイテク型開発政策の研究』ミネルヴァ書房，2001年
『ハイブリッド型ベンチャー企業』有斐閣，2003年
『内子町のまちづくり―住民と行政の協働のまちづくり―』（鈴木・稲本壽隆編）晃洋書房，2014年

イギリスの都市再生とサイエンスパーク

2017年3月15日　第1刷発行

定価（本体4800円＋税）

著　者　鈴　木　　　茂
発行者　柿　﨑　　　均
発行所　株式会社 日本経済評論社

〒101-0051 東京都千代田区神田神保町3-2
電話 03-3230-1661　FAX 03-3265-2993
E-mail: info8188@nikkeihyo.co.jp
振替 00130-3-157198

装丁・渡辺美知子　　　中央印刷／高地製本所

落丁本・乱丁本はお取替えいたします　　Printed in Japan
© Suzuki Sigeru 2017
ISBN 978-4-8188-2463-8

・本書の複製権・翻訳権・上映権・譲渡権・公衆送信権（送信可能化権を含む）は，（株）日本経済評論社が保有します．
・ JCOPY 〈（社）出版者著作権管理機構　委託出版物〉
本書の無断複写は著作権法上での例外を除き禁じられています．複写される場合は，そのつど事前に，（社）出版者著作権管理機構（電話 03-3513-6969，FAX 03-3513-6979，e-mail: info@jcopy.or.jp）の許諾を得てください．

欧州統合と社会経済イノベーション
　―地域を基礎にした政策の進化―
　　　　　八木紀一郎・清水耕一・徳丸宜穂編著　本体 5600 円

ナチス・ドイツと中間層
　―全体主義の社会的基盤―　　　　　　　　柳澤治　本体 8200 円

地方分権と政策評価　　　　　　　　　西垣泰幸編著　本体 4200 円

グローカル時代の地域研究
　―伊東維年教授退職記念論集―　　　　伊東維年編著　本体 5600 円

東北の近代と自由民権
　―「白河以北」を越えて―　　　　　　友田昌宏編著　本体 5800 円

グローバル資金管理と直接投資　　　　　　小西宏美　本体 4200 円

信用機構の政治経済学
　―商人的機構の歴史と論理―　　　　　　　田中英明　本体 4000 円

満洲における政府系企業集団　　　　　　　柴田善雅　本体 8800 円

経済制裁と戦争決断　　　　　　　　　　　佐藤元英　本体 6600 円

日本経済評論社